머니 트렌드 2026

위기 속 돈의 흐름을 지배하는 50가지 생존 공식

머니 트렌드
MONEY 2026 TREND

김도윤 정태익 김광석 김승주 김용섭 김학렬 김현준 최재붕

북모먼트

MONEY TREND 2026

들어가며

나는 지금 무엇을 소유하고 있는가

2023년은 팬데믹 이후의 불확실성이 여전히 짙게 드리워진 한 해였습니다. 물가와 금리, 환율이라는 단어가 경제 뉴스뿐만 아니라 가계와 직장, 일상으로 깊숙이 들어와 누구나 체감하는 현실이 되었습니다. 그런 상황에서 마주한 2024년에는 금리 인상의 끝을 가늠하며 금융시장이 크게 흔들렸고 투자자들은 변곡점 앞에서 혼란의 시간을 보냈습니다. 2025년에는 인공지능의 급격한 성장과 일상화, 글로벌 공급망의 재편, 기후 위기라는 거대한 흐름이 동시에 밀려와 개인의 자산과 삶을 흔들어 놓았습니다.

《머니 트렌드》 시리즈는 지난 3년 동안 이런 변화의 길목에서 수많은 독자와 함께 걸어왔습니다. 위기와 기회가 교차하는 시기마다 돈이 어디로 흘러가는지 흐름을 읽어내고, 어떻게 대응할 수 있을지 전략을 제시하는 것이 이 책의 역할이었습니다. 그리고 다가오는 2026년, 또 한 해를 전망하는 것을 넘어 휘몰아치는 소용돌이 앞에서 '앞으로 다가올 10년을 어떻게 준비해야 하는가'라는 질문에 답해야 하는 시점에 도달했습니다.

부동산 시장을 보면 지난 2020년이 떠오릅니다. 2019년, 15억 초과 아파트의 대출을 규제하고, 다주택자에게 세금 중과를 하던 상황에서 코로나 팬데믹으로 경기가 급격히 침체되자 정부는 금리를 대폭 인하하고 막대한 유동성을 공급했습니다. 시장에 늘어난 돈은 갈 곳을 찾아 헤매기 시작했습니다.

다가올 2026년에도 그때와 유사한 흐름이 보입니다. 경기가 둔화되는 상황에서 국가 예산은 사상 최대인 728조 원이 책정되고, 금리 인하까지 예정되어 내년에는 시장의 유동성이 또 한번 급격히 늘어나게 될 것으로 예측됩니다. 정부는 자금이 부동산 시장으로 쏠리는 것을 우려하며, 2020년처럼 세금과 대출 규제 등 수요를 억제할 대책을 추가로 쓸 준비를 하고 있습니다. 이런 상황에서 2020년보다 더 악조건도 있습니다. 이미 부동산 시장에 자리한 수요와 공급의 불균형이 그것입니다. 2026~2027년 예상되는 서울의 신축 아파트 물량은 역대 최저 수준이고, 경기도와 인천광역시 역시 평년의 절반 수준에 불과합니다. 게다가 정부의 예산안을 보면 공공임대주택 확보에 예산을 대폭 증액하는 등 분양보다 임대 위주의 공급을 계획하고 있습니다. 사람들이 거주하고 싶어 하는 신축 아파트는 부족한데, 시중에는 돈이 넘쳐나는 상황이 전개되고 있는 것입니다.

이런 상황에서는 전세와 월세의 가격이 오르고 매수 압력도 높아지게 됩니다. 부동산 시장은 다시 한번 시험대에 오르게 될 것입니다. 2020년만큼 급격한 유동성의 증가는 아니겠지만 시장의 움직임은 비슷한 매커니즘으로 작동할 수도 있습니다. 결국 2026년 부동산을 좌우할 핵심은 정부의 정책일 것입니다. 정부에서 다주택 규제를 완화해 서울 쏠림 현상을 줄일 수 있을지, 재개발과 재건축 규제를 풀어 도심에 양질의 신축 아파트를 공급할 수 있을지 관건입니다. 만약 정책이 문제 해결을 하지 못할 것으로 시장이 판단한다면, 과거와 같이 아무리 막아도 돈이 되는 곳에 수요가 몰릴 것입니다.

이 변화는 부동산에만 국한되지 않습니다. 주식시장 역시 미국의 금리 정책과 세계의 경기 흐름에 따라 민감하게 움직일 것입니다. 기술주의 성장은 지속되겠지만 각 산업 내의 경쟁과 규제 압박은 여러 불확실성을 키울 수 있습니다. 또한 암호화폐 시장은 유동성 증가의 수혜 이면에 규제라는 변수도 존재합니다. 채권과 금 같은 전통적인 안전 자산 역시 자산 배분에서 다시 중요한 역할을 맡게 될 것입니다. 요컨대 돈의 가치는 점차 약해지고 현금의 힘은 줄어들 것이며, 다양한 자산군이 상호적으로 연계되어 영향을 주고받는 환경이 펼쳐질 것으로 보입니다.

그렇기에 2026년을 준비하는 가장 중요한 키워드는 '소유권'입니다. 부동산이든, 주식이든, 금이든, 어떤 형태로든 나를 지킬 자산을 보유해야 합니다. 가진 자와 그렇지 못한 자의 격차는 시간이 지날수록 벌어질 수밖에 없습니다. 현금을 지키는 것만으로는 불확실성을 넘어설 수 없습니다.

《머니 트렌드 2026》은 이런 문제의식에서 출발합니다. 막연한 예측이 아니라 "지금 무엇을 준비하고, 앞으로 어떤 선택을 해야 하는가"라는 화두에 현실적으로 적용할 수 있는 답을 제시합니다. 경제, 주식, 부동산, 암호화폐, 테크, 문화 트렌드의 최전선에 선 집필진이 써 내려간 50가지 인사이트는 변화의 물결 속에서 휩쓸리지 않고 방향을 잡을 수 있도록 도와줄 것입니다.

우리는 모두 같은 고민 앞에 서 있습니다. "나는 올해 무엇을 소유해야 하는가." 이 책이 그 답을 찾는 과정에서 독자 여러분에게 흔들림 없는 이정표가 되기를 바랍니다.

2025년 9월, 정태익

차례

들어가며 나는 지금 무엇을 소유하고 있는가   004

1장 Crisis to Opportunity
2026 경제를 전망하다   014

완화와 긴축, 끝없는 줄다리기   016
돈의 파도 위, 불확실한 유동성의 시대   019
굳어지는 저성장의 터널   025
서울의 독주를 멈추고 지방을 깨우다   033
▶ 돈을 불러오는 TIP 2026년, 돈의 방향은 어디로?   039
쪼개지는 세계, 갈라지는 질서   042
안보와 무기가 만드는 돈   048
관세 전쟁이 세계를 뒤집다   055
새로운 돈, 스테이블코인이 온다   061
▶ 돈을 불러오는 TIP 창업과 폐업의 교차점에 선 자영업   070

2장

Next Momentum
주식시장의 다음 도약

074

2025년 한국 증시의 컴백	076
코스피 5000을 여는 3대 조건	083
AI 물결 속 한국의 움직임	096
방산과 케이팝은 여전히 뜨거운가	101
▶ 돈을 불러오는 TIP 스몰캡이 들려주는 신호	108
주식시장에서 만난 캐릭터 IP의 힘	111
코스피를 흔드는 3가지 변수	119
▶ 돈을 불러오는 TIP 관세 전쟁에서 살아남는 법	128
인공지능 시대, 빅테크 기업의 성적표	131
2026년 주목해야 할 테마	139
▶ 돈을 불러오는 TIP 2026년 한국 주식시장 투자 요령	149

3장

Real Estate's Defining Moment
전환의 해, 부동산의 결정적 분기점

154

2025년, 균형을 향한 전환	156
2026년을 흔들 3가지 파도	161
새 정부의 스위치 조절	168
금리 인하와 기대심리의 줄타기	177
신도시 3단 전략, 기대와 현실의 간극	182
▶ 돈을 불러오는 TIP 1기 신도시 재정비 투자 체크리스트	188

'얼죽신'의 강세	192
똘똘한 한 채의 다음 목적지	197
강남 불패 신화와 투자 맵	202
다주택자, 2026년을 넘는 법	213
전세 비중 그리고 월세의 질주	221
돈을 불러오는 TIP 2026년 부동산 투자 행동 수칙	227

4장

Age of Experience
경험 시대의 리얼 라이프 파워 — 230

경험 소비 시대의 경험 사치	232
인 리얼 라이프 소비의 부상	240
굿즈 힙, 박물관에서 야구장까지	250
돈을 불러오는 TIP 손맛을 찾는 사람들	259
결국은 팬덤 소비다	264
시대 정신이 된 '셀렉티브 인텐션'	273
자존감의 상징, 슬로우 모닝과 루틴 관리	281
폭염 소비 그리고 쿨케이션	288

5장

Digital Asset Revolution
새로운 자산이 된 암호화폐의 미래 — 298

2026년, 암호화폐 소비 대국을 넘다	300
화폐 전쟁의 서막, 스테이블코인 vs CBDC	303

▶돈을 불러오는 TIP 원화 스테이블코인에 관하여	314
양자컴퓨터, 어떻게 코인 시장을 흔드는가	317
넥스트 코인 강자는 누구?	321
디지털 금의 자리에 오른 비트코인	328
플랫폼 코인의 전성기, 이더리움	340
코인 상승의 엔진, 탈중앙화	344
블록체인의 미래 설계도	348
▶돈을 불러오는 TIP 실물 자산을 향해, NFT와 RWA	353
주민등록번호를 대체하는 기술, DID	357
테라-루나 붕괴가 남긴 경고	361
▶돈을 불러오는 TIP 좋은 암호화폐를 고르는 법	366

6장

The Great Rebuild
AI 리셋, 세상의 룰이 바뀐다

370

기술이 바꾸는 부의 지도	372
AI 빅매치와 스타트업 돌풍	376
미국과 중국의 피지컬 AI 각축전	387
미래 의료를 지배하는 인공지능의 힘	396
▶돈을 불러오는 TIP 6G를 주도할 빅 플레이어를 찾아라	405
자율 에이전트의 시대	409
데이터 주권 싸움과 소버린 AI	420
반도체 시장과 반전의 기회	425
▶돈을 불러오는 TIP 친환경 에너지 투자의 가속화	429
나오며 변화의 파도 위에서 나만의 지도를 그리는 법	431

20 CORE

- 불확실한 유동성의 시대
- 폭염과 쿨케이션
- 월세 폭발
- 소몰접
- 한국 증시의 부활
- 중립금리
- 슬로우 모닝
- xAI 그록
- 악성 미분양
- 경기민감국의 경제
- 경험 사치
- 아날로그 힙
- 얼어 죽어도 신축
- 피지컬 AI
- 경남 블때 신화
- 다이소와 코스맥스
- 이더리움 전성기
- 다주택자 규제
- 휴모노이드 혁명
- 국립중앙박물관 뮷즈
- 한강벨트 투자
- 스마트 클래스
- 팬덤 소비
- 스테이블코인 vs CBDC
- 미중 AI 전쟁
- 비트코인의 존재감
- 6G기술
- 데이터 주권 싸움
- AI 데이터센터

26 TRENDS

- 굿즈 전성시대
- 저성장 고착화
- 비만 치료제 시장
- 관세 전쟁
- 신도시 3단 전략
- 스테이블코인
- 양자컴퓨터
- 트럼프 리덕스
- 엔비디아의 독주
- 삼성전자의 앞날
- 코스피 5000 시대?
- 야구 직관
- 부활 산업
- 서울과 지방 부동산 양극화
- 서울 집값 엔딩
- SK하이닉스와 아마존
- 지경학적 분절화
- 자율 에이전트
- 무인 택시
- 인 리얼 라이프
- 자영업자의 미래
- 헬스케어와 AI 바이오
- 코스크리드오
- 코리아 디스카운트 해소 기대
- 완전자율주행
- 전세 소멸
- 솔라나와 리플

Money Trend 2026 | 1장 |

2026 경제를 전망하다
Crisis to Opportunity

완화와 긴축, 끝없는 줄다리기

2026년을 전망하기 위해 무엇보다 중요한 것은 흐름을 읽는 것이다. 시장은 끊임없이 오르내리며 변동성이 커지기 때문에 그때그때의 움직임을 전부 따라가는 것은 불가능하다. 그렇기에 실물경제와 자산시장의 큰 줄기를 구분해 바라보면서 정부, 기업, 가계 각자가 적절한 전략을 세워야 한다. 2026년은 특히 등락이 반복되는 높은 변동성이 예상되므로 큰 틀에서 경제를 바라보아야 한다.

2020~2021년은 팬데믹으로 인한 경제위기의 시기였다. 세계 경제는 -2.7%라는 역성장을 기록했고, 한국 경제 또한 마이너스

로 주저앉았다. 실물경제는 그 어느 때보다 깊은 충격을 받았지만, 자산시장은 달랐다. 막대한 유동성을 쏟아낸 확장적 재정정책과 제로금리에 가까운 완화적 통화정책이 동시에 가동되면서 주식, 부동산, 비트코인 같은 자산시장은 거품 수준의 활황을 맞았다. 특히 고소득층에게 지급된 긴급재난지원금은 곧바로 소비로 이어지지 않는 대신 저축을 폭발적으로 늘렸고, 이러한 '초과저축'은 자산시장 버블을 형성하는 데 기여했다. 이것이 바로 완화의 시대였다.

2022년 러시아·우크라이나 전쟁은 공급망을 흔들었고, 급등한 에너지 가격은 세계적으로 물가를 자극했다. 수요는 이미 완화정책으로 자극된 상황에서 공급이 막히자 인플레이션은 폭발적으로 상승했다. 미국의 소비자물가지수CPI는 9.1%까지 치솟으며 41년 만에 최고치를 기록했다. 이에 대응하기 위해 전 세계 중앙은행들은 일제히 금리를 인상했다. 미국은 기준금리 0.75%p 인상이라는 '자이언트스텝'을 네 차례 연속 단행하며 긴축을 가속했다. 실물경제는 팬데믹 충격 때보다 나아졌지만, 자산시장은 정반대로 붕괴했다. 주가와 부동산 가격은 조정 국면에 들어섰고, 그야말로 긴축의 영향을 여실히 보여준 '긴축의 시대'였다.

2024년 중반 이후, 세계 각국은 다시 방향을 틀기 시작했다. 미국, 영국, 캐나다, 한국, 유럽 주요국들이 점진적으로 기준금리 인하를 단행했으며 스위스와 스웨덴은 이미 제로금리나 2% 초반대로 금리를 낮췄다. 팬데믹 이후 처음 맞이한 정책적 전환pivot이었다. 팬데믹 때와 같은 완화의 시대라 부르기는 어렵지만 긴축의 고비는 넘어선 것이다. 금리 인하 기대가 커질 때마다 위험 자산은 반등했고 은행 예금으로 몰렸던 자금은 다시 시장으로 이동했다. 《머니 트렌드 2025》에서 전망했던 바와 같이 2025년은 바로 이와 같은 피벗의 시대였다.

2026년, 중립금리를 향하여

2026년은 이러한 피벗이 본격적으로 자리 잡는 시기다. 각국 중앙은행은 자국 경제 상황에 맞는 중립금리(한국의 경우 1.5~2.0% 수준)를 찾아가며, 완화와 긴축 사이의 균형점을 모색할 것이다. 따라서 2026년은 극단적 긴축이나 무차별적 완화가 아닌, 방향을 전환한 안정화의 시기로 정의할 수 있다. 문제는 이 과정에서도 자산시장과 실물경제의 흐름이 반드시 같지는 않다는 점이다. 실물경제는 여전히 부담을 안고 가지만, 자산시장에서는 금리 전환의 힘으로 새로운 기회와 위험이 동시에 발생한다. 이와 같은 이해를 바탕으로 2026년의 경제에 대한 큰 그림을 함께 그려보고자 한다.

돈의 파도 위,
불확실한 유동성의 시대

2025년은 경제 상황이 어렵게 느껴지는 한 해였다. 그러나 팬데믹 당시와 같은 경제위기 국면은 아니었다. 2020년 팬데믹 시기에는 실물경제가 -2.7%까지 역성장하며 충격이 컸고 이에 대응하기 위해 막대한 유동성이 공급되었다. 그만큼 전례 없는 상황이었기 때문에 유동성 확대가 불가피했다.

2025년은 그 정도의 위기는 아니었지만 경제가 뚜렷하게 어려운 국면에 놓였다. 따라서 2026년에는 통화정책이 다소 완화적으로 전환될 가능성이 크다. 이른바 '불확실한 유동성의 시대'라 할 수 있다. 2026년의 유동성 확대는 2020년과 2021년에 경험했던 수준과는 다를 것이다. 그때처럼 막대한 유동성이 풀릴 가능성은 작다. 하지만 2026년에도 '유동성'이 경기 전환기의 핵심 변수로 작용하며 시장 전반에 걸쳐 영향을 미치게 될 것이다.

2025년의 한국 경제성장률은 0.8%에서 많아야 1% 수준에 그칠 것으로 예상된다. 분명 저조한 성적이고 한국 경제가 직면한 현실을 보여준다. 이러한 상황을 볼 때 2026년 역시 팬데믹 시기만큼 극단적 상황은 아니지만 추가적인 금리 인하와 유동성 공급이 불가피한 시기임을 알 수 있다.

이 맥락에서 국제기구들이 사용하는 중요한 개념을 살펴볼 필요가 있다. IMF를 비롯한 기관들은 현재의 상황을 설명하기 위해 '테뉴어스tenuous'라는 표현을 사용했는데, 이는 끊어질 듯 극도로 가느다란 상태를 의미한다. 양쪽에서 밧줄을 강하게 잡아당겼을 때 굵은 밧줄이 점차 끊어지면서 실 가닥이 가늘게 드러나는 모습을 지금의 경제 상황에 비유한 것이다. 즉 당장은 끊어지지 않았지만 불안정하고 위태로운 상황을 나타낸다.

여기서 중요한 점은 한국 경제가 실제로 끊어질 것이라는 비관적 전제를 두는 것이 아니라는 점이다. 국제기구들이 '테뉴어스'라는 개념을 쓴 이유는 현재의 글로벌 및 국내 경제 상황이 그만큼 불안정하고 조심스러운 국면에 있음을 강조하기 위함이다. 물론 이 줄이 끊어진다면 또 다른 경제위기, 즉 금융위기로 이어질 수 있다. 그러나 그 가능성을 누구도 예단할 수 없다. 중요한 것은 끊어질 듯 말 듯한 위험성이 존재한다는 점이다. 세계은행 World Bank 역시 이를 '다운사이드 리스크downside risks'라는 표현으로 설명한다.

줄이 끊어지지 않는 한 2026년은 2025년에 비해 다소 회복되는 구간이 될 가능성이 높다. 그렇다고 해서 세계 경제나 한국 경제가 본격적인 성장 국면이나 호황에 진입한다고 보기는 어렵다. 오히려 2025년이 지나치게 어려운 해였기에 그에 비해 상대적으로 나아진 듯한 모습이 나타날 뿐이다. 마치 외줄타기처럼 줄이 끊어지지 않는 한 기본적으로 긍정적인 흐름을 기대할 수 있기 때문에, 자본시장과 자산시장은 유동성 장세의 흐름을 타게 되는 것이다. 다소 위험한 유동성이라 하더라도 시장의 흐름에서는 '눈덩이를 굴리는 장세'로 전개될 가능성이 있다.

앞서 살펴보았듯 2026년의 유동성 장세는 2020~2021년과 다른 양상으로 흐르게 될 것이다. 2026년은 곳곳에 다운사이드 리스크가 존재하므로 위험 요인들이 나타날 때마다 시장은 한 번씩 변동성을 만나면서 조정과 우상향을 반복할 것으로 보인다. 그러니 2026년 시장을 이해하기 위해서는 어떤 요인들이 다운사이드 리스크로 작용할지 면밀히 살펴보아야 한다.

통제 가능한 위험 vs 통제 불가능한 위험

위험은 크게 두 가지다. 하나는 통제 가능한 위험risk이고, 다른 하나는 통제 불가능한 위험danger이다. 흔히 말하는 리스크 관리는 통제 가능한 위험을 전제로 한다. 위험 요소가 존재하더라도 적절히 대응하면 피하거나 완화할 수 있다. 고속도로를 주행할 때 앞차의 움직임을 주의 깊게 살피면 사고를 예방할 수 있는 것처럼 말이다. 반면 고속도로에서의 낙석 사고는 운전자가 대비할 수 없는 영역이다. 이는 통제 불가능한 위험danger으로 관리나 대응이 불가능하다.

현재 자본시장과 실물경제가 직면한 불안 요인들은 기본적으로 리스크의 영역에 있다. 가느다란 줄로 비유되는 불안정성이 정부와 중앙은행의 관리 가능한 범위에 있다는 뜻이다. 미국의 정책을 살펴보면 통화 당국과 재정 당국은 다양한 방식으로 유동성을 공급하며 시장 안정을 도모하고 있다. 대표적으로 SLR 규제 완화, 추가적인 금리 인하, 대규모 국채 발행과 그에 따른 유동성 공급, 연준의 국채 매입 프로그램(양적완화), 부채 한도 증액 등이 해당된다. 또한 2026년 5월에 연준 의장인 제롬 파월의 임기가 만료되면, 트럼프 행정부가 요구하는 금리 인하 기조를 충족시킬 차기 연준 의장이 지명될 가능성이 커지면서 또 하나의 분기점을 형성하게 될 것이다.

또한 미국은 대규모 국채를 발행하고 있는 상황이다. 문제는 이를 사줄 '매입세'가 세계적으로 약해지고 있다는 점이다. 국채를 사려는 힘이 약해진 상태에서 발행량이 늘어나면 국채 금리가 다시 상승할 가능성이 커지고, 이는 시장 불안을 키우는 요인으로 작용한다. 물론 국채를 많이 발행하더라도 연준에서 국채를 매입하는 것으로 문제를 해결할 수도 있다. 이를 국채 매입 프로그램, 즉 양적 완화Quantitative Easing라고 부른다. 연준이 적극적으로 국채를 매입하면 금리를 내리는 것과 비슷한 효과가 나타난다. 낮은 금리 환경이 조성되면 경기 부양 효과가 생기는데 이는 트럼프 행정부가 원하는 바와도 일치한다.

2026년 11월에는 미국에서 중간선거도 예정돼 있다. 선거를 앞둔 트럼프 대통령은 유권자들에게 '사탕'을 던지듯 여러 경기 부양책을 펼칠 것이다. 금리를 인하하고, 유동성을 공급하고, 나아가 관세 수입을 일종의 기본소득처럼 국민에게 나눠주는 정책까지 추진할 수 있다. 추산에 따르면 개인당 약 80만~90만 원 수준이 될 것으로 보인다. 사실상 "나를 뽑아달라"는 메시지를 담은 정치적 유인책이다.

2026년은 분명 유동성 공급이 강화되는 시기다. 그러나 문제는 이 모든 조치가 여전히 높은 물가 상황에서 추진될 수 있다는 점이다. 물가 상승세가 잡히지 않았는데도 금리를 인하하거나, 금융기관이 무리하게 대출을 확대하거나, 정부가 부채 의존도를 지나치게 높이는 상황은 또 다른 불안 요소를 낳는다. 스테이블코인의 과도한 발행, 국채 매입 확대 역시 마찬가지다.

그럼에도 불구하고 이 위험들이 전적으로 제어 불가능한 것은 아니다. 정부와 중앙은행이 이미 상황을 인식하고 있으며 필요할 경우 접착제를 바르듯 보강책을 마련할 수 있다. 즉 통제 가능한 위험risk의 범주에 속하는 것이다.

정리하면 유동성 공급은 기본적으로 자본시장과 자산시장에 긍정적 영향을 미친다. 다만 무리하게 추진된다면 금융위기급 충격을 불러올 수 있다는 점에서 주의가 필요하다. 이것이 2025년과 2026년을 연결해 바라본 실물경제와 자본시장의 큰 흐름이다.

굳어지는 저성장의 터널

세계 경제는 2020년 팬데믹 경제위기 당시 -2.7%라는 극심한 역성장을 기록했다. 평년 세계 경제성장률이 약 3.7% 수준이라는 점을 고려하면 그만큼 충격이 컸다. 단순한 경기 둔화가 아니라 그 이전으로 쉽게 되돌아갈 수 없을 만큼 강력한 타격이었다.

2020년과 2021년의 팬데믹 경제위기 구간에 이어서 2022년에는 러·우 전쟁이 발발했고 초인플레이션이 뒤따르며 초긴축의 시대가 시작됐다. 세계 경제는 말 그대로 격동적인 사건들이 연속적으로 이어지는 국면을 경험한 것이다.

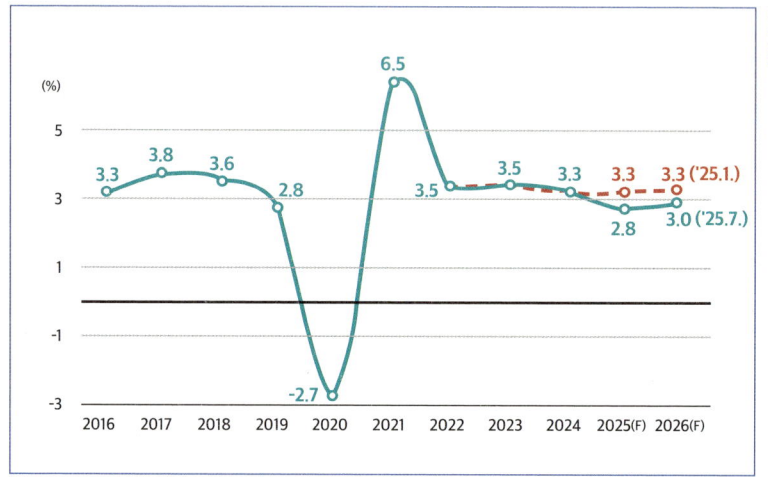

IMF의 2026년 세계 경제 전망

　2025년 경제를 돌아보면서 '팬데믹 이전의 고성장 국면으로 돌아가기는 어렵다'고 이야기했듯이 경제는 이미 '항복점'의 국면에 접어들었다. 철사로 된 옷걸이를 조금만 구부리면 원래의 모양으로 돌아오지만 너무 강하게 구부리면 다시 펴지지 않듯, 세계 경제도 마찬가지다. 2020년부터 2024년까지 5년 동안 가해진 충격이 항복점을 넘어서면서 다시 팬데믹 이전처럼 고성장으로 복귀하기 어려워졌고 저성장이 고착화된 것이다.

　2025년이 유독 어려운 해였기 때문에 2026년은 회복되는 듯한 모습을 보일 가능성이 있는데 어디까지나 상대적인 회복일 뿐이다. 경제위기급 충격이 아니었음에도 2025년의 경제가 무척 어려웠기 때문에, 경제성장률이 2.8에서 3.0으로 올라간다고 해서 경제가 회복된다고 평가하기는 어렵다.

이렇게 힘든데 경제위기가 아니다?

2025년 세계 경제에는 텐션, 즉 긴장 요인이 가득했다. 특히 트럼프 행정부가 주도한 관세 전쟁이 가장 큰 불확실성을 만들었고 동시에 각종 전쟁과 지정학적 갈등이 실물경제를 크게 흔들었다. 2026년에도 지정학적 불안은 여전히 지속되겠지만 미국 입장에서는 중간선거를 앞두고 지나치게 불안정을 자극하기보다 '수확의 기쁨'을 거두려는 전략을 선택할 가능성이 크다. 즉 2025년에 이미 관세 전쟁으로 강하게 흔들었기 때문에 2026년에는 관세 수입을 활용해 오히려 유권자들에게 혜택을 주며 정치적 성과를 노리는 흐름으로 바뀔 수 있다.

이러한 점들을 종합하면 2026년은 2025년에 비해 나아지는 듯 보일 수 있지만, 드라마틱한 회복과는 거리가 멀다. 나름의 회복 구간이 온다 하더라도 여전히 세계 경제의 평년 성장률이 3.7%를 밑도는 상태가 지속되기 때문이다.

많은 사람이 이 상황을 두고 '경제위기'라고 말하기도 하지만 엄밀히 말해 경제위기는 경기 둔화나 경기 침체와는 다르다. 경제가 순환하는 사이클을 살펴보면 확장expansion, 하강recession, 그리고 회복recovery의 국면이 반복되는데 이 사이클 안에서 경험하는 경기 둔화는 위기라고 볼 수 없다. 경제위기란 이 사이클을 벗어나 통상적으로는 일어나지 않는 급격한 붕괴, 즉 '디프레션depression' 수준의 충격을 말한다.

따라서 2025년과 2026년은 경제위기가 아님에도 오랜 기간 저성장이 이어지면서 체감적으로 위기처럼 느껴질 수 있다. 어떤 이들은 차라리 위기가 오는 편이 낫다고 말하기도 한다. 위기가 오면 단기간에 충격을 받은 뒤 급격한 회복의 기회가 찾아오기 때문이다. 하지만 지금처럼 저성장이 5~6년 동안 장기화되면 사람들은 끝없는 어둠 속에 갇혀 있는 듯한 어려움을 경험하게 된다.

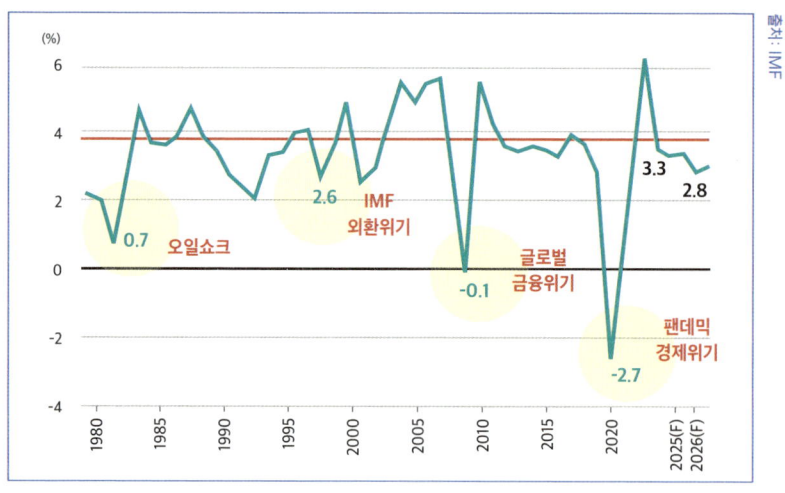

세계 경제성장률 장기 추이 및 전망

2026년 세계 경제는 사이클상 리커버리 구간, 그중에서도 초입에 해당한다. 2025년이 순환 주기상 바닥을 찍는 해였다는 점은 분명하다. 이제 2026년은 장기간 이어진 어려움에서 벗어나 사이클상 다시 올라가기 시작하는 초입이 될 것이다.

2026년 경제를 긍정적으로 보더라도 그게 '마냥 좋은 경제'라는 뜻은 아니다. 실물경제는 구조적으로 저성장 국면에 머무는 반면, 자본시장은 유동성 환경의 영향으로 상대적으로 활기를 띠게 될 수 있다. 이런 차이를 분명하게 인식해야 2026년을 과도하게 낙관하거나 혹은 위기론에 빠지는 실수를 피할 수 있을 것이다.

기저효과 속 반등과 장벽

한국 경제성장률 그래프를 살펴보면 흥미로운 흐름이 한눈에 보인다. 우리 경제는 1970년대 초반 14.9%라는 역사상 최고 성장률을 기록했다가 이후 장기적으로 성장률이 점차 하락하며 저성장 구조에 고착되고 있다. 이를 '피크 코리아Peak Korea'라고 표현하기도 하는데 이미 정점을 찍은 뒤 장기적인 하강 국면에 들어섰다는 해석이다. 이런 주장에 대해 동의하지 않기는 어렵다.

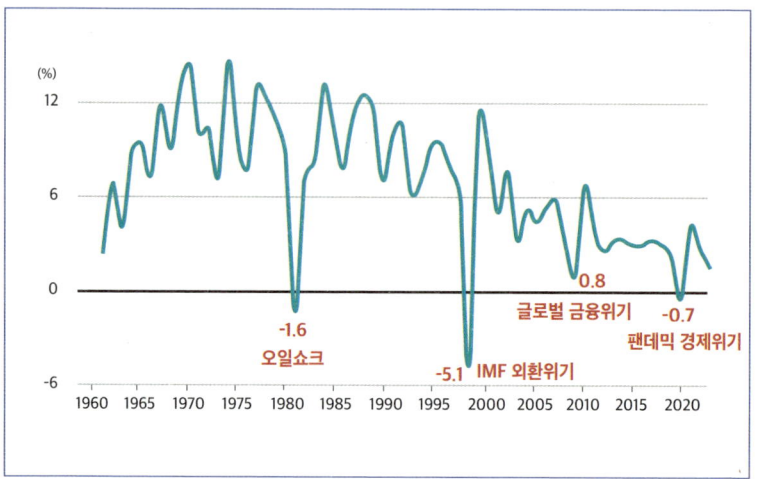

한국 경제성장률 장기 추이 및 전망

    단기적으로 2025년 한국 경제의 성적표는 매우 좋지 않았다. IMF는 트럼프 2기 출범 이전에 한국의 경제성장률을 2.0%로 예상했으나 실제로는 미국발 무역 전쟁과 자국 우선주의 정책, 탄핵 정국을 비롯한 한국의 정치적 혼란이 겹치면서 0.8% 성장률로 크게 하향 조정한 바 있다. 또한 2008년 글로벌 금융위기 당시의 성장률이 0.8%였다는 점에서 2025년이 경제위기와는 다르지만 위기에 준하는 어려운 해였다는 사실을 알 수 있다. 글로벌 금융위기 때와 달리 시스템적 리스크나 대외적 충격이 크게 터진 것이 아님에도 이처럼 낮은 성장률을 기록했기에 아슬아슬했던 것이다.

실물경제의 측면에서 이 같은 위기 상황을 겪으면서 새 정부는 적극적인 경기부양책과 성장 정책을 가동하기 시작했다. 더 이상 2025년과 같은 저성장으로는 방치할 수 없다는 판단이었다. 그리고 이러한 정책이 발현될 시점인 2026년의 경제성장률은 1.8%로 전망된다.

여기서 주의할 점이 있다. 첫 번째는 1.8%라는 수치만 보았을 때 전년 대비 큰 폭의 반등처럼 보일 수 있지만 이는 어디까지나 '기저효과' 때문이라는 사실이다. 2025년의 성장률이 워낙 낮았기에 그에 비해 상승하는 것처럼 보이는 착시가 발생하는 것이다. 두 번째는 한국의 잠재성장률이 이미 1.8% 수준이라는 점이다. 기저효과가 모두 반영되어도 1.8%인 상황이라는 건, 긍정적

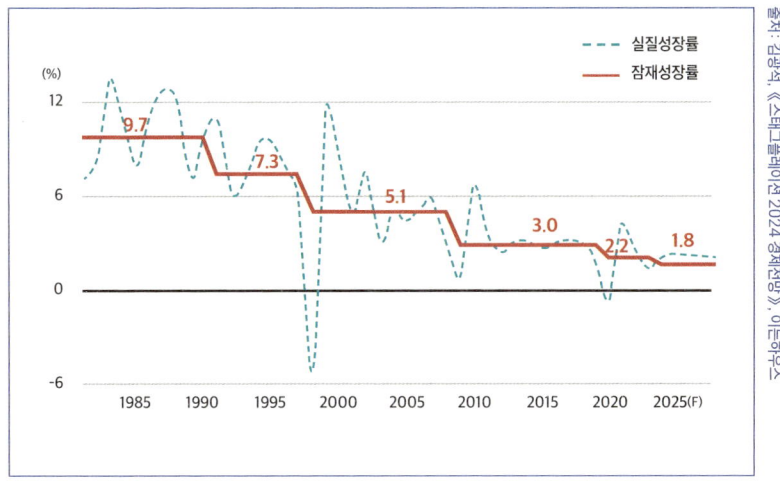

한국의 잠재성장률 추이

이긴 하지만 극적인 회복이라고 표현하긴 어렵다고 볼 수 있다. 이는 한국뿐만 아니라 세계 경제, 미국 경제 전반에도 동일하게 적용되는 맥락이다.

서울의 독주를 멈추고 지방을 깨우다

　2026년의 경제를 관통하는 큰 흐름은 바로 '유동성의 힘'이다. 이는 수도꼭지와 컵의 비유로 쉽게 설명할 수 있다. 먼저 수도꼭지를 틀어 물을 부으면 가장 먼저 채워지는 것은 첫 번째 컵, 실물경제다. 메말랐던 실물경제가 조금씩 순환이 되고 점차 넘쳐흐르게 되면 두 번째, 세 번째 컵까지 채워지게 되는데 통상적으로 두 번째와 세 번째 컵을 주식시장과 부동산 시장이라고 본다. 결국 유동성 공급은 실물경제를 일정 부분 회복시키는 동시에 금융, 자산시장으로도 흘러가 활기를 불어넣는다. 그런데 중요한 점은 새 정부의 정책이 이런 흐름의 방향을 바꾸려 하고 있다는 것이다.

정부는 부동산 시장 가운데 특히 서울을 향한 쏠림을 차단하는 것을 현재 정책 목표로 삼고 있다. 지난 수년 동안 서울 집값은 다른 지역과 비교할 수 없을 만큼 가파르게 상승했고 돈이 그동안 서울권의 부동산으로 과도하게 쏠려온 만큼, 정부는 서울이라는 컵에 직접적으로 물이 들어가는 통로를 막는 조치를 취하려는 것이다.

부동산의 방향을 바꾸는 6·27 대책

대표적 정책이 바로 6·27 대책이다. 서울에서 투기과열지구로 지정된 지역을 중심으로 담보대출을 강력히 제한해 유입되는 자금을 차단하는 내용이다. 게다가 2025년 8월부터는 전세대출에도 통제 행보를 취하면서 서울 아파트 가격의 상승 압력을 꺾으려는 목표를 분명히 드러내고 있다. 전세대출 규제는 주택담보대출 규제보다 더 직접적이고 강력한 가격 억제 효과를 발휘하는데, 이는 전세대출이 곧바로 '갭 투자'와 연결되기 때문이다.

갭 투자는 세입자의 전세 보증금을 기반으로 하여 집주인이 최소한의 자기자본만으로 주택을 매입하는 구조다. 전세대출이 가능해야 갭 투자도 가능한 상황에서 정부가 전세대출에 제약을 걸게 되면서 갭 투자의 길이 막히고, 이는 서울 아파트 가격의 상승세를 저지하는 효과를 불러오게 된다.

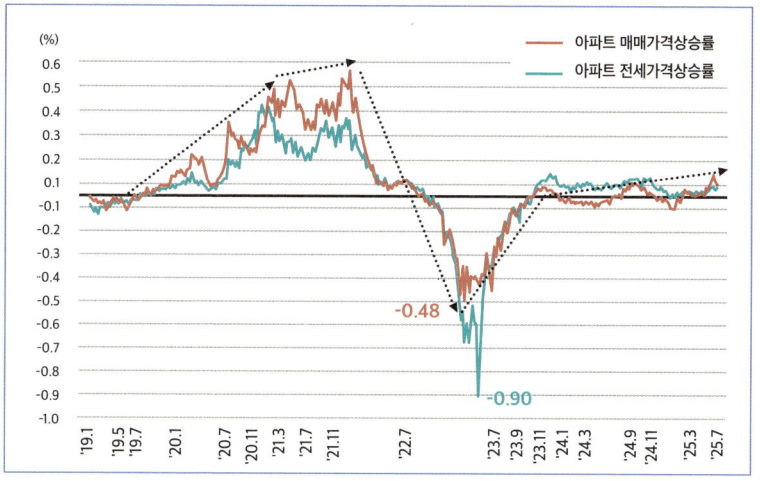

아파트 매매가격증감률과 전세가격증감률 추이

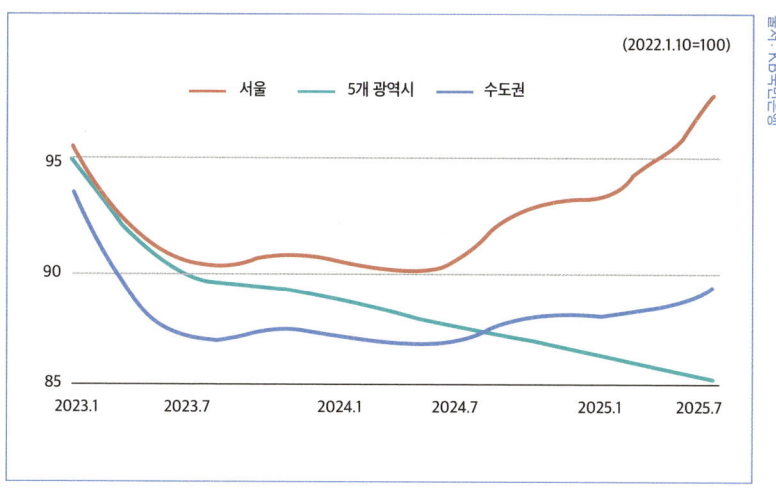

지역별 아파트 매매가격지수 추이

하지만 동시에 문제도 있다. 전세 세입자 입장에서 보면 전세대출은 주거 안정의 필수 장치다. 이 대출이 막히면 이사를 하거나 월세로 전환해야 하는 경우가 발생하게 되고 곧 주거 자유의 제한과 주거 불안으로 이어질 수 있다. 정부도 이러한 부작용을 의식하기 때문에 전세대출을 한 번에 틀어막는 대신 점진적으로 제약을 강화하는 방향을 선택하고 있다. 즉 시장의 투기적 수요는 차단하되, 세입자의 불안이 과도하게 커지지 않도록 조절하는 것이다.

전국 평균 아파트 매매가격을 살펴보면 2020년부터 2021년까지 유동성 완화 시기에 부동산 가격이 폭등한 것을 볼 수 있고, 2022년부터 2023년까지는 긴축에 들어서며 조정 국면을 맞이했음을 알 수 있다. 그 후 2024년 중반부터는 '피벗의 시대'에 부합하는 보합장을 보여준다. 그러나 여기서부터 주목할 점은 2025년으로 들어서면서 서울과 지방의 부동산 시장이 정반대의 흐름을 보여주었다는 사실이다. 서울 부동산은 급격한 상승세를 보이기 시작한 반면, 지방 부동산은 이와 반대로 하락세가 이어지고 있다.

실제로 지방 주요 지역에서는 미분양 주택이 쌓여가고 있다. 특히 준공 후에도 팔리지 않는 '악성 미분양'은 지역 경제의 발목을 잡는 대표적 요인이 되고 있다. 주택뿐만 아니라 미분양 상가와 공실 문제도 심각하다. 이런 상황을 보면서 기업과 투자자들은 사업의 실효성에 의문을 품게 되고, 이는 다시 실물경제 위축으로 연결된다. 따라서 정부는 지방 부동산의 추가 하락을 막는 데 정책의 또 다른 초점을 맞추고 있다. 서울의 과열을 억제해야 하는 한편, 지방 부동산 시장의 하락은 막아야 하는 어려운 상황이다.

부동산 시장의 비대칭적 상황을 해결하고 실물경제 전반이 무너지는 것을 방지하기 위해 정부는 또 다른 제도적 장치를 가동하기 시작했다. 바로 다주택자 규제의 차등 적용이다. 서울과 수도권의 다주택은 강하게 규제하지만 지방 소멸 위험 지역에서 미분양 주택을 매수할 때는 규제 범위에서 제외하는 것이다. 투자 자금이 지방으로 유입되도록 유도함으로써 지방 부동산의 소멸 위기를 해결코자 하고 있다.

이 연장선에서 정부는 지방균형발전 정책도 적극적으로 추진하려 하고 있다. 신도시 건설과 특화 지구 선정, 특정 산업 지정 등을 통해 기업이 이전하거나 분점을 설치하도록 압박하면서, 해당 지역의 수요를 새롭게 창출하려는 움직임이다. 이와 같은 정책적 장치들은 지방 부동산 시장을 지탱하는 안전판 역할을 하게 된다.

새 정부의 이러한 흐름에는 통화정책도 맞물려 있다. 한국은행은 2025년에 이어 2026년에도 낮게는 1.5%, 높게는 2.0% 수준의 기준금리를 유지할 것으로 전망된다. 이로써 유동성 장세를 뒷받침하면서, 시장 자금의 흐름이 서울에만 집중되지 않고 다른 지역으로 기회가 분산되도록 만드는 것이 정부 정책의 목표다.

2026년 부동산 시장은 서울의 과열 억제와 지방의 방어적 부양이라는 이중 전략 아래, 지역별로 서로 다른 궤적을 그리며 분절화될 것으로 예측된다. 서울이 정책적 억제로 상승세가 차단되는 한편, 일부 지방은 정부의 지원과 유동성 유입으로 완만한 회복의 흐름을 보일 수 있다는 전망이다.

2026년, 돈의 방향은 어디로?

2026년은 유동성이 조금씩 풀리고 금리 역시 완만히 낮아지는 해가 될 것으로 전망된다. 하지만 투자자들의 시선은 여전히 불안정하다. 빌딩 공실률은 높고, 금값은 사상 최고치를 찍으면서 자금은 안전 자산으로 몰려 있다. 그렇다면 앞으로 돈은 계속 안전 자산을 찾아갈까, 아니면 위험 자산이나 다른 투자처로 옮겨가게 될까?

돈의 이동은 자산 가치의 변동을 결정짓는 가장 중요한 요인이다. 자금이 안전 자산으로 몰리면 안전 자산의 가격이 상승하고, 위험 자산으로 쏠리면 위험 자산이 오른다. 2025년은 유난히 무력 분쟁과 관세 갈등이 겹치며 지정학적 공포가 최고조에 달했던 시기였다. 그만큼 투자자들은 불안에 떨었고 결과적으로 금과 같은 안전 자산에 자금이 집중됐다.

안전 자산과 위험 자산의 구분은 단순히 '오르느냐, 내리느냐'가 아니라 변동성의 크기에 있다. 변동성이 낮아 원금을 지키는 성격이 강한 자산을 안전 자산이라고 한다면 변동성이 크고 원금 손실 가능성이 높은 자산은 위험 자산이다. 이 기준으로 볼 때 금은 대표적인 안전 자산이고, 비트코인은 위험 자산에 속한다. 그런데 최근 몇 년간 비트코인은 '디지털 금'이라는 이름으로 불리며 안전 자산으로 여겨지고 있다. 정책과 제도적 변화가 비트코인을 안전 자산화하는 방향으로 움직이고 있는 것은 사실이다.

유동성으로 2026년에 금리가 낮아지고 돈이 풀리면 기본적으로 자금은 위험 자산으로 흘러 주식, 비트코인 같은 시장이 수혜를 입을 것이다. 하지만 지정학적 리스크가 불거질 때마다 큰 폭의 조정이 발생할 수 있다. 따라서 전체적인 흐름은 긍정적이지만 '다운사이드 리스크'를 모니터링하고 이를 해지할 수 있는 전략을 병행하는 것이 필요하다.

부동산 역시 자금의 유입처가 될 수 있다. 서울 등 수도권은 정책적 제약이 있겠지만 정부의 균형발전 정책과 맞물린 일부 지방 유망 지역은 새로운 자금 쏠림 현상을 경험할 수 있다. 즉 부동산 시장도 전면적 회복이 아니라 지역과 섹터에 따라 갈라지는 분절화 국면이 이어질 것이다.

한편 디지털 자산 시장에서도 변화가 눈에 띈다. 미국은 퇴직연금으로 비트코인 투자가 가능하도록 제도를 바꾸고 스테이블코인에 대한 규제 프레임을 정비하면서 자산화 과정을 가속화하고 있다. 반면 중국의 CBDC(중앙은행 디지털 화폐) 확대를 견제하기 위해 미국은 '안티 CBDC법'까지 제정하며 통화 패권 경쟁의 장을 디지털 영역으로 끌어올렸다. 이 과정에서 비트코인은 여전히 변동성이 큰 위험 자산이지만, 제도적 뒷받침 속에 점차 제도권 자산으로 자리매김하고 있다.

금과 같은 안전 자산, 주식·비트코인 같은 위험 자산, 그리고 분절화되는 부동산까지 각각의 자산군은 다른 변수를 안고 움직인다. 투자자는 어디로 돈이 흘러가는지, 어떤 변수가 생기는지 모니터링하며 자신의 성향에 맞는 자산 배분 전략을 세워야 할 것이다.

쪼개지는 세계, 갈라지는 질서

2026년에 반드시 기억해야 할 키워드 중 하나는 바로 지경학적 분절화Geoeconomical Fragmentation이다. '지경학'은 지정학Geopolitics과 경제학Economics의 합성어로, 세계 경제를 이해하는 데 빼놓을 수 없는 용어로 자리 잡고 있다.

전통적으로 지정학자들이 영토, 세력권, 군사적 균형 등의 정치적 요인을 연구해 왔다면, 경제학자들은 성장, 물가, 무역, 자본시장과 같은 경제적 변수에 집중해 왔다. 오랜 시간 별개의 학문처럼 취급됐던 두 분야였지만, 최근 국제 질서는 이러한 구분을 허용하지 않는다. 지정학적 요인을 빼놓고는 세계 경제의 흐름을 설명할 수 없고, 경제학적 분석만으로도 현실을 포착하기도 어려운 실정이기 때문이다.

이와 같은 변화의 결과로 나타난 흥미로운 현상이 있다. 지정학자들이 경제학을 공부하기 시작하고, 경제학자들이 지정학을 배우기 시작한 것이다. 특히 경제학을 전공한 연구자들이 지정학적 맥락을 이해하려는 노력이 두드러진다. 그간 경제 연구에 매진해 온 필자 역시 점차 지정학적 변화에 대한 공부의 비중을 높이고 있다. 현재 일어나고 있는 중요한 경제 현상들의 대부분이 지정학적 요인을 배제하고는 논할 수 없기 때문이다.

지경학적 분절화가 나타나는 세계

관세가 불러온 새로운 질서

이에 적합한 구체적인 사례가 바로 2025년의 미국발 상호관세다. 2025년 4월 3일, 트럼프 미국 대통령은 무역국별 관세율이 적힌 패널을 직접 들어 올리며 상호관세 도입을 공식적으로 발표했다. 이어 상호관세가 발효되는 4월 9일까지 어느 나라도 보복하지 말라는 의사를 분명히 밝혔다. 그럼에도 중국이 미국과 똑같이 관세를 끌어올리고 맞보복을 하면서 불과 열흘 사이에 글로벌 경제는 전례 없는 불확실성에 휘말린 바 있다.

이런 상황에서 경제학의 수요·공급 이론이나 무역 이론만으로 미국이 중국에 부과한 120~130%의 상호관세를 설명하기는 어렵다. 이는 철저히 지정학적 계산, 즉 패권 경쟁과 전략적 압박이라는 맥락에서만 이해할 수 있는 현상이었다. 바로 여기에 '지경학적 분절화'라는 개념의 의미가 있다. 이는 세계 경제가 단일한 글로벌 시스템으로 움직이지 않고 지정학적 대립과 이해관계에 따라 여러 갈래로 파편화되는 현상으로 이해할 수 있다. 무역, 투자, 기술, 금융 등 모든 경제적 의사결정이 지정학적 고려와 긴밀히 얽히면서 과거의 자유무역·세계화 시대와는 전혀 다른 국면으로 들어선 것이다.

2026년 세계 경제를 알기 위해서는 지경학적 분절화라는 키워드를 반드시 머릿속에 새겨두어야 한다. 경제위기인지 아닌지,

성장률이 몇 퍼센티지인지와 같은 수치적 분석을 넘어 지정학과 경제학이 맞물려 파편화된 세계 질서 속에서 국가와 기업, 그리고 개인이 어떻게 대응해야 할지를 고민해야 한다.

경제학만으로 설명할 수 없는 경제

지경학적 변화를 잘 보여주는 또 하나의 사례가 러·우 전쟁 이후의 에너지 시장이다. 2022년 러시아와 우크라이나 두 국가 사이에 전쟁이 발발하자 미국은 서방 국가들의 러시아 원유와 천연가스 수입에 제재를 단행했다. 의도는 명확했다. 러시아의 전쟁 자금 조달 루트를 차단해 침공을 중단시키려는 것이었다.

그러나 현실은 달랐다. 중국, 인도, 튀르키예 등은 오히려 러시아산 원유를 헐값에 수입하며 안정적인 에너지를 확보했다. 국제 유가가 높은 상황에서 이들 국가는 저렴한 가격에 원유를 들여올 수 있었고, 결과적으로 러시아에 전비를 제공하는 '돈줄' 역할을 하게 된 것이다.

특히 2025년 상반기를 기준으로 뚜렷한 변화가 하나 나타난다. 인도의 러시아산 원유 수입 비중이 49.5%로 중국(36%)을 넘어서게 된 것이다. 중국의 경제성장 둔화와 수출 위축으로 원유 수요가 줄어든 사이, 인도가 러시아산 원유의 최대 수입국으로 부상했다. 이는 미국과 서방 입장에서 심각한 문제였다. 러시아의 전쟁 자금줄이 인도라는 새로운 축을 통해 유지되고 있었기 때문이다. 이에 미국은 인도에 대해서도 징벌적 관세를 부과하며 압박 수위를 높였다.

이러한 지정학적 현상은 자본시장에도 충격을 준다. 2025년 4월 3일 상호관세 발표와 4월 9일 발효 이후로 한국의 코스피는 물론 미국, 중국, 일본의 주가까지 동시에 바닥을 찍었다. 불과 열흘 사이 지정학적 이벤트가 글로벌 금융시장 전체를 흔든 것이다. 이는 경제 현상을 바라볼 때 더 이상 경제학만으로는 설명할 수 없음을 분명히 보여준다.

세계는 어떻게 균열되고 있는가

2022년 러·우 전쟁 발발 이후 세계가 갈라지고 있다는 인식은 여러 국제기구의 주요 보고서에서도 반복적으로 등장한다. 서로 의존하고 교역을 확대하며 경제 성장을 이끌었던 '세계화 Globalization'는 막을 내렸다. 이제 세계는 '분절화'라는 표현 아래 블록으로 나뉘어 가고 있다.

또 하나 중요한 지점은 전쟁에 대한 인식의 변화다. 많은 이들이 러·우 전쟁 초기에는 분쟁이 곧 끝날 것이라고 예측했다. 지난 40년간 세계적으로 큰 전쟁 없이 살아왔기 때문이다. 그러나 인류 역사 전체로 보면 이 40년이 오히려 예외적 상황임을 알 수 있다. 인류는 대부분 전쟁과 함께 살아왔다. 그 사실을 떠올려 보면 2022년 이후의 전쟁은 특수한 사건이 아니라 다시 '평범한 상태'

로 돌아온 것임에도, 큰 전쟁 없이 40여 년을 보낸 우리 앞에 불거진 러·우 전쟁은 커다란 위협으로 다가온 것이다.

2025년 6월 말에도 트럼프 대통령이 SNS를 통해 이스라엘과 이란 사이의 군사 충돌에 대한 전격적 휴전을 발표하면서 글로벌 안보 문법이 또 한 번 바뀌었다. 휴전 협상이 마무리된 직후, 하루도 채 지나지 않아 나토NATO 사무총장과 미국이 공동으로 방위비 증액 합의를 공식화한 것이다.

나토의 32개 회원국(스페인 제외)은 기존의 국방비 목표였던 GDP 대비 2%에서 2035년까지 GDP 대비 5%로 상향을 약속했다. 이 합의는 트럼프 대통령의 강력한 요구로 이루어진 것으로 공급망 혼란, 러·우 전쟁 장기화, 중동 불안 등 각종 지정학 리스크가 복합적으로 작용한 결과다. 나토는 회원국 중 한 곳이 공격을 받을 때 집단으로 대응하도록 되어 있어, 분담 국방비 수준 역시 함께 높아질 수밖에 없는 요인도 작용한다. 전쟁이 다시 평범한 인류사의 일부가 된 지금, 지정학적 긴장 속에서 세계 각국이 국방비를 대폭 늘려야 하는 상황은 지속될 것으로 보인다.

안보와 무기가 만드는 돈

　지경학적 분절화로 글로벌 무역과 투자가 점점 더 폐쇄적으로 변하고 있다. 안보 위기와 군비 경쟁에 따라 국방비가 대폭 확대되면 복지보다 안보 쪽으로 예산이 이동하고, 민간 소비, 투자, R&D에도 영향이 따를 수밖에 없다. 방산, 정보보안, 공급망 안정화, 반도체 등 전략산업이 더 부각되고, 장기적으로 글로벌 금융, 자본, 무역의 흐름도 현저하게 변화한다. 이런 흐름은 투자와 기업 전략에도 즉각적이고 구조적인 충격을 준다.

　2024년 기준 세계 주요국들의 국방비 지출을 살펴보면 미국의 경우 GDP 대비 3.4%의 국방비를 지출하고 있으며, 전쟁을 치르고 있는 러시아와 우크라이나, 사우디아라비아 등도 높은 국방비 지출 비율을 보여준다. 한국의 경우 한 해에 약 728조에 달하는 예산 중 66조 원가량을 국방비로 책정하고 있으며 GDP에 대비하면 2024년 기준으로 약 2.6%다. 전쟁의 위험이 상대적으로 적은 다른 국가들과 비교해보면 2.0%의 국방비도 상당히 큰 비중임을 알 수 있다. 그만큼 나토 가입국들 역시 2035년까지 국방비를 증액하는 여정이 쉽지 않을 것이라는 전망이다.

세계적으로 계속되는 적자 재정 상황에서 미국과 일본, 인도 등 여러 나라들이 잇따라 감세 정책을 발표하고 경기를 부양하겠

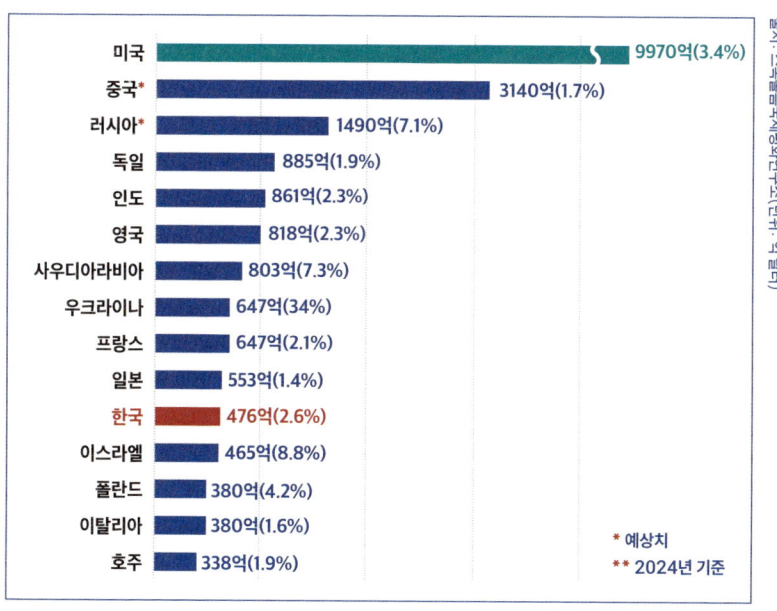

주요국 국방비 지출 규모

다는 의지를 드러내고 있다. 이렇게 단기적으로 세입이 줄고 경제가 어려운 국면일 때 국방비 증액은 가혹한 결정일 수밖에 없다. 그럼에도 나토 회원 각국은 국방비 증액의 로드맵을 만들어야 하는 것이다.

국방비 증액과 방위 산업의 확장

세계 각국의 국방비 총합은 곧 세계 방위 산업 시장의 규모다. 나토 회원국뿐 아니라 한국, 일본, 호주, 뉴질랜드와 같은 미국 동맹국 역시 국방비 증액 행렬에 동참하고 있다. 미국과 적대 관계에 있는 국가들은 어떨까? 당연히 이들도 국방비를 줄이지 않고 확대한다. 2026년은 전 세계적으로 국방비 예산을 크게 올려 잡는 시기가 될 것이다.

한국 국방 예산은 대체로 전년도 말이나 다음 해 초에 확정된다. 2026년 국방비 증액은 2025년 말~2026년 초 구체화되는 것이다. 그리고 이미 세계 여러 나라들이 국방비 증액 계획을 짜는 중이다. 기획재정부가 국회에 제출한 예산안에 따르면, 2026년 국방비로 66.3조 원을 편성했는데 이는 전년 대비 8.2% 증액한 것이다. 2025년 12월 국회 의결을 통해 정해지는 2026년 예산도 이 수준에서 큰 변화는 없을 것으로 보인다.

이렇게 확정된 국방비는 실제 산업과 계약으로 이어지게 되며, 이로써 국방비 증액 국면에서 가장 큰 혜택을 보는 나라는 바로 미국이 될 것이다. 미국의 국방비 규모를 살펴보면 세계적으로 높은 국방비를 편성하고 있는 10여 개 주요국들의 국방비 예산 총합보다도 큰 것을 알 수 있다. 여기에 세계 주요국들의 국방 예산 증액이 예정되면서, 그 수요에 맞게 글로벌 방위 산업 시장의 규모도 자연히 확대될 것으로 보인다.

현재 한국항공우주산업KAI 공장에서는 수백조 원 규모의 항공기 제작이 한창이다. 공장은 크게 두 동으로 나뉘어 있는데, 전투기와 수송기를 제작하는 고정익 공장과 헬리콥터를 제작하는 회전익 공장이다. 항공기 한 대를 만들기 위해서는 약 20~30만 개

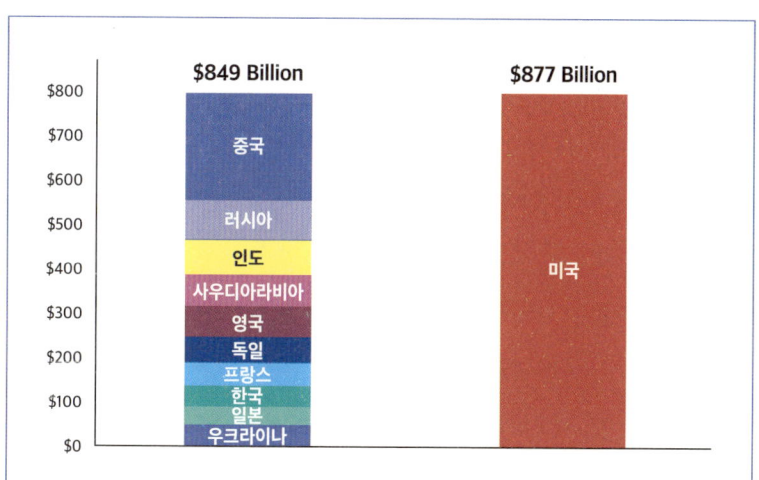

세계 주요국의 국방비 규모

의 부품이 전 세계에서 조달되어야 하고 수십 명의 전문가가 투입되어야 한다. 부품 공급 지연도 흔한 일이라 제작 기간이 평균 8~9개월에 달하지만 수요는 여전히 넘치고 있다.

따라서 **2026년은 국방비 지출 확대, 방위 산업 수요 급증, 대규모 계약 체결로 이어지는 흐름이 예상된다**. 지경학적 분절화와 긴장 고조가 세계 경제의 불확실성을 키우는 동시에, 방위 산업 시장에는 구조적 호황을 가져오는 것이다.

K-방산의 기회

방위 산업은 대부분 수주 산업이다. 각국이 국방비를 증액하면 발주가 늘어나고 기업들은 이를 수주해 계약을 체결한다. 계약 시점과 실물 인도는 시간차를 두고 발생하는데, 일반적으로 수주 후 항공기 한 대가 최종 납품되기까지는 약 3년이 걸린다. 이 과정에서 한국 방위 산업은 두 가지 뚜렷한 경쟁 우위를 확보하고 있다.

첫째는 납기의 속도다. 지정학적 긴장이 고조되는 상황에서 발주국들은 가능한 빠른 무기 확보를 원한다. 이때 한국 기업들은 상대적으로 납기를 빠르게 맞춰줄 수 있는 역량을 갖추고 있다. 둘째는 가성비 경쟁력이다. 세계 경제가 저성장 국면에 접어들며 유럽 국가들의 재정은 악화되고 산유국조차 국제유가 하락으로 여력이 크지 않다. 이런 상황에서 합리적인 가격과 성능을 갖춘 한국산 전투기와 국방 물자는 충분한 경쟁력을 지닌다. 여기에 새 정부가 국방산업 첨단화를 적극 추진하면서 한국 방위 산업은 단순히 '저렴한 대안'을 넘어 기술력까지 강화해 가고 있다.

세계 방위 산업 시장은 2027년까지도 지속적으로 성장할 것으로 전망된다. 한국도 이에 발맞춰 2025년 방산 수출 목표치를 240억 달러로 제시했다. 물론 이는 목표치에 불과하지만, 국내 주요 기업들이 정부와 함께 이를 실현하기 위한 다양한 전략을 추진하고 있다.

방위 산업의 또 다른 특성은 한 번 거래가 성립하면 거래처가 쉽게 바뀌지 않는다는 점이다. 항공기 한 대를 수출하면 기체 판매에서 끝나는 것이 아니라 부품 공급과 교육 서비스, 관리와 정비 등의 부수적 수출이 수십 년간 뒤따른다. 그만큼 장기적으로 안정적인 수출이 보장되는 구조다.

방위 산업은 이처럼 높은 진입장벽과 지속적인 수익 구조를 지니고 있어, 일단 거래처를 확보하면 경쟁국이 파고들기 쉽지 않다. 더군다나 지경학적 분절화 속에서 방위 산업의 수출입은 우방국 사이에서만 이뤄질 수 있다. 그렇기에 한국 방위 산업은 납기, 가성비, 첨단화라는 특장점을 무기로 우방국 중심의 시장에서 더 많은 기회를 확보하게 될 것이다.

그렇다면 주식시장에서의 흐름은 어떨까? 주식시장은 실물경제와 동시에 움직이지 않지만 장기적으로 방향성을 공유한다. 국방비가 증액되고 산업 규모가 커지면 결국 방위 산업의 주가는 우상향한다. 그러나 그 과정에서 상당한 변동성이 발생하게 되는데 그 결정적 요인이 군사적 긴장감의 고조 혹은 완화다.

일반적으로 불확실성이 고조될 때 위험 자산 대신 안전 자산을 선호하는 현상이 나타나는데, 방위 산업의 경우 이와 반대되는 현상을 보여준다. 전쟁이 확대되거나 지정학적 긴장이 높아지면 글로벌 주식시장은 위축되고 안전 자산 선호가 강화되지만 방위 산업 주가는 오히려 상승한다. 전쟁 가능성이 커질수록 무기 수요가 늘 것이라는 심리가 작동하기 때문이다.

실물경제의 현실과 자본시장의 움직임은 서로 다른 리듬을 가지고 있다. 전쟁이 고조된다고 해서 그날 당장 새로운 수주가 발생하는 것도 아니고, 항공기 발주와 제작이 하루아침에 이루어지는 것도 아니다. 그러나 투자자의 심리는 다르다. 전쟁 가능성이 커진다는 뉴스 하나만으로도 방위 산업 주가는 즉각 반응하며 요동친다. 이 점을 잘 알아두어야 한다.

관세 전쟁이 세계를 뒤집다

2026년 경제의 큰 흐름 중 첫 번째 축으로 유동성을 꼽았다. 이와 관련해 미국을 자세히 살펴보자. 미국은 2026년에 금리 인하를 단행할 가능성이 크다. 물가 상승률이 연준의 목표치인 2%에 미치지 못하는 상황에서도 정치적 요구에 의해 추진될 것으로 보인다. 파월 의장이 임기를 마치고 트럼프 대통령의 의중에 충실한 차기 연준 의장이 들어서면 금리 인하라는 특명이 주어질 것이기 때문이다.

미국은 금리 인하 외에도 이미 2025년부터 금융 규제 완화 조치를 취하고 있다. 연준은 SLR 규제를 완화해 은행의 자본금 요건을 줄였고, 이를 통해 더 많은 대출과 유동성 공급을 가능하게 했다. 여기에 스테이블코인 발행으로 또 하나의 유동성 통로를 만들고 있다. 스테이블코인이 발행될 때마다 달러가 수취되고, 이 자금이 미국 국채 매입에 쓰이면서 국채 시장의 주요 수요처 역할을 한다. 감세 정책과 OBBBA One Big Beautiful Bill Act 법안의 부채한도 상향 역시 재정 측면에서 유동성을 확대하는 장치다. 이런 통화정책과 재정정책 모두 2026년 금융시장에 큰 변동성을 불러올 요인이 된다.

두 번째 축은 지정학적 불안이다. 앞서 언급한 전쟁, 관세, 분절화 요인들이 모두 해당한다. 군사적 긴장이 고조되면 금융시장은 위축되지만 방위 산업 주가는 오히려 상승하는 특수성을 보인다. 반대로 전운이 완화되면 위험 자산 선호가 살아나고 방위 산업은 조정을 받게 될 것이다.

세 번째 축은 관세 전쟁이다. 2026년에도 관세 이슈는 계속될 것이다. 다만 미국이 중간선거를 앞두고 있어서 지나치게 높은 관세율을 유지하기는 어려울 것으로 예상된다. 높은 관세율은 곧 수입 제한을 불러오고, 이는 원자재, 부품, 완제품의 공급망을 붕괴시켜 미국 내수 경제에도 부담을 주게 되기 때문이다. 미국도 2026년에는 관세율을 일정 부분 낮추는 조정이 불가피할 것으로 보인다.

중요한 점은 관세가 결코 트럼프 정권 이전 수준으로 돌아가지는 않을 것이라는 점이다. 트럼프 1기에서 관세는 이미 한 차례 높아졌고 바이든 정부에서 일부 완화되었지만 결코 그 이전 수준으로 내려가지는 않았다. 현재 트럼프 2기에 들어서면서 다시 급등한 관세율은 설사 트럼프 정권이 끝나더라도 이전으로 완전히 되돌아갈 가능성은 없어 보인다. 관세는 단순한 정책 수단이 아니라 세입 수단이기 때문이다. 마치 임대소득이 가계에 안정적 현금 흐름을 제공하듯, 관세는 미국 재정에 안정적인 소득을 보장하고 있는 셈이다. 이와 같은 관세 정책은 이제 미국 무역구조의 일부로 고착될 것이며, 트럼프 행정부의 궁극적 목표는 이를 통해 미국 무역구조의 '토털 리셋Total Reset'을 이루는 것이다.

협상의 무기가 된 관세

미국은 만성적인 무역적자와 재정적자를 안고 있다. 트럼프 행정부가 관세를 적극 활용하는 이유도 여기에 있다. 관세는 단순한 보호무역 조치가 아니라 재정 수입원이기도 할뿐더러, 협상의 칼로 쓰일 수도 있다.

트럼프 대통령은 관세를 부과하겠다고 으름장을 놓으며 각국의 투자를 미국으로 끌어내고 있다. 일본에는 5500억 달러 규모의 투자를 요구했고, 한국에는 3500억 달러 규모의 대미 투자와 1000억 달러 상당의 LNG 수입을 조건으로 내걸었다. 또 EU에는

6000억 달러 규모의 민간 투자와 7500억 달러 규모의 에너지 구매를 압박하며 관세 감면을 미끼로 협상을 진행했다. 이런 방식은 '약탈경제'와 '강탈경제'라는 평가로 이어졌다.

관세 협상의 목표는 무역구조의 리셋이다. 미국은 자국과 교역하는 나라들에게 미국으로 수출하는 만큼, 미국으로부터 수입도 늘리라는 요구를 내세우고 있다. 예컨대 중국이 미국에 440억 달러를 수출하면서 145억 달러만 수입하는 불균형 구조를 문제 삼으며 수입을 늘려 균형을 맞추라는 요구가 토탈 리셋의 핵심이다.

이는 한국, 일본, EU에도 동일하게 적용된다. 한국은 자동차와 반도체 같은 경쟁력 있는 품목으로 흑자를 내고 있고, 미국은 이에 대해 그만큼의 미국산 항공기와 LNG를 수입하라는 식으로 요구하고 있다. 이는 자유무역체제의 경쟁 논리를 뒤흔드는 움직임이자 인위적으로 상대국의 무역수지 흑자를 깎아내리는 과정이다.

투자와 내수의 딜레마

이런 압박 속에서 2025년 각국은 미국에 막대한 투자를 약속했다. 한국 기업들 역시 3500억 달러 규모의 대미 투자를 공언했고, 2026년부터 실제 투자가 집행되기 시작한다. 문제는 이 투자가 곧 국내 투자의 위축으로 이어진다는 점이다. 한국 대기업들이 미국에 공장을 세우는 만큼 한국 내 신규 투자는 줄어들 수밖에 없다. 이는 고용 위축, 소비 여력 약화, 내수 부진으로 연결된다. 트럼프발 관세 정책의 가장 직접적인 부작용이 한국 경제에 투영되는 지점이다.

미국에 공장 건설이 완료되면 다음 과제는 바로 가동률 확대다. 트럼프 행정부는 미국 내 공장 가동을 늘리기 위해 또 다른 무기를 꺼낼 가능성이 크다. 바로 환율 전쟁이다. 달러 가치를 의도적으로 약세로 유도해 수출 경쟁력을 높이고, 미국 내 생산이 늘어나도록 만드는 것이다. 그리고 나서 다국적 기업이 미국에서 수출하는 것이 가장 유리해지는 환경을 만들려 할 것이다. 강달러 환경에서는 한국 같은 국가에서 생산해 미국으로 수출하는 것이 상대적으로 유리한 반면, 달러가 약세로 전환되면 미국에서 생산해 다른 나라로 수출하는 편이 더 유리해지기 때문이다.

즉 트럼프 행정부는 관세로 공장을 미국에 불러들인 후, 달러 약세장을 조성해 공장을 가동시키는 유인을 만들려 하는 것이다. 이런 전략은 미국 내 일자리 증가와 소득 증진으로 이어져 트럼프 행정부가 원하는 정치적 성과, "미국을 다시 위대하게MAGA, Make America Great Again"라는 내러티브를 가능하게 한다. 이로써 관세 전쟁, 대미 투자 확대, 환율 전쟁이라는 흐름이 2026년 미국 경제 전략의 큰 줄기를 이루게 되는 것이다.

반면 미국에서 제조업을 되살리는 것이 현실적으로 가능할지 의문을 가질 수 있다. 노동력 부족과 높은 인건비가 여전히 미국

경제의 약점으로 꼽히기 때문이다. 그러나 오늘날 미국이 유치하려는 산업은 방직, 플라스틱 등의 전통 제조업이 아니라 반도체, 배터리, 항공우주, 로봇 등 첨단 산업의 밸류체인이다. 이 산업들은 이미 스마트 팩토리화되고 로봇 자동화와 무인화가 급속히 진행되고 있으며 노동 투입 비중이 줄어드는 구조다. 첨단 설비가 가동되는 거대한 공장에 기계 대비 인력은 많지 않은 셈이다. 이렇게 미국은 고비용 노동력의 한계를 자동화 기술로 극복하며 첨단 산업 밸류체인을 자국으로 끌어들이고 있다.

지금껏 살펴본 바와 같이, 달러의 약세화는 관세 전쟁을 배경으로 2026년의 경제를 관통하는 키워드 중 하나가 될 것이다. 물론 환율은 수많은 변수에 의해 결정되고 그 누구도 정확히 예측할 수 없다. 그럼에도 가장 강력한 변수로 트럼프 행정부의 정치적 의지가 작용할 가능성이 매우 크다.

결국 미국에서 벌어지는 일련의 흐름은 글로벌 경제 질서를 재편하는 결정적 축을 형성하게 될 것이다. 그리고 이는 미국만의 변화가 아니라 세계 밸류체인의 강제 이동이라는 구조적 변화를 그려나가게 될 것이다.

새로운 돈,
스테이블코인이 온다

 2026년 세계 경제의 변화에서 간과할 수 없는 것이 바로 스테이블코인이다. 기존 금융 시스템과 디지털 자산 시장을 연결하며 결제, 거래, 투자의 방식을 근본적으로 바꾸고 있는 스테이블코인은 비트코인 같은 '투자 자산'이 아닌 '디지털 화폐'로, 새로운 화폐 질서의 축을 만들어 가고 있다.

 화폐의 역사를 살펴보면 시대와 기술의 변화에 따라 그 형태를 달리해 왔음을 알 수 있다. 오래 전에는 금과 은 같은 귀금속이 거래 수단이었으나 무겁고 불편했기 때문에 사람들은 점차 금을 보관소(지금의 은행 역할)에 맡기고 보관 증서를 주고받게 되었다. 보관

증서는 금과 1:1로 교환할 수 있었기 때문에 신뢰를 얻었고 사람들은 금 대신 이 증서를 화폐로 사용하기 시작했다. 이것이 바로 지폐의 기원이다.

지금 우리가 목격하는 전환점 역시 이 연장선에 있다. 2020년부터는 코로나19 이후의 유동성 확대와 제도권 참여 확산이 맞물리며, 비트코인을 비롯한 디지털 자산이 대중적 투자 자산으로 폭발적인 인기를 얻게 되었다. 다만 비트코인은 '탈중앙화'라는 장점을 내세웠지만 누가 발행했는지 알 수 없고 가격 변동성이 심해 화폐로서의 기능을 수행하기엔 불안정하다. 이 때문에 '디지털 화폐'로서 실질적 결제 수단이 필요해졌고 중앙은행 디지털 화폐를 뜻하는 CBDC Central Bank Digital Currency와 스테이블코인 두 가지 형태가 등장하게 된 것이다.

스테이블코인은 말 그대로 불안정했던 가상 자산을 '안정적stable'으로 만든 것이다. 테더Tether, 서클Circle 같은 민간 기업이 발행하며 가치가 달러나 원화 같은 법정통화에 1:1로 연동되기 때문에 글로벌 무역, 기업 간 결제, 해외 송금, 나아가 개인의 일상적 소비까지 파고들며 디지털 화폐로 자리 잡고 있다.

한편 CBDC는 한국은행, 중국 인민은행, 미국 연준처럼 중앙은행이 발행하는 디지털 통화이자 법정통화다. 현금과 동일한 효력을 지니기 때문에 안정적이며 관리와 감독이 가능하다.

CBDC의 대표적 사례는 중국의 디지털 위안, DCEP이다. 중국에서는 이미 공무원들의 월급 일부가 디지털 위안으로 지급되고 있으며 개인은 일상생활에서 지하철 요금 결제와 물건 구입, 저축 등으로 이미 현금처럼 활용하고 있다. QR코드나 NFC를 활용한 결제 방식이 이미 일상에서 익숙한 간편결제와 비슷하게 보이지만, 스테이블코인과 CBDC는 디지털 화폐고 간편결제는 돈을 편리하게 쓰도록 돕는 서비스라는 점에서 차이가 있다.

여전히 세계에는 달러나 원화 같은 법정화폐가 존재한다. 단지 이 화폐를 지급하고 결제하는 종류의 수단이 바뀌는 것이다. 다시 말해 종이돈에서 카드로, 카드에서 모바일 결제로, 이제는 블록체인 기반의 디지털 화폐로 옮겨가고 있다.

금융 질서를 뒤흔드는 새로운 화폐

그렇다면 왜 디지털 화폐가 크게 주목받고 있는 걸까? 삼성전자가 한국에서 미국 현지 법인으로 부품을 수출한다고 가정해보자. 기존 금융망을 이용할 경우 시중은행들을 거치느라 결제하는 데 며칠씩 시간이 걸리고 수수료도 붙는다. 그러나 스테이블코인을 사용하면 수수료는 사실상 사라지고 결제는 거의 실시간으로 이루어진다. 투자 수단을 넘어 금융 거래의 효율성을 획기적으로 높이는 셈이다.

이런 이유로 글로벌 기업과 금융기관들이 스테이블코인에 주목하고 있다. 과거에는 은행이 아닌 기업들이 먼저 발행에 뛰어들었는데 이제는 JP모건, 뱅크오브아메리카, 씨티, 웰스파고 같은 미국 초대형 은행들이 움직이고 있다. 합작 법인을 세우고 공동으로 스테이블코인을 발행하자는 논의까지 본격화되고 있다. 은행들이 직접 나서는 이유는 단순하다. 스테이블코인이 확산되면 기존 은행망을 거치지 않고도 사람들이 자유롭게 거래할 수 있게 된다. 전통적인 은행의 존재 자체가 위협받게 되기 때문에 스스로 발행 주체가 되어 변화에 대응하려는 것이다.

스테이블코인의 급격한 확산을 뒷받침하는 또 하나의 축은 법제화다. 초기에는 명확한 제도가 없어 발행사가 불법의 위험을 감수해야 했지만, 이제는 준비금 요건(1:1 법정화폐 보유), 공시 의무 등의 법적 틀이 마련되고 있다. 규제가 아니라 제도가 생기면서 기업들에게 마침내 놀이터가 생겼고 그 안에서 자유롭게 사업을 확장할 수 있게 된 것이다.

《포스트 코로나 2021년 경제전망》에서 각국의 중앙은행 디지털 통화가 발행되고, 테더 등의 민간 기업 스테이블코인이 글로벌 통화로 등장할 미래가 머지않았다는 전망을 제시한 적이 있다. 그만큼 스테이블코인의 확산은 오래전부터 관측된 흐름이고 2025년 하반기에도 스테이블코인 발행사는 빠르게 늘어나고 있다. 이미 스테이블코인 발행 업체 서클이 IPO 상장을 했는데, 상장 이후 첫날 주가가 167% 상승하고, 다음 날 역시 200% 오르며 이틀간 400%의 주가 상승을 보여주었다. 경쟁사인 테더 역시 시가총액이 1529억 달러에 이를 만큼 폭발적으로 성장하고 있다.

이 과정에서 미국의 '지니어스 법안Genius Act' 추진은 스테이블코인의 제도권 편입을 가속하고 있다. 스테이블코인은 이제 제도권 금융 안으로 들어와 글로벌 통화 경쟁의 새로운 변수로 작동하게 되었다.

트럼프 2기 정부와 스테이블코인

스테이블코인은 기술이나 금융 상품의 차원을 넘어서며 미국을 중심으로 국제 질서를 둘러싼 패권 경쟁의 무대에 올라섰다. 그리고 그 배경에는 미국의 만성적인 재정 적자도 자리하고 있다. 미국은 부족한 재정을 메우기 위해 국채 발행을 검토하고 있지만 이를 매입해줄 주체가 필요한 상황이다. 주요 국채 매입처였던 일본, 영국, 중국에서의 수요가 최근 눈에 띄게 줄어든 상황에서 국채를 꾸준히 사줄 새로운 수요처의 발굴이 절실해진 것이다.

이 지점에서 스테이블코인이 중요한 역할을 한다. 스테이블코인을 발행하는 기업은 이용자에게서 달러를 받고 그 달러로 단기 국채를 산다. 스테이블코인의 1달러=1코인 원칙을 지키려면 그만큼의 달러나 달러에 준하는 안전 자산을 확보해야 하기 때문이다. 2024년 기준으로 스테이블코인 발행사들이 매입한 미국 단기

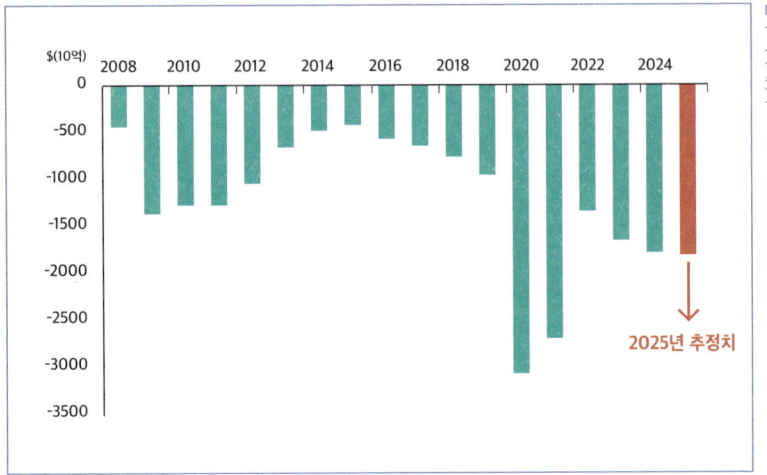

미국 재정적자 추이

국채 규모는 전통적 채권 보유국들과 어깨를 나란히 할 정도로 커졌다. 일부 통계에서는 세계 3위 수준으로 집계되기도 했다. 이제 스테이블코인은 미국 국채의 중요한 매입처가 된 것이다.

또 하나, 중국의 움직임도 미국을 자극하고 있다. 중국의 디지털 위안화는 일상에서 활용뿐만 아니라 해외 무역에서도 위안화 결제를 요구하며 점차 사용 비중을 늘리고 있다. 특히 희토류 같은 전략 자원 수출 시 달러를 받지 않고 위안화 결제를 조건으로 붙이고 있다. 이는 위안화의 국제적 지위를 끌어올리려고 국제 기축통화로서 자리를 마련하기 위한 행보로 보인다.

미국은 기축통화의 우위, 달러 패권을 지키기 위해 맞대응할

스테이블코인 유통과 국채 매매 구조

수밖에 없다. 그래서 달러 기반 스테이블코인을 전 세계적으로 확산시키려 하는 것이다. 각국 기업들이 스테이블코인을 쓰게 되면 결과적으로 달러를 쓰는 것이나 다름없기 때문이다. 트럼프 행정부는 이런 흐름을 적극적으로 밀어붙이고 있다. 재정 적자를 메우는 국채 매입 수단으로도, 중국의 기축통화 도전을 막는 수단으로도 스테이블코인이 필요해서다.

스테이블코인은 미국과 중국이 벌이는 경제 전쟁의 한복판에 놓였다. 디지털 시대의 새로운 기축통화 경쟁, 그 전장이 스테이블코인이라는 이름으로 펼쳐지고 있다.

스테이블코인의 부작용

스테이블코인의 본질은 유동성 공급 장치다. 발행사는 코인을 찍어내고 투자자들은 현금을 내고 그 코인을 산다. 발행사는 받은 현금을 그대로 금고에 쌓아두지 않는 대신 그 일부를 미국 국채를 사는 데 쓴다. 이렇게 되면 국채 시장에는 새로운 수요가 생기고, 시장에는 그만큼의 달러 유동성이 풀린다.

이는 중앙은행이 국채를 매입해 시중에 돈을 푸는 양적완화와 비슷한 효과를 갖는다. 달러가 종이 지폐냐, 카드냐, 아니면 스테이블코인이냐의 차이일 뿐 화폐로서의 역할은 같다. 다만 스테이블코인은 민간 주체가 발행한다는 점에서 전통적인 중앙은행 정책과는 다르다.

그러나 스테이블코인은 '위험한 유동성 공급 장치'이기도 하다. 그 원인 중 하나는 통화 주권에 있다. 만약 한국에서 달러 기반 스테이블코인이 광범위하게 사용된다면 한국은행이 금리를 조정해도 효과가 나타나지 않을 수 있다. 쉽게 말해 지금은 카드로 결제하든 지폐를 내든 '원화'를 쓰고 있지만 앞으로 많은 한국인들이 '달러' 스테이블코인으로 결제하고 거래한다면 우리는 원화가 아니라 달러를 쓰게 되는 셈이다. 즉 원화의 역할이 점점 줄어들어 통화 주권을 상실하게 되는 문제가 발생할 것이다.

그런 까닭에 한국은행 역시 자국 통화 주권을 지키기 위해 '원화 스테이블코인' 발행에 긍정하는 한편, 디지털 화폐인 CBDC 실험도 이어가는 중이다. 2020년 착수해서 2025년 '프로젝트 한강'까지 수행했는데 CBDC 발행을 이제 중단한다는 언론 보도와 다르게, 스테이블코인과 융합된 퓨전 방식을 고려한다. 구체적으로는 한국 주요 은행들이 스테이블코인 합작 법인을 만들어 발행하고 발행된 스테이블코인을 CBDC의 알고리즘, CBDC의 시스템을 활용해서 적용한다면 여러 문제를 사전에 차단할 수 있다고 본다.

스테이블코인의 또 다른 유의 사항은 불법적 활용 가능성이다. 스테이블코인은 국경을 넘는 송금이 쉽고 추적이 어렵기 때문에 불법 해외 송금이나 자금 세탁, 조세 회피에 쓰일 소지가 크다. 제도권이 통제하지 않는다면 범죄 자금의 은닉 수단이나 세금 탈루용으로 전락할 수도 있다.

채권시장 불안과 뱅크런 위험도 불안 요소로 작용할 수 있다. 발행사가 보유한 국채 가격이 떨어지면 이윤 손실이 발생하고, 특수한 상황으로 인해 이용자들이 한꺼번에 코인을 현금으로 바꿔 달라고 요구하는 상황이 오면 발행사는 손실 상태에서 국채를 팔 수밖에 없다. 이른바 디지털 뱅크런이다. 은행 지점에 몰려가 돈을 찾던 과거의 뱅크런과 달리 디지털 환경에서는 단 몇 초 만에 전 세계적으로 환매 요구가 폭발할 수 있다. 이는 기존 은행 시스템보다 훨씬 더 빠르고 파괴적인 위험을 가져올 수 있다.

이렇듯 스테이블코인은 유동성을 공급하고 달러 패권을 강화하는 수단인 동시에 언제든 새로운 금융 위기의 불씨가 될 수 있다. 양날의 검처럼 긍정적 가능성과 부정적 위험이 맞물린 새로운 화폐의 등장에 철저한 대비가 필요하다.

 ## 창업과 폐업의 교차점에 선 자영업

　자영업 폐업 건수가 2024년 기준 연 100만 건을 넘어서며 역대 최고치를 기록했다. 그런데도 창업은 줄지 않고 이어지고 있다. 창업과 폐업이 동시에 늘어나는 이 역설적 현상은 무엇을 의미할까?
　한국의 전체 취업자 2700만 명 중에서 봉급생활자(임금근로자)는 대략 2100만 명 정도고, 비임금근로자는 약 600만 명이다. 그런데 비임금근로자는 2024년~2025년 들어 그 수가 줄고 있다. 창업자가 꾸준히 늘어나고 있음에도, 폐업자 증가 속도가 더 빨라 전체 자영업자는 감소하는 추세인 것이다.
　그 배경으로 인구구조 변화를 살펴볼 필요가 있다. 우리가 X세대로 칭하는 1970년대생을 포함해 베이비붐 세대가 대거 은퇴와 조기퇴직을 맞이했는데, 그들이 다시 임금근로자로 노동시장에 복귀하기가 어려운 것이 현실이다. 신규 고용 창출이 둔화된 경제구조 속에서 퇴직자들은 선택지가 제한될 수밖에 없고, 결국 비자발적 창업으로 내몰리고 있다. 일손을 놓지 못하는 이 세대의 문화적 특성 또한 은퇴 이후에도 계속 일을 찾게 만들고 창업으로 이어지는 데 일조한다.

예를 들어 한 골목에 김밥 가게가 세 군데 있는데 누군가가 또 그 골목에 김밥 가게를 창업한다면, 세 가게에서 나눠 가졌던 매출을 이젠 네 군데에서 나눠 갖게 될 것이다. 여전히 실물경제가 좋지 않은 상황에서 골목식당의 총매출을 점점 더 많은 자영업자들이 나눠 갖게 되면 경쟁력이 약한 창업자가 폐업으로 밀려날 수밖에 없게 되는 것이다.

여기서 더 큰 구조적 문제가 작용하는데, 바로 국내 대기업들의 대미 투자 확대다. 미국과의 상호관세 때문에 기업들의 국내 공장 증설이나 신규 투자가 줄어들고 이는 고용 창출 둔화로 이어져 소비 여력을 약화시키기 때문이다. 대기업의 공장 가동이 줄면 협력업체들의 매출도 급감하고, 이는 인근 자영업자 매출에도 영향을 끼친다. 즉 대미 투자 확대로 국내 밸류체인 전체가 위축되면서 내수 시장의 자영업자들까지 고스란히 영향을 받게 되는 것이다.

게다가 물가는 여전히 높다. 그래서 가계는 가장 먼저 외식비 지출을 줄이기 위해 가정간편식이나 집밥으로 지출 패턴을 바꾼다. 다각도로 힘든 상황에서 창업이 늘어나니 폐업이 더 가팔라질 수밖에 없는 것이다.

2026년에도 자영업 창업과 폐업은 동시에 늘어나는 구조가 지속될 가능성이 크다. 그러니 창업을 계획하고 있다면 반드시 업종에 진입하기 전에 철저한 사전 준비가 요구된다. 아르바이트나 인턴같이 직접 경험을 쌓고 들어가는 것이 좋다. 정부와 지자체에서 지원하는 창업 교육과 컨설팅을 활용하고 업종별 과밀도나 지역별 수요를 고려하는 것도 필요하다.

무작정 뛰어드는 창업은 '폐업을 예고한 창업'이 될 가능성이 높다. 2026년 자영업 환경은 단순한 도전이 아니라 준비된 생존 전략이 요구되는 해가 될 것이다.

——— 필진: 김광석

Money Trend 2026

2장

주식시장의 다음 도약

Next Momentum

2025년 한국 증시의 컴백

주식시장에서 2025년은 부활의 신호탄이었다. 종합주가지수가 상반기에만 28% 상승하며 시장 참여자들의 마음을 다시 달아오르게 했다. 금융투자협회에 따르면 투자자 예탁금은 2025년 7월 1일 기준 70조 원을 돌파했다. 팬데믹 시기에 동학 개미 운동이 한창이던 2022년 1월 이후 처음이다. 2022년부터 최근까지 50조 원대에 머물러 있던 것이 새 정부 출범 이후 10조 원 넘게 불어난 셈이다.

투자자 예탁금은 투자자가 주식이나 펀드 등 금융투자상품을 거래하기 위해 증권사에 맡긴 돈이다. 이 예탁금이 늘어난다는 것은 금융투자상품 매매가 활발해지고 있음을 의미한다. 실제로 시장에 활기가 돌자 재테크 유튜브 조회수와 댓글도 늘고, 온라인 커뮤니티에는 주식 관련 질문과 수익 인증 글이 줄을 이었다.

한국은 2024년 기준 국내총생산 세계 12위의 경제 대국이다. 1인당 국내총생산은 3만 6천 달러로, 3만 2천 달러대에 머무른 일본을 추월할 정도의 선진국이다. 그러나 경제구조를 들여다보면 내수 기반이 작고 반도체, 석유 및 합성수지 제품, 철강 등 중간재 가공 및 수출에 과도하게 집중되어 있다. 그만큼 세계 경제의 움직임과 별개로 생각하기가 어렵다. 그래서 한국 경제는 바람의 방향과 세기를 읽는 '세계 경제의 풍향계'와 같다.

OECD 경기선행지수와 코스피

국장과 미장, 갈라진 투자자의 마음

풍향계는 모름지기 바람과 같은 방향과 속도를 따라 움직이는 법인데 2025년 주식투자자들의 분위기는 한국과 미국 등 투자 지역에 따라 판이하게 갈렸다. 한국 종합주가지수가 2025년 상반기에 28% 오르는 동안, 미국의 S&P500 지수는 단 6%, MSCI ACWI 지수는 10% 상승에 그쳤기 때문이다. 참고로 MSCI ACWI 지수는 미국의 대형 투자은행 모건스탠리 캐피털 인터내셔널MSCI이 산출하는 전 세계 주식시장 지수All Country World Index다.

그뿐만이 아니라 S&P500 지수는 2월 19일 6144.15포인트에서 4월 8일 4982.77포인트까지 두 달도 안 되어 21%나 급락했다. 다시 백악관에 돌아온 도널드 트럼프 대통령이 전 세계에 관세 폭탄을 예고하면서 벌어진 일이었다. 팬데믹 당시 경제 마비를 막기 위한 금리 인하와 보조금 지급 같은 돈 풀기로 인플레이션 문제가 나타났다. 그러자 미국 연준을 위시한 각국 중앙은행이 금리를 인상하며 진화를 시도했고 그렇게 경제가 점차 회복해 나가는 중이었는데 관세 문제가 불확실성을 다시 키운 것이다.

관세가 부과되면 소비자 가격이 그만큼 오르기 때문에 소비자에게 경제적 부담이 전가되어 결국 물가가 상승한다. 이렇게 물가가 상승하면 경제가 아직 충분히 회복되지 않은 상황에서 금리를 더 내리지 못하게 되거나 추가 인상을 불러 경기 침체로 이어

2025년 S&P500 지수 변화

질 수 있다.

　미국은 관세로 자국 기업을 보호하려는 전략을 택했다. 예컨대 일본 토요타 자동차에 관세가 붙으면 그만큼 토요타 자동차의 가격이 비싸지기 때문에 미국 소비자로서는 토요타 자동차보다 자국에서 생산하는 제너럴모터스나 포드 자동차가 더 매력적으로 보인다. 결국 토요타 같은 해외 기업은 울며 겨자 먹기로 시장점유율이나 수익성을 희생할 수밖에 없다. 이렇게 되면 장기적으로 미국 자동차와의 경쟁 관계에 열세를 불러온다.

'국장=지옥'을 뒤집은 반전

　2024년 한 해 동안 한국 증시는 종합주가지수 -10%, 코스닥지수 -22% 하락을 겪으며 "국장 탈출은 지능순", "미장은 돈을 복사하지만 국장은 돈을 삭제한다"라는 자조 섞인 말이 유행했다. 그러나 2025년 상반기는 그야말로 상전벽해였다. 다른 나라 주식시장과 비동조화(디커플링)되며 독자적인 경제 흐름을 보인 것이다. 그 이유는 무엇일까?

먼저, 새로운 정부의 출범 때문이다. 2025년 6월 취임한 이재명 대통령은 대선 전부터 금융투자소득세 폐지, 일반 투자자 권익 보호를 위한 상법 개정을 추진하는 등 자본 시장에 큰 관심을 기울였다. 그간 한국 주식시장이 낮은 평가를 받아온 '코리아 디스카운트'에는 세 가지 요인이 있다. 휴전 중인 북한과 국경을 맞대고 있다는 지정학적 리스크, 중간재 수출을 하는 대기업 위주의 취약한 경제구조, 대주주 중심의 후진적 지배 구조다. 새 정부는 이 중 하나를 해소해 같은 조건이라도 더 높은 평가를 이끌어내겠다는 '코스피 5000' 공약을 내세웠다. 부동산 쏠림을 막기 위한 6·27 대출 규제 정책도 같은 맥락이다.

새 정부의 출범 이유가 2024년 12월 비상계엄의 위헌성이 인정되어 2025년 4월 윤석열 전 대통령이 탄핵당했기 때문이라는 점에도 주목해야 한다. 기업들은 정책의 일관성을 신뢰하지 못해 투자 집행을 미루었고, 소비자들도 불안한 마음에 연말 회식을 피했다. 이렇듯 비상계엄과 탄핵 정국은 직접적으로 경제에 타격을 주었다. 외국인 투자자들은 원래도 한국 경제와 환율의 변동성, 불확실성을 부담스러워했는데 정치적으로 불안한 국가라

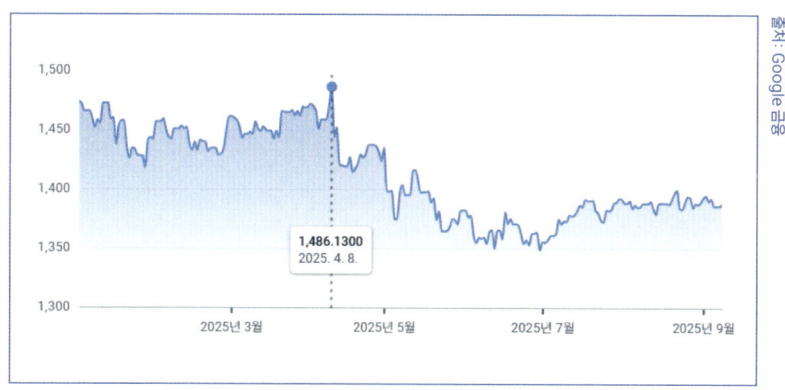

출처: Google 금융

원/달러 환율 변화

는 꼬리표까지 붙었다. 비상계엄 선포라는 물리적 위험성을 가진 상태에서 달러당 환율은 1500원에 육박했지만, 탄핵 인용 이후 2024년 11월 이래 처음으로 1300원대까지 하락했다. 이 시기에 외국인이 본 한국은 우리가 러시아, 미얀마, 북한 같은 독재 국가에 투자하는 것을 꺼리는 것과 다르지 않았다. 이것이 다른 나라에 비해 경기 침체를 일찍 겪었으나 회복이 더뎠던 이유다.

한국 주식시장이 2025년 전 세계를 압도한 더 큰 이유는 평균 회귀다. "바닥을 치면 올라갈 일만 남았다"라는 말처럼 세상의 많은 부분은 평균 회귀와 정규 분포 곡선을 따른다. 오르면 내리고, 내리면 오른다. 특히 주식시장은 평균 회귀가 더욱 잘 들어맞는다.

주식의 가격은 실적만으로 결정되지 않는다. 시장 참여자의 기대감과 심리가 더해져 과열과 냉각을 반복한다. 이 기대감은 인간의 마음이고, 인간의 마음은 돈 앞에서 갈대처럼 휘어진다. 좋으면 앞으로도 마냥 좋을 것 같고 나쁠 때는 계속 안 좋은 얘기들만 들린다. 그러나 장기적으로 주가는 기업이나 경제의 기초체력, 즉 가치에 수렴한다. 이 과정에서 가치보다 더 높았던 주가는 내리고, 가치보다 더 낮았던 주가는 올라 평균에 수렴한다.

2024년 한국 증시는 인플레이션, 급격한 금리 인상, 경기 침체로 실적이 나빴다. 인공지능 분야에서도 글로벌 빅 테크들에 밀려 투자자들의 심리도 위축됐다. 그러나 경제는 어느새 저점 이후 확장 국면으로 전환되었다. 내수 기반이 취약하지만 확장기에는 강하게 턴어라운드하는 특징 덕분에 더 큰 반등을 이뤘다. 여기에 해외로 눈을 돌렸던 투자자들이 2025년 4월 미국 증시 급락과 한국 증시 상승을 동시에 경험하면서 '국장도 할 만하다'라는 낙관이 퍼졌다. 그러면서 부활의 신호탄을 쏘고 있는 것이다.

코스피 5000을 여는 3대 조건

그럼 2026년 한국 주식시장은 2025년에 이어 2년 연속 강세장을 이어갈 수 있을까? 평균 회귀의 바람을 타고 조금씩 꾸준히 오른다면 코스피 5000 시대가 마냥 꿈만은 아닐 것이다. 그 열쇠가 될 수 있는 조건을 몇 가지 짚어본다.

첫 번째, 코리아 디스카운트 해소 기대

상법 개정으로 그간 저평가받았던 코리아 디스카운트 해소를 기대할 수 있다. 주식의 가치는 기본적으로 기업의 이익이나 보유 자산을 기초로 평가된다. 이익은 음식료, 유통업 같은 일부 필수재를 제외하면 경기 호황과 불황에 따라 변동 폭이 커서 시점에 따라 왜곡되기 쉽다. 반면 자산은 수년, 길게는 수십 년에 걸쳐 누적된 결과물이라 변동 폭이 작고 상호 비교에 용이하다.

주가순자산비율PBR, Price to Book Ratio은 시가총액을 순자산(총자산-부채)으로 나눈 값으로, 기업이 가진 것에 비해 시장에서 어떤 평가를 받는지 보여준다. PBR이 높으면 시장이 미래 성장성을 기대한다는 뜻이고 낮으면 성장성이 낮거나 향후 수익성 악화 우려로 자산가치조차 인정받지 못한다는 뜻이다.

2025년 상반기 한국 주식시장은 괄목할 만한 상승세를 보였

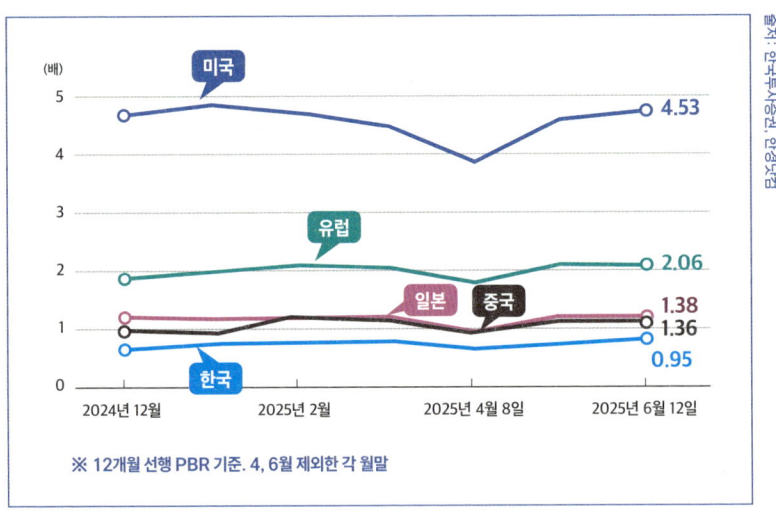

주요국의 주가순자산비율 변화

지만 여전히 주요 국가 대비 PBR이 낮다. 1배에도 미치지 못한다는 것은 현재의 순자산조차 시장에서 인정받지 못한다는 의미다. 다시 말해 전쟁이 나거나 경제 대국들의 이권 다툼에 끼어 산업 경쟁력이 약화될 수 있고, 이익이 대주주에게 뺏길 수 있다는 우려가 반영된 것이다.

상법 개정이 불러올 변화

2025년 7월 국회를 통과한 상법 개정안의 핵심은 "대주주 마음대로 하지 말라"는 것이다. 이사의 충실 의무 대상이 회사에서 전체 주주로 확대되어 LG화학이 LG에너지솔루션을 물적분할(쪼개기 상장)한 것처럼 소액주주가 피해를 보는 사례를 막을 수 있다. 집중투표제와 3% 룰 도입으로 소액주주가 힘을 합치면 일부 이사 선임에 영향력을 행사할 수 있고, 감사 선임 시 대주주 의결권도 3%까지만 제한된다.

또 자산 규모가 큰 기업은 전자 주주총회를 의무화하고 실시간 의사 진행 및 결의에 참여할 수 있게 했다. 서울에 사무실을 두고도 평일 아침 지방에 있는 공장까지 가서 직원들로 자리를 채우며 요식행위로 끝내던 주주총회의 관행을 차단한 것이다. 여기에 더불어민주당은 배당소득 분리과세 법안도 발의했다. 현행 제도에서는 대주주가 배당금의 최대 49.5%를 세금으로 내야 해서 배당 확대에 소극적일 수밖에 없는데 세제 개편은 배당 확대를 유도한다.

더 나아가 일부는 사적 이익을 위해 개인 또는 개인이 만든 회사에 유리한 거래를 조장하거나, 대주주가 자녀 등에게 증여·상속할 때 세금을 줄이려고 주가를 일부러 누르는 일도 있었다. 이번 개정은 이런 불투명한 행태를 견제하고 소액주주의 권리를 강화하는 방향으로 작동한다. 이 제도 변화가 한국 시장의 낮은 PBR을 끌어올린다면 기업이나 경제에 실질적 변화가 없어도 주가는 오를 수 있다. 2025년 6월 12일 기준 종합주가지수 PBR은 0.95배였는데, 일본 수준인 1.38배만 되어도 코스피는 4200포인트를 넘길 수 있고, 유럽 수준인 2.06배면 6332포인트도 가능하다. '코스피 5000' 공약이 허황되지 않은 이유가 여기에 있다.

두 번째, 삼성전자의 귀환 여부

2026년 한국 주식시장이 상승하는 데 필요한 두 번째 조건은 삼성전자의 약진이다. 2025년 6월 말 기준 삼성전자의 시가총액이 유가증권시장에서 차지하는 비중은 14%다. 2021년 1월 25%에 달한 것에 비하면 많이 쪼그라든 셈이다. SK하이닉스를 비롯한 다른 주식들은 질주하고 있는데 삼성전자는 맥을 못 췄기 때문에 생긴 격차다.

나머지 종목이 하나도 움직이지 않는다 해도, 과거 여러 개미

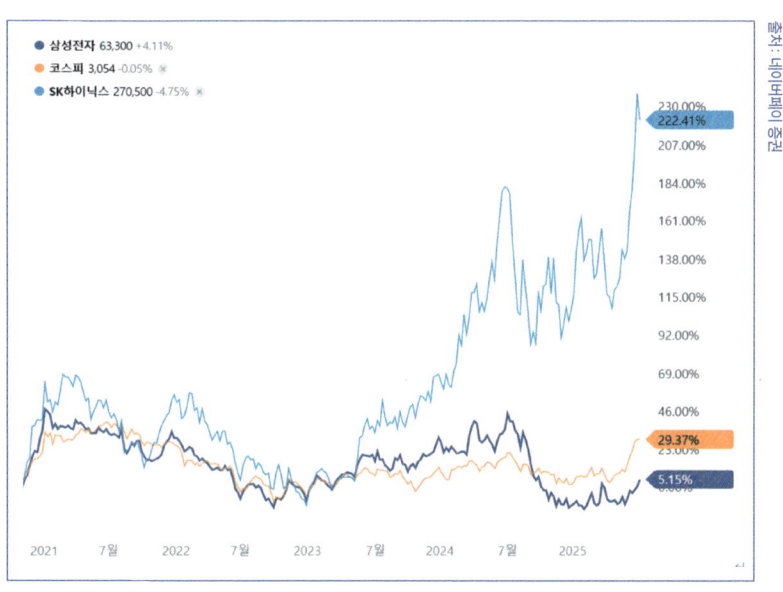

2020년 11월~2025년 7월 종합주가지수, 삼성전자, SK하이닉스의 주가 퍼포먼스

투자자들의 희망처럼 십만 전자를 넘보는 것만으로 종합주가지수는 300포인트 가까이 오를 수 있다. 시가총액 비중 25%를 되찾으면 3500포인트를 넘는다. 그러니 종합주가지수 4000, 5000포인트에 도달하려면 '큰 형님' 삼성전자가 과거의 영광을 되찾아야 한다.

삼성전자는 언제 다시 오를까? 삼성전자는 반도체, 스마트폰, 가전, 디스플레이 등 다양한 사업을 하는데 실질적으로 회사를 먹여 살리는 것은 반도체다. 그중 반도체는 메모리와 비메모리 반도체로 나뉘며, 삼성은 대규모 선행 투자와 대량 생산 전략이 유효한 '메모리' 분야의 전통 강자다.

스마트폰, 가전, 디스플레이는 경쟁자가 많아 이익률을 내기 어렵다. 반면 반도체는 천문학적인 시설 투자와 연구 개발이 필요해도, 한 번 앞서 나가면 높은 수율과 낮은 원가로 경쟁자를 압도할 수 있다. 다만 대규모 선행 투자가 필요한 만큼 정확한 수요 예측이 어려워 호황과 불황이 반복된다. 삼성전자의 이익과 주가 역시 메모리 반도체 경기와 궤를 같이해왔다.

HBM과 파운드리, 기회를 놓친 삼성

2024년부터 메모리 가격이 오르고 있음에도 삼성전자의 이익과 주가는 하락세다. 이유는 HBM(고대역폭 메모리) 때문이다. 2022년 11월 챗GPT 공개 이후 인공지능 붐이 일면서 GPU 칩 수요가 폭발했고 GPU 생산 기업 엔비디아는 2025년 7월 역사상 처음으로 시가총액 4조 달러를 돌파하며 AI 시대의 상징이 됐다. GPU에는 데이터를 빠르게 전달해 연산 작업을 돕는 메모리 반도체가 들어가는데 그것이 HBM이다.

범용 DRAM이 어느 곳에서나 넣어도 큰 차이가 없는 휘발유 같은 상품이라면, HBM은 고객 맞춤 주문형 반도체다. 기존처럼 대규모 선행 투자, 대량 생산보다 고객사와 협업해 소량을 고부가가치로 생산하는 전략이 필요하다. SK하이닉스는 여기에 제대로 대응해 2025년 1분기 DRAM 시장 점유율 1위를 차지하며 삼성전자를 제쳤다. 삼성으로서는 1992년 이래 처음으로 왕좌에서 내려온 순간이었다.

삼성전자는 비메모리 반도체에서도 부진하다. 비메모리 반도체는 스마트폰의 두뇌, AP Application Processor를 만드는 '시스템 LSI'와 다른 팹리스(자체 공장이 없는) 반도체 회사의 주문을 위탁 생산하는 '파운드리'로 나뉘는데 스마트폰용 AP는 퀄컴에 밀렸다. 파운드리는 이미 TSMC가 애플, 퀄컴, 엔비디아 등 대형 고객을 선점해 독식하다시피 하고 있다. 최근에는 이 격차를 좁힐 기술 확보를 위해 시설 및 연구 개발비를 투자하고 있어 수익성도 악화된 상태다.

HBM과 비메모리 반도체에서 삼성전자가 뒤처진 이유로는 대표적으로 첨단 기술 개발의 실패, 대형 고객 영업력과 맞춤형 제작 능력 부족이 꼽힌다. 범용 DRAM에서는 선도적 기술을 갖췄지만 HBM 시장의 급성장을 간과했고, 뒤늦게 추격에 나선 것이다. 또 메모리 반도체는 표준형 제품이라 굳이 영업을 하지 않아도 팔린 데다가, 자사 제품에 내부 소화하는 비중이 높아 비메모리 분야에 필요한 대외 영업 경험이 부족했다.

HBM 시장은 고객과의 밀접한 협업이 핵심이다. 일부 언론에 따르면 엔비디아는 "삼성의 프로 정신 부재와 거짓말, 잦은 임원 교체"를 불만으로 언급했다. 반대로 TSMC는 창업자 모리스 창이

젠슨 황과 초창기부터 긴밀한 관계를 쌓아온 덕에 신뢰를 얻었다. 이 때문에 삼성의 부진 원인으로 이재용 회장의 리더십 부재와 오랜 성공에 따른 안일한 조직 문화를 지적하는 목소리가 크다.

투자자 입장에서 본 '일시적 결함'

그러나 주식투자자의 입장에서 조금 다른 이야기를 하고자 한다. 주가는 장기적으로 기업의 이익과 동행한다. 하지만 단기적으로는 어디까지나 하나의 재화다. 수요가 많으면 가격이 오르고 공급이 많으면 가격이 내려간다. 따라서 좋은 매수 시점은 가격이 충분히 내려 더 이상 팔 사람이 거의 없는 때다. 시장에 비관론이 짙어도 기존 주주들은 '망하지는 않겠지, 오를 때까지 안 판다'라는 마음으로 버틴다. 이때부터는 반등 가능성이 커진다. 그러면 경기와 기업 실적이 평균 회귀의 법칙에 따라 회복될 때 상승의 과실을 얻을 수 있다. 물론 회사가 휴지 조각이 될 정도로 형편없지 않아야 한다.

현재 삼성전자는 PBR이 십수 년 만에 최저치를 기록하며 투자자들에게 외면받고 있다. 인공지능 수혜를 등에 업은 엔비디아, SK하이닉스와는 대조적이다. HBM과 파운드리 부문에서 약점은 분명하지만 이미 시장이 이를 반영했기에 주가가 낮은 것이다.

만약 삼성이 이 문제를 해결한다면 주가는 빠르게 올라 프리미엄을 회복할 수 있을 것이다. 그렇지 못하더라도 더 크게 떨어

삼성전자 주가순자산비율과 영업이익률

질 가능성은 크지 않고, 나머지 사업부가 선전한다면 점진적 상승을 기대할 수도 있다.

미국 억만장자 투자자 케네스 피셔는 완벽한 주식의 조건으로 '일시적 결함The glitch'을 꼽았다. 지금의 삼성전자가 바로 그 사례일 수 있다. 여전히 대한민국에서 가장 똑똑한 인재들이 모여 있다는 점을 감안하면 삼성전자의 부활은 코스피 4000 시대를 여는 마지막 퍼즐이 될지도 모른다.

세 번째, 경기민감주의 강세

앞선 조건들이 충족된다면 한국 증시 투자자들은 충분히 행복한 시간을 누릴 것이다. 여기에 양념을 한 가지 더 얹어보려고 한다. 인디언 기우제 이야기다. 오랜 가뭄이 이어지면 인디언 부족 추장이 기우제를 지내는데 이 기우제는 성공률이 100%다. 비결은 단순하다. 비가 내릴 때까지 멈추지 않는 것이다. 추장은 비가 단지 시간문제일 뿐이라는 걸 알았던 셈이다.

그와 같이 《머니 트렌드》 시리즈에서 꾸준히 이야기한 금리 인하, 환율 안정화, 한국 주식시장의 초과 수익은 모두 현실이 됐

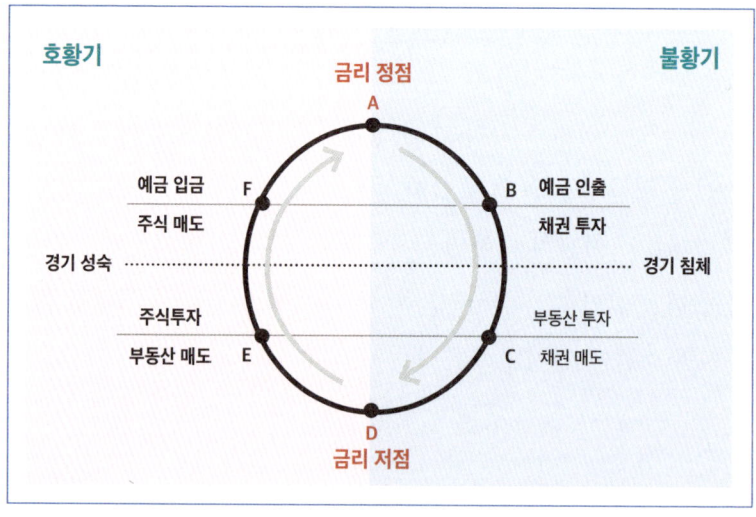

앙드레 코스톨라니의 달걀 모형 이론

다. 이제 남은 것은 경기민감주의 강세다.

유럽의 워런 버핏이라 불리는 앙드레 코스톨라니는 경기와 금리의 흐름을 달걀 모형 이론으로 설명했다. 경기가 침체되면 금리를 내려 신규 투자와 소비를 자극하고, 경기가 달아오르면 물가 상승을 막기 위해 금리를 올린다. 금리가 정점에 달하면 다시 경기가 수축한다.

한국의 기준금리는 2023년 1월 3.5%로 정점을 찍고 2025년 5월 2.5%까지 2년 4개월 동안 꾸준히 내려왔다. 과거 금리 하락 사이클을 보면 2018년 11월~2020년 5월까지 2년 6개월 동안 1%포인트, 2011년 6월~2016년 6월까지 2%포인트 내렸다. 앞으로 저점까지 1%포인트 정도 남았다고 해석할 수 있다. 최근 주택 가격, 미국의 관세 전쟁 등으로 금리 인하 속도가 더뎠지만 여러 곳에서 경기 침체 논란이 이는 만큼 2025~2026년 사이에 경기 저점을 확인할 가능성이 크다. 주식시장은 이런 변화를 선제적으로 반영하므로 더 빨리 강세장에 들어설 수도 있다. 코스피와 S&P500이 나란히 사상 최고치를 경신한 것도 그 신호일지도 모른다.

경기는 언제 먼저 달아오르는가

경기가 살아나는 조짐을 가장 먼저 포착하고 움직이는 것은 기업가나 투자자다. 경기 확장기에는 임금 상승과 대출 확대에 대한 기대가 생겨 지갑이 열린다. 시간이 지나면 주택, 주식 등 자산 가격도 오르며 소비 여력이 늘어난다. 이른바 '부의 효과'다.

그보다 먼저 기업가가 늘어나는 수요를 대비하기 위해 원자재를 확보하거나 공장을 확장한다. 이 과정에서 원자재·산업재 주문이 늘고 가격도 오르며 경기 회복이 감지된다. 투자자들은 이를 놓치지 않고 상품commodity이나 관련 주식을 미리 매집한다. 런던, 시카고 같은 국제 상품거래소의 원자재 가격이 경기 사이클의 고점과 저점에서 크게 출렁이는 이유다.

여기서 재미있는 사례가 조선업이다. 선박 건조는 수년이 걸리는 대규모 공사라 경기 사이클과 밀접하다. 경기가 좋아질 조짐이 보이면 투기 발주가 생긴다. 배를 띄울 생각은 없으면서 적은 계약금만 내고 배를 주문한 다음, 가격이 오르면 실제 선주에게 되팔아 차익을 챙기는 것이다. 이것이 경기민감주, 경기순환주의 가격이 업황보다 먼저 더 급격하게 움직이는 논리다. 따라서 확장 국면 초입에서는 정유·화학, 철강, 건설, 기계, 그 외에 광고, 물류 관련 회사를 주목할 필요가 있다. '경기가 충분히 살아난 다음에 투자하겠다'는 생각은 이미 늦다.

개인적인 조사에 따르면 경기민감주 상승의 많은 부분은 경기 회복 초입에 나타난다. 확장기 중반 이후에 투자하면 마음은 편할지 몰라도 큰 수익을 기대하긴 어렵다. 투자는 불편하고 고통스러운 마음을 돈으로 바꾸는 작업이다.

남북 리스크가 기회로 바뀔 때

여기에 굴뚝주 상승을 촉진할 재료는 남북 관계다. 한국은 진보 정권 때마다 남북 정상회담을 성사시켰고 이재명 대통령 역시 참여정부 시절 통일부 장관이던 정동영을 다시 임명하며 햇볕정책의 계승 의지를 보였다. 마침 미국 대통령인 트럼프는 김정은과의 정상회담 경험이 있는 데다 이재명 대통령과 임기도 비슷하게 겹친다.

만약 한반도 정세, 그리고 미국과 북한의 관계가 평화적으로 풀린다면 과거처럼 대북 테마주도 좋은 흐름을 보일 수 있다. 대북 테마주는 북한에 경제적 원조나 협력을 기반으로 하기 때문에 경기민감주, 굴뚝주들과 교집합이 크다. 예컨대 건설, 철강, 시멘트, 물류 산업이 그렇다. 물론 실체 없는 기업에 대북 테마라는 이유로 투자하라는 말은 아니다. 기본 체력이 있는 경기순환주라면, 인디언 기우제처럼 시간문제일 뿐 수익은 찾아온다. 여기에 대북 테마라는 바람이 불면 상승 곡선은 더 가팔라질 수 있다.

AI 물결 속 한국의 움직임

2025년 6월, SK그룹은 세계 1위 클라우드 기업 아마존 웹 서비스AWS와 손잡고 울산 미포 국가산업단지에 국내 최대 규모의 인공지능 데이터센터를 구축한다고 밝혔다.

AWS는 수많은 기업이 데이터를 분석하고 저장하는 데 쓰는 클라우드 서비스 브랜드다. 모회사 아마존은 미국 1위 전자상거래 회사지만 유통·플랫폼업 특성상 매출 규모에 비해 수익성이 박하다. 반면 2020년 본격화한 AWS는 소프트웨어 사업이므로 수익성이 높다. 전체 매출 비중은 작지만 이익 비중은 크다.

이번 프로젝트에서 SK그룹은 그룹 역량을 총동원했다. 데이터센터는 SK텔레콤과 SK브로드밴드가 짓고, 반도체는 SK하이닉스가, 에너지원은 SK가스가 공급한다. 특히 인공지능용 HBM 반도체에서 압도적 점유율을 확보한 덕분에 SK하이닉스는 재계 1위 삼성그룹을 바짝 추격하는 형국이다. 게다가 두 회사의 협력은 반도체와 센터 건설에 필요한 중견·중소기업에도 낙수 효과를 기대하게 한다.

인공지능 산업의 무게추는 하드웨어에서 소프트웨어로 빠르게 이동하고 있다. 인공지능 구현에는 엔비디아의 GPU, SK하이닉스 HBM 같은 고성능 칩이 필수지만 시간이 지나면 대부분의 기업이 충분한 칩과 데이터센터를 갖추게 된다. 그다음에는 설비보다 활용 능력이 핵심 경쟁력이 된다.

AI 시대를 앞두고 지금은 국적과 규모를 막론하고 '놓치면 뒤처진다'는 두려움에 무차별적 투자가 이어지는 단계다. 스마트폰 대중화로 PC의 강자 마이크로소프트, 피처폰 강자 노키아가 한순간에 밀려났던 일이 이를 설명한다. 이런 분위기가 엔비디아, TSMC, SK하이닉스의 호황을 이끌지만 언젠가는 경쟁자와 견제 세력이 나타날 것이다. 또 AI 서비스가 소비자에게 충분한 효용을 주지 못한다면 GPU, 데이터센터 투자 열풍은 꺼질 수 있다. 챗GPT의 지브리 이미지 생성 기능이 열풍을 일으켰지만 두 달 만에 사라진 것처럼 말이다.

현재만 해도 챗GPT, 구글 제미나이, 마이크로소프트의 코파일럿, 메타의 라마, 딥시크, xAI의 그록 등 수많은 대형 언어모델 LLM이 난립하고 있다. 5년, 10년 뒤 인공지능이 지금보다 삶을 편리하게 하리라는 점은 분명하지만 누가 살아남을지는 불확실하다. 산업이 성숙하면 도태되는 기업도 생기고 데이터센터 투자가 과잉으로 이어질 수도 있다.

SK의 AI를 향한 도전

SK그룹은 SK텔레콤을 중심으로 AI 서비스에도 공을 들이고 있다. 하지만 소비자 반응은 냉랭할 가능성이 높다. 한국 최대 소프트웨어 기업 네이버의 생성형 AI '하이퍼클로바'조차 사용자 경험률(중복 응답 가능)이 11.2%에 그쳤다. 92.5%를 기록한 챗GPT에 비해 너무 작다. 일일 이용자 수도 격차가 크다. 2025년 4월 기준 챗GPT 292만 명, 2위 뤼튼 24만 명, 3위 퍼플렉시티가 11만 명이었고 하이퍼클로바는 통계를 내놓지도 못했다.

네이버도 이런데 SK텔레콤은 말할 것도 없다. 동영상은 유튜브·넷플릭스, 소셜미디어는 틱톡·인스타그램, 스마트폰은 애플이 장악했다. 인터넷 서비스는 국경이 없고 하드웨어에 강점이 있는 한국 기업이 우위를 확보하기 힘든 구조다. 게다가 글로벌 기업들은 자금과 정치적 힘까지 동원한다. 마크 저커버그는 수천억 원을 들여 인재를 영입하고, 트럼프 행정부는 구글 지도를 강화하기 위해 정밀 지도 반출을 요구하는 등 소프트웨어, 플랫폼 분야의 비관세 장벽마저 건드리고 있다.

플랫폼이 쥔 무기, 네트워크 효과

SK를 위시한 대규모 데이터센터 건립은 분명 반길 만하다. SK는 향후 30년간 7만 8천 명 고용, 25조 원 이상의 경제 효과를 기대한다고 밝혔다. 그러나 한국이 하드웨어 중심이라는 점이 아쉽다. 인터넷, 플랫폼을 장악하는 글로벌 기업에 비해 AI 메가 트렌드에서 수혜를 누릴 기간이 짧고 경쟁자가 생길 가능성도 높다.

'플랫폼'은 원래 기차역 승강장을 뜻한다. 한 번 주요 역이 되면 이용자와 상권, 주거지가 몰리며 가치가 커진다. 디지털 플랫폼도 같다. 이용자가 늘수록 서비스 가치가 커지고 전환 비용까지 발생하는데 이것이 바로 네트워크 효과다. 인터넷 서비스와 소프트웨어 선발 주자들이 유리한 이유다.

아마존 창업자 제프 베조스가 그린 플라이휠Flywheel 전략도 같은 원리다. 낮은 가격으로 고객 만족을 높이면 고객과 판매자가 늘고, 이는 저비용 구조로 이어져 다시 가격을 낮출 수 있다. AI 서비스 기업들이 무료 플랜을 제공하는 것도 네트워크 효과 때문이다.

반면 하드웨어는 경쟁자가 생기기 쉽다. 엔비디아의 GPU, TSMC 파운드리, SK하이닉스 HBM 같은 몇몇을 제외하면 독점

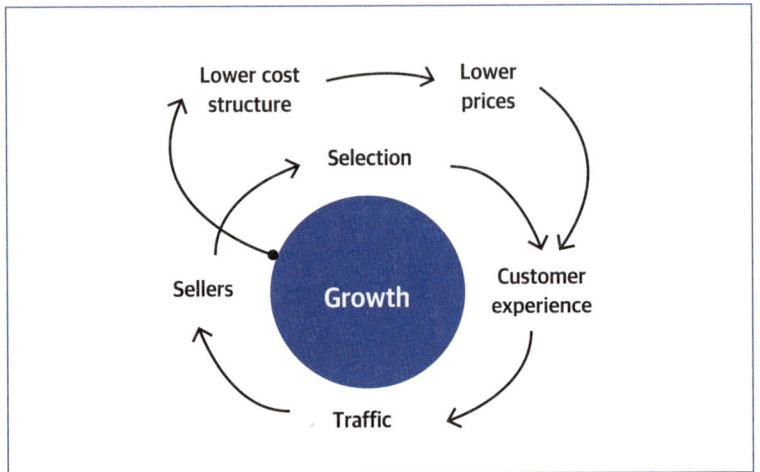

플라이휠(Flywheel) 전략

이 어렵다. 그래서 하드웨어 기업은 독과점 기간에 이익을 극대화하려 하고, 아이러니하게도 고객은 이 때문에 다른 거래처라는 탈출구를 찾는다.

    AWS는 데이터센터로 고객 만족을 높이고, SK와 협력업체는 일감을 얻는다. 그러나 이번 투자가 한국과 SK가 AI 시장의 주도권을 가져오는 계기가 될지는 미지수다. 아마존과 아주 깊은 관계를 맺는 것도 아니라고 본다.

방산과 케이팝은 여전히 뜨거운가

방위 산업이나 K-Pop(이하 케이팝) 기업들의 움직임은 어떨까. 최근 주목받고 있는 이들은 2025년에 어떠한 흐름을 보였는지 살펴보자.

전쟁과 불안이 키운 산업

2022년 러시아의 우크라이나 침공 이후 방위 산업은 꾸준한 상승세를 이어왔다. 며칠 만에 끝날 거라던 전쟁이 수년째 이어지고 여기에 이스라엘·팔레스타인, 이스라엘·이란 전선까지 겹치면서 세계적으로 불안감이 더욱 커졌다. 방위 산업은 말 그대로 불안을 먹고 자라기 때문에 각국에서 전쟁 위험을 느낄수록 국방력 투자가 늘고, 이는 다시 적대국의 맞대응 투자로 이어진다.

한국 역시 북한과 전쟁을 멈춘 지 70년이 지났지만 국방 예산은 세계 11위다. 아이젠하워 대통령조차 군산복합체를 "거대하고 음험한 세력"이라 경고했을 정도로 국방은 정치·경제와 깊이 얽혀 있다. 한국 방위 산업은 이런 환경에서 세계적인 수준의 기술력을 키워왔다. 소총과 K9 자주포, KF-21 전투기, 천무 미사일까지 수출을 확대하며 성과를 쌓고 있다.

방산업의 특징은 국군같이 '확실한 단골'을 둔다는 점이다. 국방 예산과 방위사업청이 발주하면 기업은 '원가 보상 계약cost plus contract' 구조 아래 개발 비용과 일정 수준의 이윤을 보장받는다. 마진율은 낮아도 안정적인 수익성이다. 그런데 같은 무기를 해외에 수출하게 되면 상황이 달라진다. 국군을 대상으로 이미 개발 비용을 회수한 덕에 같은 단가로 팔아도 수익성이 높다.

흥미롭게도 일론 머스크의 스페이스X는 방산 기업과 정반대 전략을 택했다. 원가 보상 계약이 아닌 치열한 기술 개발과 원가 절감을 통해 전통의 강호인 보잉을 제치고 NASA 계약을 따냈다. 낮은 입찰가로 경쟁을 뚫고도 높은 이윤을 남기는 모델을 구축한 것이다.

불안의 꼭대기, 지금이 매도의 순간일까

투자자의 관점에서 방산 주식을 언젠가 팔아야 한다면 지금이 좋은 타이밍일 수 있다. 방산업은 불안을 먹고 성장하는데 미군이 이란 핵시설을 직접 공격한 지금보다 더 큰 불안이 있을까? 물론 중국의 대만 침공이나 한반도 전쟁이 있지만 한국 투자자로서는 고려 대상일 수 없다.

주식투자는 본질적으로 미래를 맞히는 확률 게임이다. 전쟁의 종결 시점이나 미군의 지상군 투입 여부를 정확히 예측할 수 있는 사람은 없다. 그렇기에 정치나 외교처럼 불확실성이 큰 영역보다 인간의 본성과 소비 습관처럼 변하지 않는 영역에 베팅해야 살아남는다. 예뻐지고 싶거나 열심히 일하고 나서 어디론가 훌쩍 떠나고 싶은 마음들이 작용한 곳이 그렇다.

물론 **방산업은 수주 산업이라는 특성을 간과해서는 안 된다.** 무기 체계는 개발과 실전 배치까지 수년이 걸리고 일단 계약이 체결되면 그 뒤로도 몇 년간 납품과 매출이 이어진다. 다만 주식시장의 특성은 다르다. 수주 공시가 발표되는 순간 미래 매출이 한꺼번에 '선반영'되기 때문이다. 업계 종사자에게는 안정적이더라도 주식시장의 각광을 받는 이른바 '여의도 페이버릿favorite'일 경우라면 고평가 가능성을 경계해야 한다.

업종의 고평가를 판별하는 방법 중 하나는 증권사 리서치센터의 움직임을 보는 것이다. 기업들의 시가총액이 커지면서 별도 업종으로 분리되고 전담 애널리스트까지 생긴다면 주의할 필요가 있다. 방위 산업(조선·기계에서 분리), 이차전지(정유·화학에서 분리), 화장품 등이 그렇다. 이는 산업의 성장을 보여주는 동시에 투자자에게는 경계의 신호일 수 있다.

수주만 믿고 안심하는 것도 위험하다. 필자가 주식시장에 몸담은 지난 20년간, 기대와 달리 무산된 계약 사례를 꽤 목격했다. 계약금과 위약금이 있어도 유지비나 손실이 더 크면 파기되는 경우가 많다.

2010년대 초반 태양광 산업이 호황이던 시절, 한국 기업들은 많은 수주 잔고를 자랑했지만 발전소 건설 계획이 취소되거나 중국 기업들이 더 낮은 단가를 제시하자 계약이 줄줄이 해지됐다. 위약금이 유입되어 현금 흐름이 늘어나는 듯 보였지만 성장성이 꺾였음을 간파한 투자자들은 주식들을 내던졌다.

제약, 바이오 업계도 마찬가지다. 한국 제약사는 네 단계의 임상 시험과 막대한 임상 비용을 감당하기 어려워, 글로벌 빅 파마 Big pharma에 신약 후보 물질의 권리를 넘기는 '라이선스 아웃' 전략을 써서 중도에 수익화하는 경우가 많다. 지난한 개발 단계를 거쳐 라이선스 아웃이라는 열매를 얻기 시작할 때 주식시장은 열광했지만, 시판 단계까지 가는 사례는 드물었다. 라이선스 아웃 이후 임상 시험 단계에서 문제가 발견돼 계약이 중도 파기되고 계약금을 토해낸 경우도 있었다. 결국 '계약=성공'이라는 단순 논리는 투자자들에게 쓴맛을 남겼다.

케이팝의 유통기한

케이팝 주식들도 2025년 뜨거운 한 해를 보내고 있다. 팬데믹 시절 '언택트' 위기에도 앨범 사재기라는 팬심의 힘으로 고공 행진했던 주가가 잠시 주춤하는 듯했으나, 대규모 공연 재개 소식에 신고가를 경신 중이다. 여기에 '군백기'를 마치고 돌아온 BTS, 재계약 문제를 통과한 블랙핑크의 컴백도 호재로 작용했다.

기획사의 수익 구조를 보자. 가장 수익성이 좋은 사업은 음원이다. 플랫폼 서버에 올리기만 하면 추가 비용 없이 알아서 수익

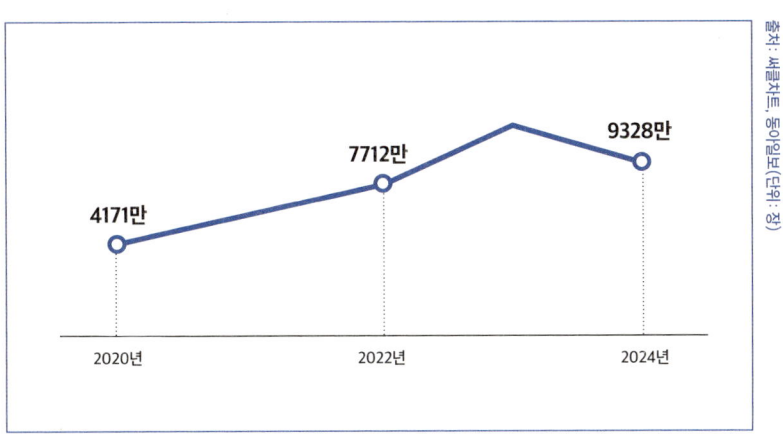

한국의 연간 실물 앨범 판매량 추이(1~400위 합산 기준)

이 발생한다. 케이팝이 국경을 넘어 세계적으로 팬덤을 유입하고 산업이 확장할 수 있던 것도 음원 플랫폼 덕분이다.

그다음은 앨범이다. 스트리밍 시대에 앨범은 굿즈이자 팬덤의 충성 테스트다. 기획사들은 여러 재킷 버전, 랜덤 포토카드, 사인회 응모권 등으로 팬들이 앨범을 여러 장씩 사게 만든다.

의외로 가장 수익성이 낮은 사업은 콘서트다. 최근 몇 년간 공연이 재개되는 과정에서 표 가격이 인플레이션을 반영해 크게 올랐고, BTS를 비롯한 최정상급 아이돌들은 미국에서 이미 보편적인 다이내믹 프라이싱Dynamic pricing을 통해 추가 수익 창출의 기회도 엿보고 있다. 그러나 기본적으로 공연장 대관료, 스태프 인건비, 아티스트들이 가져가는 몫이 크기 때문에 단위당 수익성이 낮을 수밖에 없다.

투자자는 여기서 질문해야 한다. 케이팝의 글로벌 인기가 언제까지 지속될지, 한국 기획사 시스템이 꾸준히 스타를 배출할 수 있을지, 코로나19 이후 바뀐 뉴 노멀 일상에서 예전보다 더 큰 이익을 기록할 수 있을지 말이다. '다른 사람들은 다 돈을 벌었으니까', 'BTS가 완전체로 컴백했으니까'라는 안일한 생각으로 투자하기보다 진지하게 돌이켜 볼 때다.

틈새의 반짝임 vs 시장의 큰 물결

방산과 케이팝은 분명 시장의 스포트라이트를 받았다. 그러나 규모를 보면 여전히 틈새시장이다. 한화에어로스페이스, LIG넥스원, 현대로템, 한국항공우주 등 방산 빅4의 시가총액을 모두 합쳐도 100조 원이 채 되지 않는다. 한국 전체 시가총액의 3%에도 미치지 못하며, SK하이닉스 한 종목보다 작다. 케이팝 빅4의 합계 역시 20조 원에 미치지 못한다. 이것도 최근 주가가 몇 배씩 오른 이후의 규모다.

여의도 증권가에서는 이렇게 전체 경제와 상관관계가 낮은 주식들을 개별주라고 부른다. 거시경제나 증시의 흐름보다 개별 기업, 업종의 실적에 따라 주가가 크게 움직이기 때문이다. 개별주는 그만큼 분석에 품이 많이 든다. 시장 전체나 거대한 특정 산업이 강력한 모멘텀을 타고 오를 때 숟가락을 얹는 것이 훨씬 쉬운 투자다.

결국 개별주와 개별주 성격의 업종에 관심이 집중되는 시기는 대체로 증시가 방향성을 잃고 횡보할 때다. 2025년 5월 이후 종합주가지수가 급등한 만큼 만약 2026년에도 강세장이 이어진다면 개별주의 틈새보다 반도체, 자동차, 화학 등 규모가 크고 경기순환의 특성을 가진 산업이 더 쉬운 선택이 될 수 있다.

 **돈을 불러오는 Tip** | ## 스몰캡이 들려주는 신호

상법 개정안이 실질적인 기업 지배 구조 선진화를 담고 있는 반면, 상장 유지 기준 강화와 저성과 기업 퇴출 제도는 시장 전체보다 일부에만 국한된 변화를 줄 것으로 본다.

2025년 1월 금융당국은 상장폐지 제도를 개편했다. 유가증권시장은 시가총액 500억 원 미만, 코스닥은 300억 원 또는 매출액 100억 원 미만이면 상장폐지 심사를 받게 된다. 제도가 최대 10배까지 강화되긴 하지만, 애초에 외국인이나 기관투자자가 투자하기 어려운 작은 종목들이라 시장 충격은 제한적이다.

관습적으로 기관 투자자의 규모 기준점은 운용고 1000억 원일 때가 많다. 이를 스무 종목에 나눠 담으면 종목당 투자 금액은 50억 원이다. 그런데 시총 300억 원 종목은 이 정도만 사도 15% 지분이 된다. 지분 5% 이상 보유한 주주는 공시 의무가 따르기 때문에 행정적 업무도 가중되고, 사고팔 때마다 호가에 영향을 주는 등 매매 시 마찰 비용이 증가한다. 다른 투자자들에게 투자 전략이 노출되어 기간 수익률이 감소할 수도 있다. 그래서 기관들은 이런 투자를 피한다. 하지만 수급이 꼬여도 결국 주가는 기업 가치와 실적을 따라가기 때문에 기관 투자자가 꺼리는 알짜 스몰캡, 즉 소형주가 수익률 측면에서는 개인 투자자의 무기가 되기도 한다.

일각에서는 저성과 기업이 퇴출당하면 시장 전체의 밸류에이션이 재평가될 것이라고 말한다. 사실 맞는 말이다. 자본 잠식 기업은 시가총액이 0에 가까워야 하지만, 뜨내기 투자자들은 '원금 회복'이나 '자의적으로 해석한 목표 주가'에 매달려 매매를 이어가니 오히려 시장 평균 밸류에이션을 왜곡시킨다.

금융당국 발표에 따르면 이번 상장 유지 조건 강화로 수년간 주식시장에서 퇴출당하는 기업은 유가증권시장에서 62개 종목, 코스닥 시장에서 137개 종목이 해당된다고 한다. 종목 수로는 유가증권시장의 8%, 코스닥 시장의 9%로 아주 커 보인다. 그러나 시가총액 규모는 7조 원 남짓으로, 2025년 7월 15일 기준 유가증권시장과 코스닥 시장의 합산 시가총액 3000조와 비교하면 시장 전체에 미칠 충격은 0.2%에 불과하다.

이번 제도의 핵심은 시장 전체의 체질 개선보다는 개인 투자자의 리스크 관리다. 좀비 기업에 무심코 투자해 큰 손실을 보는 일을 미리 방지할 수 있다. 경험적으로 수익을 내는 개인 투자자가 늘어나면 투자 문화도 성숙할 수 있다.

거듭 강조하지만 주식시장은 심리에 좌우된다. 모두가 '된다'고

믿으면 가치 이상으로 치솟고, 반대로 '안 된다'는 불신이 퍼지면 실적이 좋아도 외면받는다. 한국 자본시장의 고질병은 "주식 하면 패가망신한다"라는 유언비어다. 이 말을 제대로 쓰려면 '주식 하면'이 아니라 '주식을 아무렇게나 하면' 또는 '주식 공부 안 하고 하면'이어야 할 것이다.

이렇게 제도적으로 좀비 기업을 정리해 손실 확률을 낮추는 것이 개인 투자자에겐 큰 의미다. 덕분에 '주식도 안전하게 투자할 수 있다', '역시 주식이 재테크 수단 중 가장 우수하다'는 선순환이 시작될 수 있다.

주식시장에서 만난
캐릭터 IP의 힘

한국거래소에 따르면 2025년 상반기 유가증권시장과 코스닥 시장을 통틀어 주가 상승률 1위 종목은 SAMG엔터였다. 대표 캐릭터 티니핑의 흥행으로 실적이 대폭 개선되며 투자자들의 관심을 집중시켰다. 특히 2024년에 개봉한 극장판 〈사랑의 하츄핑〉은 관객 120만 명을 넘어서며 한국 애니메이션의 새로운 흥행 역사를 썼다고 평가받았다. SAMG엔터는 애니메이션 제작사를 넘어 IP(지식재산권)를 바탕으로 MD(머천다이징) 사업을 통해 본격적인 수익을 창출하는 기업이다. 티니핑 세계관에는 포켓몬처럼 다양한 캐릭터가 존재하는데 여기에 몰입한 아이들이 부모의 지갑을 열

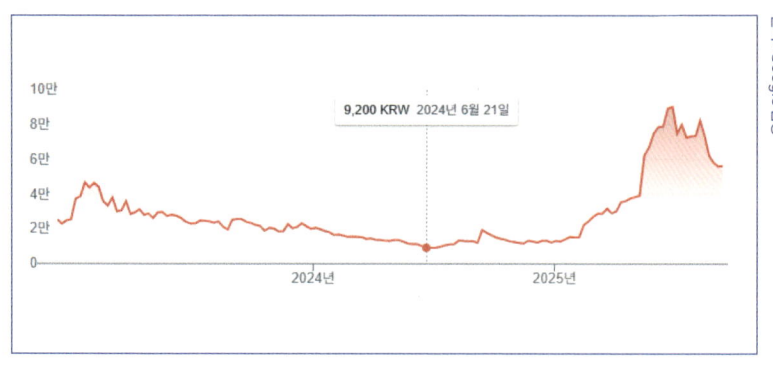

SAMG엔터 주가

게 하면서 '파산핑'이라는 별명까지 생겨나고 있다.

    티니핑은 2020년 2월 공식 유튜브에 예고편이 공개된 이후 같은 해 KBS에서 처음 TV 시리즈가 방영되었다. 흥미로운 건 이미 수년 전부터 인기였는데 최근 들어서야 주가로 반영되었다는 점이다. SAMG엔터를 비롯한 완구 기업들은 크리스마스 시즌과 연말 같은 성수기에만 매출이 몰리는 구조였기 때문에 1~3분기는 실적이 부진했다. 하지만 2025년부터는 상황이 완전히 달라져 비수기인 1분기에 흑자를 기록했고 증권가에서도 2분기 역시 좋은 실적을 전망했다.

영화 〈사랑의 하츄핑〉 포스터

이는 계절 장사를 넘어 IP 사업 구조 자체가 변화되고 있음을 보여준다. 티니핑의 경우 영화의 타깃 연령층이 성인으로 확장되고, 다양한 캐릭터 IP 협업이 늘어나며 매출이 개선됐다. 동시에 재고를 줄이고 유통망을 내재화하는 등 비용 구조까지 손보면서 이익이 늘었다. 주식시장에서는 SAMG를 지속 가능한 콘텐츠 기업으로 인정한 것이다. 편성권을 가진 방송국의 입김에 휘둘렸던 콘텐츠 기업들이 이제 유튜브, 넷플릭스 등의 플랫폼으로 진출하며 교섭력이 늘었고 해외 진출도 수월해졌다. 게다가 극장판 영화, 뮤지컬, 굿즈 등 수익 모델도 다양화됐다.

SAMG와 팝마트, 캐릭터가 만든 주가 파티

추측으로는 SAMG엔터의 주가가 오르는 데 중국 캐릭터 유통 기업인 팝마트의 인기도 한몫했다고 본다. 팝마트는 디즈니, 마블을 넘어 한국의 인기 캐릭터 잔망루피까지 IP 기업이나 IP를 가진 아티스트와 협업하고 있다. 그중 홍콩 디자이너 카싱 렁의 캐릭터 '라부부'가 폭발적인 인기를 끌면서, 팝마트 주가는 2024년 2월, 17홍콩달러를 저점으로 2025년 6월 272홍콩달러까지 1년 반 만에 무려 16배 상승했다. 블랙핑크 리사 등 유명인들이 라부부에 대한 애정을 드러내며 소비 열기를 더욱 키웠다.

티니핑과 마찬가지로 라부부도 다양한 캐릭터 라인업이 있다.

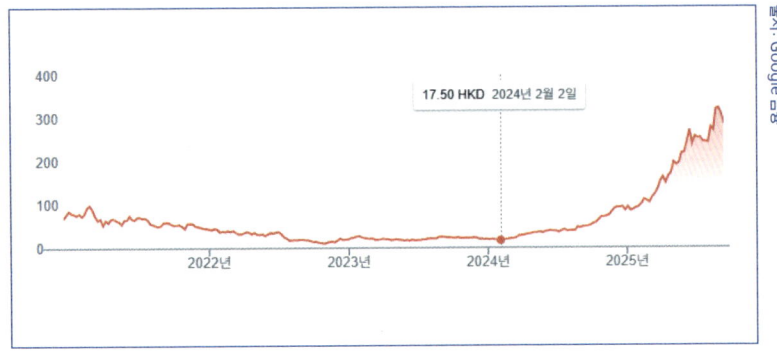

팝마트 주가

또한 구매 후 포장을 열기 전까지 어떤 제품인지 알지 못하는 '블라인드 박스' 방식으로 제품을 판다. 여러 번 사서라도 시리즈를 완성하고자 하는 소장 욕구를 자극한 것이다. 또한 관심이 없던 사람들도 주변에 다들 갖고 있으니 '하나쯤은 사볼까?' 하는 마음을 갖게 된다.

소확행과 키덜트 열풍

SAMG와 팝마트의 질주는 콘텐츠 소비를 넘어 IP 비즈니스가 본격적으로 자본시장의 주목을 받는 계기였다. 이런 인기 이면에는 코로나19 이후 소확행(작지만 확실한 행복) 문화가 다시 자리 잡고 있다고 생각한다. 팬데믹 시기 저금리와 재테크 열풍으로 주식, 부동산, 암호화폐, 예술품까지 가격이 오르지 않는 것이 없었다. 또

야외 활동이나 지인들과의 대면 교류가 제한되면서 명품, 수입 자동차 등 사치품 소비가 폭발했다. 그러나 일상이 정상화되면서 지출 여력은 줄고 욜로 대신 소확행이 우리의 마음을 채워주었다. 조금 더 돈을 들여 파인 다이닝 레스토랑에 가거나 프로야구를 관람한 후 친구들과 인생네컷 사진을 남기는 것들이 대표적인 소확행일 것이다.

또 다른 예로 피규어 수집이 있다. 예전에는 '덕후 취미'로 불렸는데 이제 명품 시계나 가방보다 훨씬 적은 비용으로 자기만족을 얻을 수 있는 취미로 격상됐다. '키덜트kidult' 문화의 확산도 같은 맥락이다. 오픈런을 감수하고 블랙핑크 리사와 똑같은 라부부 인형을 사거나 티니핑 굿즈를 모으는 행위가 어린이 취향을 넘어 성인들의 취향 소비로 자리 잡았다.

이와 대조적으로 명품 기업은 실적과 주가 모두 약세를 보이고 있다. 프랑스 루이비통MC.PA과 디올CDI.PA은 팬데믹 이후 고점에 비해 -49%, 구찌 브랜드를 가진 케어링KER.PA은 무려 -73% 하락했다. 그 외에도 독일 포르쉐P911.FRA -64%, 이탈리아 몽클레르MONC.MI -32% 등 품목과 지역을 가리지 않았다. 코로나 시기에 폭발적으로 늘었던 신규 고객층이 썰물처럼 빠져나갔기 때문이다. 재미있는 건 페라리RACE.NY나 에르메스RMS.PA, 까르띠에를 소유한 리치몬트CFR.SW처럼 명품 중에서도 너무 비싸서 '그사세' 취급받는 기업은 여전히 건재하다.

고평가 논란, 확률 게임에서 살아남아라

투자자 입장에서 중요한 질문은 '이 인기가 얼마나 지속될 것인가?'이다. 7월 25일 기준 야후 파이낸스에서 제공하는 팝마트의 포워드forward PER은 37배, 네이버 금융이 제공하는 SAMG엔터의 PER은 35배로, 이미 시장은 폭발적 순이익 성장을 선반영했다. 포워드 PER이 37배라면 향후 37년간 벌어들일 이익과 시가총액이 같다는 말로, 어떤 이가 기업을 100% 인수하고 이익이 똑같이 유지된다면 원금을 회수하는 데 37년 걸린다는 뜻이다. 주식시장 참여자들은 SAMG엔터와 팝마트의 미래 순이익이 폭발적으로 성장하리라 예상하는데 그 시나리오가 실현되려면 티니핑과 라부부가 지금보다 훨씬 더 많은 인기를 얻거나, 라부부나 티니핑 외에 다른 캐릭터들도 인기를 얻어야 한다.

그러나 만약 후속 캐릭터가 자리 잡기 전에 기존 팬들이 흥미를 잃고 다른 회사 캐터나 다른 취미로 옮겨간다면? 혹은 기대만큼 성장세가 나오지 못한다면? 지금의 주가는 고평가 논란을 맞이하며 하락세를 면치 못할 것이다. 중국 정부가 2025년 6월 사행성 방지를 위해 블라인드 박스 규제를 강화한다는 소식만으로 팝마트 주가가 급락했던 것도 라부부의 인기가 과열됐고 팝마트의 주가가 고평가라는 방증일 수도 있다.

라부부와 티니핑은 앞으로 더 유명해질까? 아니면 이미 충분히 인기를 누리고 있는 걸까? 혹은 나만 아는 유행일까, 세상 모두가 아는 대세일까? "티니핑이 미키마우스, 슈퍼마리오, 헬로키티처럼 글로벌 장수 캐릭터가 될 수 있지 않겠느냐"라고 반문할지도 모른다. 물론 그렇게 되기를 바라지만 주식은 바람이 아니라 확률로 접근해야 한다. 확률이 높으면서도 기대감은 낮은 곳에 베팅하고 반대로 확률이 낮거나 혹 확률이 높더라도 기대감이 높은 경기장에서는 슬그머니 빠져나와야 한다.

《투자, 진화를 만나다》에서는 이런 예를 든다. 세계 1위 테니스 선수 로저 페더러와 세계 랭킹 500위 선수가 맞붙는다면, 500위 선수가 아무리 준비 과정을 열심히 설명하고 유명한 코치가 "가능성이 있다"라고 보증하더라도 그의 승리에 돈을 걸지 말아야 한다. 콘텐츠 투자도 마찬가지다.

2025년 7월 25일 한화 기준 글로벌 캐릭터 기업들의 시가총액은 디즈니와 마블을 가진 월트디즈니가 300조 원, 〈슈퍼 마리오 브라더스〉와 〈포켓 몬스터〉의 닌텐도가 150조 원, 헬로키티로 유명한 산리오는 14조 원이다. 산리오만큼만 성장해도 SAMG엔터는 지금보다 20배 커질 수 있다. 안타깝게도 팝마트는 이미 60조 원에 육박한다.

국내에서 유명했던 캐릭터를 살펴보면 뽀로로, 아기상어, 펭수, 둘리처럼 한때 국민 캐릭터였던 IP들도 시간이 지나 힘을 조금씩 잃었다. 추억의 캐릭터를 지금도 좋아해서 굿즈를 안 사고는 못 배긴다거나, 유아기에 껌뻑 죽던 만화나 인형을 중고등학생 때도 과연 찾아보는지 되짚어 보면 그런 경우는 아마 많지 않을 것이다. 이것이 확률이다.

실제로 뽀로로 제작사 아이코닉스는 2004~2008년 국내에서만 1조 2000억 원어치의 상품을 팔았지만, 잠정적으로 코스닥 상장을 철회했다. 아기상어 제작사 핑크퐁컴퍼니도 영상을 제작하고 상영하는 콘텐츠 사업은 꾸준히 성장했지만, 캐릭터 상품 라이선스와 MD 사업은 매출액 기준 2022년 693억 원에서 2023년 320억 원, 2024년에는 297억 원으로 2년 연속 감소하고 있다.

캐릭터나 콘텐츠가 인기를 얻은 후에는 성공 이유를 설명할 수 있지만 같은 공식을 쓴다고 해서 또 성공하리라는 보장은 없다. 티니핑이나 라부부가 왜 헬로키티, 슈퍼마리오처럼 될 수 없는지는 단정할 수 없다. 다만 역사 속에서 전 세계를 통틀어 그렇게 성장한 캐릭터는 거의 없다. 콘텐츠 산업의 성공을 즐기는 것과 거기에 내 돈을 거는 것은 전혀 다른 문제다.

코스피를 흔드는 3가지 변수

향후 6개월에서 1년 안에 한국 주식시장에 큰 영향을 줄 요소는 무엇일까? 첫 번째는 2025년 8월, 주식시장을 뜨겁게 달군 대주주 양도소득세다. '우리나라는 국내 상장 주식의 매매 차익에 세금을 매기지 않는다'라고 생각했다면 당신은 아직 부자가 아니다. 세법에서는 유가증권시장에서 1%, 코스닥 시장에서 2% 이상 지분을 보유하거나, 평가 금액이 10억 원을 넘으면 대주주로 정의하고 양도소득세를 물린다. 대주주 차별이라기보다 주식시장 거래 활성화를 위해 대주주가 아닌 이들에게 비과세 혜택을 주는 구조다.

유가증권시장 기준 대주주 요건은 2000년 지분율 3%, 보유액 100억 원에서 출발했다. 이후 꾸준히 완화되어 2013년 50억, 2016년 25억, 2020년 10억 원까지 낮아졌다. 윤석열 정부는 50억 원으로 상향했지만 이재명 정부가 다시 10억 원으로 원복하겠다고 발표하면서 논란이 커졌다.

유가증권시장 대주주 기준

연도	지분율	보유액
2000	3%	100억 원
2013	2%	50억 원
2016	1%	25억 원
2018	1%	15억 원
2020	1%	10억 원
2023	1%	50억 원
2025(예정)	1%	10억 원

출처: 더퍼블릭자산운용

지분율은 2016년부터 1%로 고정돼 있으니 보유액 기준을 보자. 2000년 말 코스피 시가총액은 215조 원(**748개 종목**)이었고, 2024년에는 1963조 원(**837개 종목**)으로 9배 가까이 늘었다. 종목당 평균 시가총액도 8배 커졌다. 2000년에 지분율 3%가 100억 원이었다면 이를 1%로 바꾸면 33억 원이다. 물가 상승 또는 한국 주식시장 팽창을 감안할 때, 지분율 1% 대주주의 보유액은 300억 원에 이르러야 한다. 그럼에도 보유액 기준을 계속 낮춘 것은 세수 확충의 목적이라고 봐야 할 것이다.

그렇다면 대주주 요건에 해당하는 투자자는 얼마나 될까? 기획재정부에 따르면 2021년 4월 기준 보유액 10억 원 이상은 약 2만 명으로 인구 2589명당 1명꼴이다. 이들은 '슈퍼 개미'라 불리지만 전체 보유액이 약 20조 원으로 코스피 시가총액(2303조 원)의 1%도 안 된다. 이들이 양도소득세에 실망해 모든 주식을 팔고 '미장'으로 떠나더라도 그 영향은 미미할 것이다. 다만 상장 기업의 지배 주주는 회사 매각이나 상속 같은 특별한 이슈가 없다면 보유 주식을 팔지 않는다. 팔더라도 이미 지분율 기준으로 과세 대상이므로 논란에서는 벗어나 있다. 결국 세수 확보에는 의미가 있지만 시장에 미치는 영향은 제한적이라는 것이다. 정부와 여당이 대주주 기준을 10억 원으로 강화해도 시장에는 큰 충격이 없을 것이라고 주장하는 이유다. 과거에도 기준을 강화했지만 주식시장이 하락하지 않았고, 대폭 완화했을 때 약세를 보인 적도 있었다.

그럼에도 지금은 면밀히 지켜볼 필요가 있다. 향후 약 2년은 종합주가지수가 3000포인트를 넘어 4000, 5000에 도달할 최적의 타이밍이기 때문이다. 전 세계 경기가 저점을 확인하면 경기에 민감한 한국 기업들은 좋은 실적을 보일 수 있다. 원화 가치는 역대급으로 싸기 때문에 외국인 투자자 입장에서는 투자하기에 절호의 찬스다. 여기에 새 정부는 상법 개정, 부동산 투기 규제 등을 통한 주식시장 부양 의지가 있고, 운이 좋으면 북한과의 관계도 개선될 수 있어 코리아 디스카운트가 해소될 기회로 작용할 수 있다.

대주주 기준 보유액 10억 원 원복을 우려하는 것은 주식시장의 큰손들이 이탈할 가능성이 생기기 때문이다. 대주주 결정이 연말에 이뤄지다 보니, 슈퍼 개미들의 세금 회피를 위한 매도세가 수개월에 걸쳐 진행되면서 특히 중소형주와 코스닥 종목에 수급 충격이 반복적으로 나타난다. 일반 투자자가 연말 고점에서 물리는 패턴이 생기는 이유이기도 하다. 물론 특정 주주가 주식을 팔았다 해서 그 기업의 가치는 변하지 않지만 말이다. 앞서 말했듯 개인 투자자들이 반복적으로 성공 공식을 쓰고, 투자 심리가 선순환 구조에 들어서야 하는 때에 찬물을 끼얹는 격이다.

만일 대주주 보유액 요건이 10억 원이 된다면 기준은 2020년과 같지만 여파는 클지도 모른다. 몇 년 전까지만 해도 송충이가 솔잎을 먹듯 주 종목인 한국 중소형주에서 주로 수익을 내던 '슈퍼 개미'들도 슬슬 해외 투자를 본격화하고 있기 때문이다. 세금이 늘어도 울며 겨자 먹기 식으로 한국 시장에 머무를 것이라 생각하면 큰 오산이다. 길게 본다면 한국 주식시장에 대한 평가가 박하다는 이유로 창업 열기가 식거나 쿠팡, 라인, 넥슨처럼 한국에 조 단위 자본 팽창에 기여할 수 있는 기업들이 해외 자본 시장을 두드릴 수도 있다. 정부에 따르면 현행 대주주 기준 강화안으로 인한 추가 예상 세수는 연간 2000억 원이다. 현재 주가와 거래량 기준으로 만약 쿠팡이 한국에 상장했다면 증권거래세만 1600억 원이다. 2024년 실적 기준으로 넥슨이 일본에 낸 법인세는 5600억 원이다.

상법이 개정되고 노란봉투법이나 중대재해처벌법으로 경영자들은 예전보다 혹독한 감시를 각오해야 한다. 소액 주주라고 무시당하지 않을 환경, 외국인 투자자 입장에서 선진 자본 시장이라고 인정할 만한 환경이 조성되고 있는데 소탐대실할 필요 없다.

번복의 달인 트럼프, 관세로 시장을 흔들다

두 번째 요소는 트럼프의 관세 정책이다. 트럼프 행정부는 1기 때와 마찬가지로 상대 국가에 고율 관세를 부과한 뒤 협상을 통해 자국에 불리한 비관세 장벽을 낮추는 '상호관세'를 추진하고 있다. 자국 기업은 무관세, 외국 기업에는 관세를 부과하려는 양상이다. 2025년 7월 31일 한미 협상에서 한국은 대미 수출품에 15% 관세를 수용하고, 미국 천연가스 프로젝트 등에 3500억 달러를 투자하기로 했다. 농축산물 시장 개방을 최소화하고 방위비 분담금 증액이 의제에서 빠져 성공적이라는 평이지만, 자동차 관세율 목표인 12.5%는 관철하지 못했다.

2025년 4월 관세 전쟁이 시작된 이후 뉴욕 증시의 3대 지수는 이틀간 10%가량 하락하며 6조 6000억 달러의 시가총액이 증발했다. 관세가 어떻게 부과되고 어떤 나비 효과를 일으킬지에 대한 불확실성이 커지면서 선제적으로 반응한 것이다. 다만 2025년 8월 현재는 빠르게 회복해 사상 최고가를 경신 중이다. 문제는 관세 적용이 현실화되며 기업 실적이 줄어들 수 있다는 점이다. 관세가 부과되기 전에는 미국 내 재고를 먼저 소진하고, 미리 구매를 서두르는 재고 축적으로 평소보다 매출이 늘어나는 긍정적 효과도 있었다. 그러나 이제 영업이나 재무상으로 타격이 가시화될 수밖에 없다. 미국 기업과의 경쟁 또는 미국 내에 생산 기반을 갖춘 경쟁사가 있다면 매출액과 이익률 하락은 각오해야 한다.

미국 증시, 한국 증시의 선행 지표

세 번째 요소는 미국 증시다. S&P500 지수는 2025년 8월 4일 6330포인트로 사상 최고치를 갈아치우고 있다. JP모건자산운용에 따르면 2025년 상반기 말 기준 포워드 PER은 22배로, 과거 30년 평균인 17배를 훨씬 뛰어넘었다. 이는 AI 혁명에 따른 생산성 향상 기대일 수도, 버블의 전조일 수도, 둘 다일 수도 있다.

투자자 커뮤니티 stock sharks에 따르면 스마트폰과 클라우드 혁명 이후 16년간 정체됐던 미국 기업의 생산성이 챗GPT 이후 가파르게 상승했다는 분석도 있다. AI가 인간을 풍요롭게 만

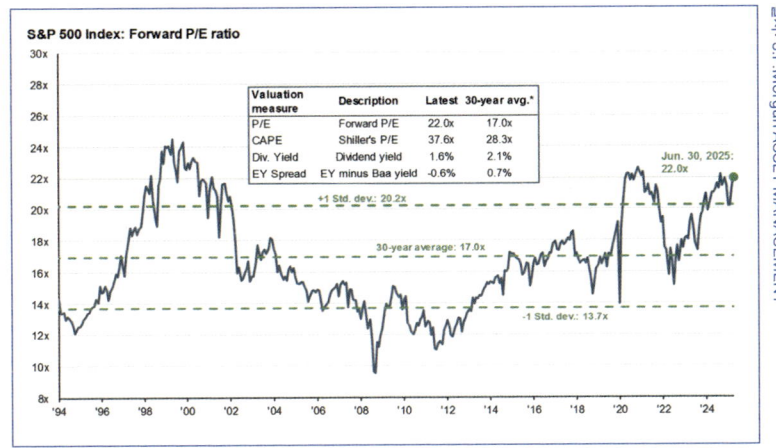

출처: J.P.Morgan ASSET MANAGEMENT

S&P500 지수 가치평가 지표

들 것임은 분명하겠지만 그 과정에서 시장은 굴곡과 과민 반응을 거듭할 것이다. 워런 버핏의 스승 벤저민 그레이엄이 주식시장을 조울증 환자에 비유한 것처럼 말이다. '미스터 마켓'은 하루에도 몇 번씩 기분이 오르내리며 기업 가치가 변하지 않아도 가격을 제멋대로 매긴다는 것이다.

철도, 인터넷처럼 혁신 기술도 버블과 조정기를 거쳤다. 철도 지수는 1845~1850년 67% 이상 폭락했고, 닷컴 버블 당시 나스닥은 2000~2005년까지 3분의 2가 증발해 정점 회복에만 15년이 걸렸다. 끝까지 살아남아 가치를 만든 기업은 아마존과 구글, 넓게 잡아도 이베이와 부킹홀딩스 정도다. 참고로 이베이는 미국의 전자상거래 회사이고, 부킹홀딩스는 부킹닷컴 등을 운영하는 온라인 여행사 집단이다.

    현재 미국 증시는 빅테크 기업에 쏠려있다. 2025년 6월 기준 상위 5개 대형주의 시가총액이 미국 소형주 2000개(시총 1001위부터 3000위까지)로 구성된 러셀2000 지수의 전체 시가총액보다 5배나 크다. 불과 5년 전에는 이 차이가 2배에 불과했다. 그러니 미국 증시는 곧 빅테크이고, 빅테크가 흔들리면 전 세계 주식시장이 연쇄 충격을 받을 수 있다. 우리는 2024년 엔 캐리 트레이드 청산, 2025년 관세 전쟁에서 이미 비슷한 경험을 했다. 실제로 지난 8월에는 챗GPT를 운영하는 오픈 AI의 대표 샘 알트만이 인공지능에 대한 투자가 버블일 수도 있다는 경고성 메시지를 내면서,

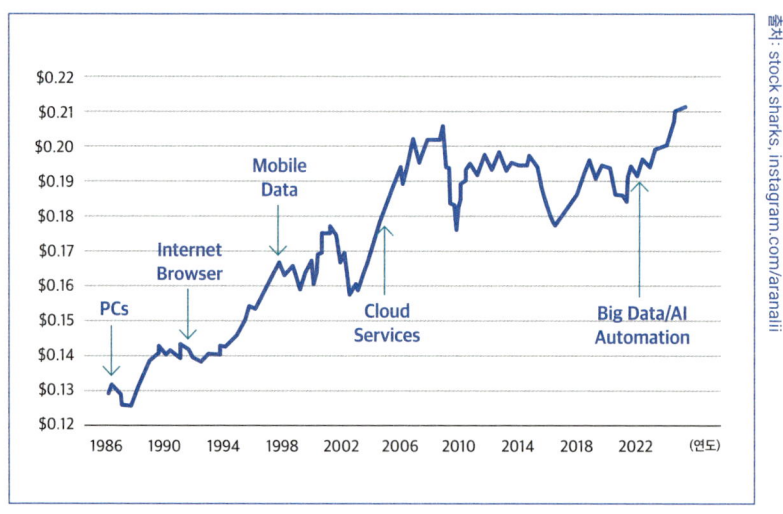

S&P500 기업들의 근로자당 매출액(백만 달러, 1986년 달러 기준)

빅테크 주식들과 주식시장 전체가 흔들리기도 했다.

정리하고 보니 가까운 미래에 눈여겨볼 이슈들이 대부분 악재다. 그만큼 2025년 상반기 한국 증시가 선전했다는 뜻이다. 중요한 것은 이 악재가 한국 경제 자체의 문제가 아니라는 점이다. 투자자들은 불확실성을 싫어하지만 역설적으로 불확실성이 클수록 잠재 수익도 커진다. 2008년 금융위기 때 리먼브러더스 채권에 투자해 큰 수익을 올린 아울크리크자산운용의 댄 크루거는 이렇게 말했다. "몇 달, 몇 분기, 몇 년 후면 드러날 답에 지금 억지로 대답하기보다 큰돈을 잃지 않고 확실히 벌 수 있을 때 투자하라."

경기 전망은 여전히 2025년보다 2026년이 밝다. 수익을 거둔 투자자는 현금을 확보해 숨 고르기를, 아직 시장 진입 시기를 저울질하고 있는 투자자는 조급해하지 말고 기회가 보일 때마다 분산해 접근하는 것이 바람직하다.

 ## 관세 전쟁에서 살아남는 법

　관세 전쟁을 헤쳐 나가는 하나의 팁을 공유한다. 더퍼블릭자산운용에서는 지난 4월 관세 전쟁이 시작되자마자 보유 종목들이 받을 영향을 하나하나 분석했다. 그러나 관세를 얼마나 부과할지, 기업이 어떻게 대응할지, 경쟁사는 어떤 전략을 취할지, 소비자들은 어떤 반응을 보일지 모든 것이 블랙박스처럼 불확실했다. 시나리오가 너무 많아졌고 부정적인 경우를 검토하다 보면 '일단 팔고 보자'는 시장 참여자들의 반응이 이해가 갈 정도였다.

　그런데 삼양식품 차례가 되었을 때 시야가 트이고 머리가 맑아졌다. 삼양식품은 히트 상품 불닭볶음면으로 괄목할 만한 성장을 이룬 기업이다. 미국과 유럽 소비자들이 불닭볶음면을 경험한 지 오래되지 않았다는 점에서, 아시아에서처럼 폭발적인 인기를 끌 경우 여전히 성장의 활주로가 길게 남아있다고 판단했다.

　그렇다면 관세가 부과될 경우는 어떨까? 미국에서 불닭볶음면은 한 봉지당 약 2000원에 판매된다. 그러나 관세는 소비자 가격이 아니라 출고가에 붙는다(약 820원. 다음의 표 기준 36,080원/부가세 1.1/40봉). 여기에 세율 15%를 적용하면 약 150원이 된다. 이 금액을 전부 소비자에게 전가하면 판매가는 2150원, 약 7.5% 인상되는 수준이다.

적은 인상 폭은 아니지만 미국의 1인당 GDP는 약 85,581달러로 한국보다 2.6배 높다. 보통 한 끼에 20달러(약 3만 원)를 쓰는 미국에서, 특히 틱톡과 릴스로 유행을 따라가는 Z세대와 알파 세대에게는 2000원이든 2150원이든 큰 차이가 없다. 중요한 것은 여전히 불닭볶음면이 '핫'한가, 그 맛이 중독될 정도로 매력적인가 하는 점이다.

강력한 소비자 충성도를 지닌 삼양식품은 가격을 올려도 판매를 유지할 수 있는 가격 전가력을 가진 기업이라 할 수 있다. 물론

삼양식품 주요 제품 가격 현황(VAT 포함 출고가 기준)

품목	제64기	제63기	제62기
삼양라면	26,400(120g*40)	26,400(120g*40)	27,500(120g*40)
불닭볶음면	36,080(140g*40)	36,080(140g*40)	36,080(140g*40)
큰컵 삼양라면	16,016(115g*16)	16,016(115g*16)	16,016(115g*16)
큰컵 불닭볶음면	19,008(105g*16)	19,008(105g*16)	19,008(105g*16)
짱구	25,740(115g*24)	25,740(115g*24)	25,740(115g*24)
사또밥	21,450(67g*20)	21,450(67g*20)	21,450(67g*20)
별뽀빠이	27,720(72g*48)	27,720(72g*48)	27,720(72g*48)

출처: 삼양식품 2024년 사업보고서 (단위: 원)

회사가 시장 점유율 확대를 위해 관세 부담을 일부 또는 전부 내부에서 소화하려는지 알 수 없다. 핵심은 관세 부과 기간의 실적을 정확히 예측할 수 있는지가 아니다. 관세라는 파도를 타고 넘을 강력한 히트 상품과 경영 능력을 갖춘 기업에 투자하고 있는가다.

인공지능 시대, 빅테크 기업의 성적표

미국 시가총액 상위 기업들은 사실상 IT, 즉 정보기술 업종이 주도하고 있다. 분류상 IT 업종이 아닌 기업은 버크셔 해서웨이와 테슬라뿐이다. 그래도 버크셔 해서웨이는 포트폴리오에서 애플 비중이 가장 크고, 테슬라는 자동차 판매가 주 수익원이지만 전통적 자동차 회사라는 인식보다는 자율주행, 무인 택시, 휴머노이드 로봇 때문에 투자하는 이들이 많다.

버크셔 해서웨이를 논외로 하고 최근 수익률이 좋은 기업은 엔비디아, 마이크로소프트, 메타, 브로드컴, TSMC이고 그렇지 못한 기업은 애플, 아마존, 알파벳, 테슬라다. 챗GPT 등 인공지능 시대에 잘 적응했는지가 갈림길이 된 것이다. 엔비디아의 GPU 칩은 수많은 AI 기업의 필수 구매품이 되었고 이를 위탁 생산하는 TSMC의 실적과 주가도 덩달아 뛰었다. 브로드컴 역시 AI 반도체 설계 능력을 무기로 엔비디아 대항마로 성장 중이다. 구글은 제미나이를, 일론 머스크가 대주주로 있는 xAI는 그록을 자체 인공지능 서비스로 운영하면서 엔비디아 칩 의존도를 줄이기 위해 독자적인 칩 개발을 추진하는데, 이때 브로드컴이 도움을 주는 셈이다.

2025년 7월 15일 기준 미국 시가총액 상위 10개 종목

이름(티커)	업종	연초 대비 수익률	3년 간 수익률	시가총액
엔비디아(NVDA)	IT-하드웨어	20%	941%	$4,052B
마이크로소프트(MSFT)	IT-소프트웨어	18%	88%	$3,740B
애플(AAPL)	IT-하드웨어	-16%	44%	$3,153B
아마존(AMZN)	IT-소프트웨어	2%	95%	$2,388B
알파벳(GOOGL)	IT-소프트웨어	-6%	51%	$2,192B
메타(META)	IT-소프트웨어	21%	320%	$1,804B
브로드컴(AVGO)	IT-하드웨어	21%	450%	$1,290B
TSMC(TSM)	IT-하드웨어	15%	183%	$1,194B
버크셔해서웨이(BRK-A)	지주회사	5%	69%	$1,031B
테슬라(TSLA)	자동차	-25%	25%	$1,009B

출처: Yahoo Finance, 마이핀플, 더퍼블릭자산운용 정리

마이크로소프트는 챗GPT를 운영하는 오픈 AI의 주주이자 유사한 기술을 적용한 자체 서비스 '코파일럿Copilot'도 내놓았다. 메타는 메타버스에 올인하겠다는 취지로 사명을 바꾼 게 무색하게 최근 20조 원을 들여 Scale AI를 인수하고, 창업자인 알렉산더 왕Alexander Wang을 인공지능 총괄 임원으로 영입하는 등 인공지능에 진심인 기업으로 평가된다.

반도체 기업: 성장의 빛과 그늘

이 기업들을 지속 가능성과 기대감이라는 키워드로 나눠 보고자 한다. 엔비디아, 브로드컴, TSMC 같은 반도체 생산 기업은 지속 가능성이 작다. 무어의 법칙에 따르면 반도체 성능은 2년마다 두 배씩, 10년이면 100배 이상 향상된다. 기술 혁신이 눈부시다는 뜻이지만 한편으로는 이런 폭발적인 기술 경쟁에서 뒤처지면 도태될 수 있다는 뜻도 된다. 모두가 살아남는다면 공급 과잉으로 반도체 가격이 떨어지고 막대한 연구 개발비와 투자비 회수를 못 한 채 공멸할 수 있다.

동영상 서비스 산업처럼 AI 서비스도 결국 소수 기업의 강력한 제품으로 통합될 가능성이 높다. 미국 스트리밍 시장에서 유튜브(29%)와 넷플릭스(16%)가 절반 가까이 차지하고 나머지 수많은 플랫폼은 1% 수준에 불과한 것처럼, 한국에서 유튜브, 인스타그램, 틱톡, 넷플릭스가 92%를 점유하는 것처럼 말이다.

그럼에도 시장 참여자들은 AI 반도체 기업에 높은 기대를 걸고 있다. '아직 초기다'라는 믿음과 '고평가를 알지만 나는 먼저 빠져나올 수 있다'는 자신감이 혼재돼 있다. 하지만 주식시장은 모두가 잔뜩 취해 있는 파티와 같아서 언제 끝나는지 아무도 모른다. 많은 이들이 아직 즐기고 있을 때 홀로 유유히 출입구를 찾아 나서지 않고서야 갑작스러운 종료 순간에는 모두가 좁은 출구에 몰려들어 빠져나오기 힘들다.

소프트웨어, 플랫폼 기업: 지속 가능한 강자

마이크로소프트와 메타는 지속 가능성이 높다. 마이크로소프트의 코파일럿은 대형 언어 모델이라는 자체도 높은 경쟁력이 있는데 오피스(현재 마이크로소프트365)와 윈도우에 적용되어 이용자의 편의를 높여줄 것이다. 메타는 페이스북과 인스타그램 광고로 버는 막대한 수익을 AI에 투자해 콘텐츠 생성과 광고 효율을 강화하도록 한다. 그러나 이들 역시 이미 시장의 높은 기대를 받고 있다. 투자자들의 기대감이 가장 크게 몰린 곳은 챗GPT를 운영하는 오픈 AI겠지만 아직 비영리를 표방하고 있어 논외로 한다.

소프트웨어와 광고 모두 경쟁력을 자랑하는 알파벳(구글)은 상대적으로 왜 약세를 보일까? 알파벳의 2024년 매출 3500억 달러

중 57%가 구글 검색에서 나왔다. 구글 검색은 보통 이용자 순으로 결과가 표출되는데 웹페이지 주인이 광고비를 내면 검색 결과의 상단에 노출되는 식이다. 그런데 챗GPT 같은 대화형 AI는 개인화된 콘텐츠를 한눈에 정리해주거나 한두 마디 문장으로 표현할 수 있을 만큼 적당한 양의 답변을 보여준다. AI가 기존의 검색 광고 구조를 단번에 무너뜨린 것이다. 물론 대형 언어 모델 기업들이 향후 광고 사업을 하지 않는다는 보장은 없지만, 구글에게는 매출액의 절반 이상을 차지하는 핵심 사업부에 중요한 위협이 생겼다는 평가다.

애플: 황금알을 낳는 거위의 위기

구글보다 어려움을 겪는 기업은 애플이다. 애플은 15년 전 음성 인식 비서 시리Siri를 내놨지만 이후 AI 분야에 뚜렷한 혁신이 없다. 아이폰에 오픈 AI의 챗GPT를 탑재했을 뿐 자체 AI 서비스는 부재하다. 구글이 검색이라는 자사 제품과의 상충을 무릅쓰고 제미나이를 전면에 내세우는 것과 정반대 행보다. 스마트폰과 주변 기기 사업은 여전히 높은 이익률을 자랑해도, 미래 가치를 더 중시하는 주식투자자들의 외면을 받고 있다.

워런 버핏이 은퇴 전 마지막 주주총회에서 버크셔 해서웨이에 가장 큰돈을 벌어다 준 사람이라고 칭할 정도로 팀 쿡은 공급망 관리에 강점이 있는 CEO지만, 그만큼 스티브 잡스에 비해 대담한 혁신이 부족했다는 지적이 따른다. 게다가 스마트폰 교체 장벽도 낮아져 아이폰 고객이 언제든 안드로이드로 이동할 수 있다. 몇 가지 앱을 설치하고 따라 하면 운영 체제를 변경하는 것도 금방이라, 예전처럼 휴대폰 매장에서 직원을 붙잡을 필요도 없다. 어쩌면 애플은 피처폰에서 스마트폰으로 세상이 넘어갈 때의 노키아보다 더 어려운 상황에 놓였는지도 모른다.

아마존과 테슬라: 기초 체력에 비해 낮은 기대감

이제 남은 것은 아마존과 테슬라, 두 기업에 주목해보려 한다. 아마존은 음성인식 서비스 알렉사 이후 뚜렷한 성과가 없어서 애플처럼 미운 오리 새끼가 되었지만, 전자상거래 플랫폼과 AWS 클라우드는 전환 비용이 상대적으로 더 높아 인공지능 서비스를 고도화할 여력이 크다. 지속 가능성은 높고 시장 참여자의 기대감은 낮은 주식이다.

테슬라는 관점에 따라 평가가 갈린다. 자동차 기업으로 보면 동종 업계 평균에 비해 훨씬 비싼 주가에 거래되고 있다. 2025년 8월 7일 기준 PER은 187배로, 토요타(8배)와 현대차(5배)에 비해 압도적으로 비싸다. 앞으로 순이익이 유지된다고 가정하면 테슬라 투자자는 연 0.5%(1/187배) 수익을, 토요타나 현대차의 투자자는 연 12.5~20%의 수익을 기대할 수 있다. 다른 자동차 회사들도 전기차를 생산해 판매하는 만큼 투자자들은 테슬라의 기술력과 시장 지배력, 그 이상의 잠재력에 베팅하고 있는 셈이다.

사실 테슬라는 본업인 전기차 판매에서 부진을 면치 못하고 있다. 까마귀 날자 배 떨어지는 격인지 아직 확신할 수 없으나 일론 머스크가 트럼프 대통령 재선을 도우면서 미국과 유럽 판매량이 급감했다. 2024년 6월 73%에 달했던 미국 내 재구매율은 2025년 3월 50%까지 추락하며 업계 평균인 51%를 밑돌았다. 이탈한 고객들은 리비안, 폴스타 같은 전기차 브랜드와 포르쉐, 캐딜락 같은 럭셔리 브랜드로 이동했다.

반대로 테슬라를 자율주행 기술·서비스 기업으로 본다면 이야기는 달라진다. 테슬라는 월 99달러의 구독형 자율주행 기능을 판매하고, 텍사스 오스틴, 캘리포니아 샌프란시스코 등 일부 지역에서 무인 택시 서비스를 시작했다. 향후 휴머노이드 로봇까지 사업을 확장할 수 있어 자동차 판매 부진과 달리 성장 잠재력은 여전히 크다. 자동차는 시대나 모델에 따라 인기가 달라질 수 있지만 기술이나 서비스 판매는 지속 가능성이 훨씬 높다. 현재 시장은 자동차 실적에만 주목해 기대감을 낮게 잡고 있는 것이다.

인공지능은 앞으로 몇 년, 길게는 10년 이상 이어질 메가 트렌드다. 다만 관련 기업들이 고평가됐다는 논리도 타당하다. 일례로 빅데이터 기업 팔란티어의 주가매출액비율PSR은 100배를 넘는다. 모든 매출이 이익으로 남는다고 가정해도 투자금 회수에 100년 이상 걸린다는 뜻이다. 또 시가총액 상위 기업들로 사업 확장의 기회와 주가 상승이 집중되는 것도 사실이다.

다행인 것은 대부분 지속 가능한 수익력을 바탕으로 충분히 사업화할 수 있는 부분에 선행 투자를 하고 있다는 점이다. 이런 측면에서, 전혀 돈을 벌지 못하는 기업들도 인터넷 관련 비즈니스를 한다고만 하면 주가가 폭등했던 닷컴 버블 때와는 약간 달리 보인다. 규모가 큰 기업은 많은 분석과 추적의 대상이 되기 때문에 중소형주에 비해 극단적으로 고평가되거나 저평가되기 어렵다. 그만큼 높은 수익은 어렵더라도 개인 투자자도 전문가와 비슷한 수준의 적당한 수익을 기대할 수 있다. 투자 정보 유통이 평탄해지고 해외 투자도 보편화된 지금, 대기업 중심의 인공지능 테마는 여전히 좋은 기회다.

2026년 주목해야 할 테마

인공지능과 자율주행은 지난해에 이어 여전히 큰 화두다. 챗GPT가 등장해 인공지능이 대중화된 지 3년밖에 지나지 않았고, 자율주행은 미국과 중국 일부 지역을 제외하면 아직 낯선 이야기다. 하지만 인공지능은 인간이 일하는 방식을, 자율주행은 이동하는 방식을 영원히 바꿀 것으로 기대한다.

창작 보조에서 실행형 비서가 될 AI

인공지능은 대형 언어 모델에서 비서(에이전트) 형태로 진화할 것으로 보인다. 과거 인공지능은 단순한 명령 수행에 머물렀다. 애플의 시리는 "시리야" 하고 부르며 날씨를 확인하거나 알람을 설정하는 정도로, 사전에 기억된 명령어에 정해진 경로를 통해 응답했다. 알파고 또한 바둑 두는 법을 이해한 후 그 일을 반복할 뿐이었다. 알파고가 시리와 다른 점은 바둑을 '스스로' 깨우쳤다는 점이다. 이를 기계 학습(머신러닝)이라고 한다.

대형 언어 모델, 생성형 AI인 챗GPT는 방대한 데이터를 학습해 문장, 그림, 영상 등을 만들어내며 문제 해결과 창작 보조에서 활약하고 있다. 여기서 그치지 않고 이제 응답을 넘어 실제 액션까지 수행하는 비서로 진화해야 하고 그 시대가 도래할 것으로 본다. 이미 구글 지도 앱은 온라인 예약 플랫폼이 없는 식당의 경우 인공지능이 직접 전화를 걸어 예약을 대행한다. 지금은 챗GPT에게 "상사에게 보낼 이메일을 작성해줘"라고 주문해 내용을 검수한 후 직접 이메일을 발송하지만, 앞으로는 가상의 비서가 발송까지 대신하는 시대가 올 수 있다.

이 시장에서는 기술력과 더불어 플랫폼을 가진 기업이 유리할 것이다. 플랫폼이 있어야 액션을 취할 수 있기 때문이다. 마이크로소프트의 윈도우, 구글의 안드로이드와 크롬처럼 운영 체제 Operating System를 갖춘 기업이 주도권을 쥘 가능성이 크다. 다만 기술의 충분한 발달과 인간이 최종 검수할 단계에 대한 연구도 병행되어야 할 것이다.

이동의 개념을 바꾼 자율주행

얼마 전 미국에서는 구글 웨이모에 이어 테슬라도 무인 택시 사업을 시작했다. 필자가 거주한 캘리포니아 도로 위에서는 이미 운전석이 비어 있는 웨이모와, 스티어링 휠에 손을 대지 않은 무늬만 운전자인 사람을 태운 테슬라를 흔히 볼 수 있었다. 테슬라는 구독형 자율주행 서비스 'FSD Full Self-Driving'를 제공하는데, 최근에는 극장Theater 앱을 배포해 차량에 탑재된 디스플레이와 인터넷 연결을 통해 유튜브 영상 서비스를 이용할 수 있게 했다. 아직 주차 중일 때만 앱을 구동할 수 있지만 소프트웨어 업데이트만으로 차량 기능을 개선하는 OTA Over The Air 방식 덕분에 빠른 보급도 기대된다. 테슬라는 벌써 완전한 자율주행 시대를 준비하고 있는 것으로 보인다.

자율주행 보편화는 이동의 의미를 완전히 바꿔놓는다. 이동 시간이 곧 업무나 여가 시간으로 전환되고 주거 선택에서도 직주근접과 도심에 대한 집착이 약해진다. 차가 더 이상 운전해야 하는 물건이 아니라 '생활과 업무가 이루어지는 공간'으로 재정의되는 것이다. 또 한국경제신문에 따르면 한국에서 차량 가동률은 하루 4.2%로, 하루에 평균 23시간은 주차하고 있는 셈이다. 자율주행 시대가 오면 에어비앤비를 운영하듯 차를 공유하고 대여해 줘서 택시나 택배, 배달 부업을 할 수도 있다. 직접 이동할 때 역시 운전의 피로도가 사라지기 때문에 생산성이 획기적으로 개선된다. 이렇게 사회 전반적으로 차량 소유에 대한 개념이 달라질 것이다. 과거 현대자동차의 포니2는 그 시절 자랑거리였지만 그 차엔 에어컨이 없었다. 지금은 상상조차 안 되는 일이다. 자율주행도 마찬가지 아닐까. 어느 정도의 자율주행 기술을 탑재했는지가 차량을 선택하는 데 중요한 잣대가 될 수 있다.

손에서 눈으로 옮겨가는 휴대폰, 스마트 글라스

스마트 글라스와 증강현실Augmented Reality 글라스는 아직 생소하지만 금세 일상에 들어오게 될 물건이라고 생각한다. 스마트 글라스는 스마트폰과 연결해 통화, 음악, 촬영을 할 수 있는 안경인데 메타가 이미 선글라스 브랜드 레이밴, 오클리와 손잡고 사업을 선도하고 있고 구글도 젠틀몬스터, 와비파커와 협력해 시장에 진입하려 한다. 구글은 검색 엔진과 인공지능 챗봇 제미나이, 스마트폰 운영 체제 안드로이드와 전용 사진 및 지도 앱을 이미 보유한 점이 부각되며 현재 메타가 독점 중인 시장에 맞불을 지필 것으로 전망한다. 그밖에 미국과 중국의 중소기업들도 다양한 제품을 출시하고 있다.

메타는 2세대 제품에서 자사 인공지능 챗봇을 탑재했으며 2025년 연말 출시 예정인 3세대에는 작은 디스플레이를 렌즈에

삽입해 증강현실 기능을 제공할 예정이다. 예를 들어 뉴욕 브로드웨이에서 뮤지컬을 볼 때 눈앞에 자막이 뜨거나, 낯선 길을 스마트폰 없이도 안내받을 수 있다. 메타 레이밴의 1세대 제품은 사실상 카메라와 이어폰의 대용품에 불과해 한계가 뚜렷했는데, 2세대부터 스마트폰을 꺼내지 않은 채 인공지능에 무엇이든 물어볼 수 있게 되며 두각을 드러내고 있다. 메타의 팝업 매장에서 직접 경험한 바로는 "지금 내가 있는 공간의 면적이 얼마 정도야?", "지금 내가 보고 있는 영상은 어디서 촬영한 거야?"처럼 이동이나 촬영, 운동 같은 물리적 행위 중에도 이용할 수 있다는 점이 인상적이었다.

메타는 소셜미디어로 버는 돈을 리얼리티 랩스Reality Labs에 쏟아붓고 있다. 가상 현실Virtual Reality 헤드셋 퀘스트와 스마트 글라스가 이 신규 사업에 속해 있는데 준수한 판매량에도 불구하고 2024년 기준 177억 달러, 2020년부터 누적으로 따지면 600억 달러 이상 적자를 봤다. 원화로 1년에 25조 원 손실이지만 이렇게 공격적으로 투자하는 배경에는 자체 하드웨어에 대한 욕망이 숨어 있다고 생각한다.

한편, 애플은 2021년 자사의 운영 체제 iOS의 버전 14.5에서부터 개별 애플리케이션의 사용자 데이터 추적을 옵션화했다. 이용자 개개인이 원하는 애플리케이션에만 자신의 정보를 줄 수 있도록 정책을 바꾼 것이다. 페이스북과 인스타그램에서 광고를 팔아 돈을 버는 메타로서는(당시 페이스북) 청천벽력과도 같은 소리였다. 사용자의 정보를 많이 수집할수록 개인화된 광고를 게재하기 쉽고, 그래야 광고주들을 만족시켜 더 많은 광고 지면을 팔거나 같은 지면의 광고라도 더 높은 광고비를 책정할 수 있기 때문이다. 마크 저커버그가 자사의 서비스만 잘 만들면 사업하는 데 아무런 문제가 없을 것이라고 생각했던 것이 안일했다는 걸 깨닫는 장면이다.

안경이나 선글라스 자체가 이미 보편적인 아이템이기에 스마트 글라스의 대중화는 빠를 것이다. 매년 40억 개의 선글라스가 팔리는 시장 규모를 감안하면 1억 개의 스마트워치, 3억 개의 무선 이어폰을 넘어서는 새로운 시장이 열릴 가능성이 크다.

비만 치료제의 확장성에 주목하라

장기 성과가 좋은 유명 헤지 펀드들의 포트폴리오를 보면 버크셔 해서웨이, 알파벳, 아마존 등과 함께 꼭 끼어 있는 종목이 있다. 유럽의 제약 회사 '노보 노디스크'와 '일라이 릴리'다. 두 회사 모두 글루카곤 유사 펩타이드-1GLP-1 호르몬을 활용한 비만 치료제를 판매하며 전통 빅 파마들을 제치고 투자 거장들의 최애 종목이 되었다. GLP-1은 원래 당뇨 치료제로 개발됐지만 식욕을 억제하고 포만감을 높여 체중이 감량된다는 효과가 입증되면서 비

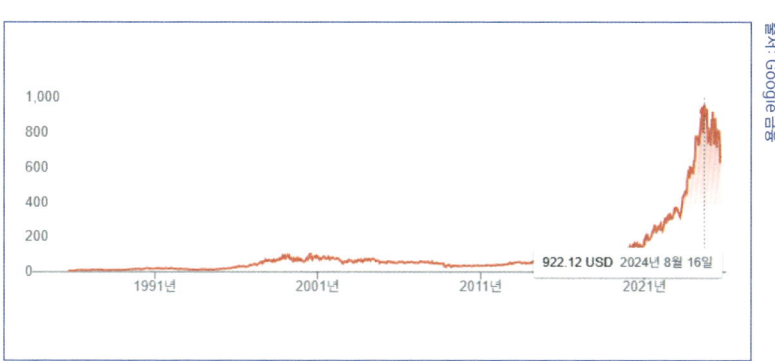

일라이 릴리 주가

만 치료제 시장을 폭발적으로 키우고 있다. 2025년 5월 유럽 비만학회에서는 72주 간 최대 용량을 투여했을 때 노보 노디스크의 위고비가 15.1%, 일라이 릴리의 마운자로가 21.1%의 평균 체중 감량률을 기록했다고 발표했다.

비만 치료제 시장은 이제 시작이라는 평가가 많다. 세계비만재단에 따르면 전 세계 비만 인구는 2020년 9억 8800만 명(**전체 인구의 14%**)에서 2035년 19억 1400만 명(**24%**)으로 늘 것이라고 한다. 이에 비만 치료제 시장은 2022년 27억 달러에서 2023년 67억 달러로 1년 만에 2배 넘게 뛰었으며 2028년 480억 달러를 기록할 것으로 전망된다.

노보 노디스크와 일라이 릴리 두 강자의 가격 경쟁, 주사가 아닌 입으로 먹는 경구용 제제 개발 등으로 편의성이 높아지며 혁신을 거듭하고 있다. 그러나 요요 현상과 속쓰림, 메스꺼움 등 부작용이 보고되고 있다. 최근에는 드물게 췌장염이나 안과 질환 같은 심각한 부작용도 발견되어 여전히 해결해야 할 과제로 남아 있다.

그러나 투자의 관점에서 경쟁과 부작용은 시장이 성장한다는 증거다. 치열한 경쟁과 혁신이 시장을 키우는 동력이기 때문이다. 단일 제품군에 집중된 구조 역시 투자자에겐 단순하고 명확한 분석 기회를 제공한다. 투자할 때는 기울어질 만한 회사는 애초에 걸러내고 위쪽으로만 크게 열린 변동성을 가진 기업을 잘 분석해 안전한 시기에 투자해야 한다. 비만 치료제 시장이 메가 트렌드라는 것을 다시 한번 주지하며 어떤 회사를 고를지는 여러

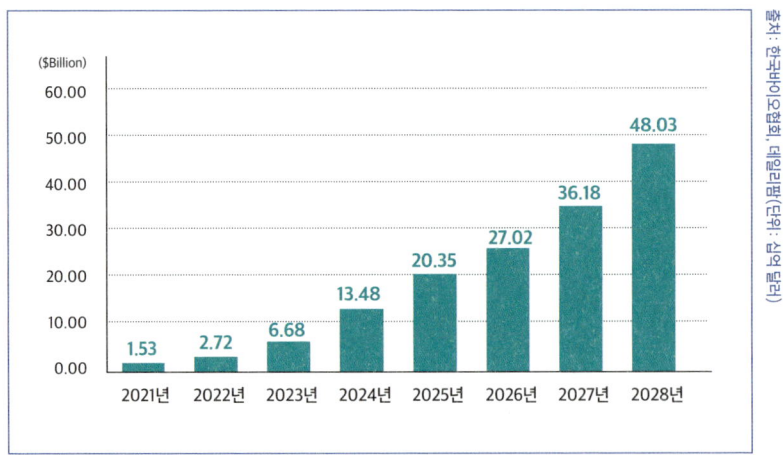

비만 신약 매출 현황

분에게 맡긴다.

일상으로 들어올 '제2의 손발' 로봇

마지막 테마는 가정용 또는 상업용 로봇을 제안한다. 펀드 매니저로서 방문했던 산업 현장은 이미 로봇 중심으로 재편되었다. 공장의 대세를 넘어 더 나아가 이젠 가정용, 상업용 로봇의 시대가 올 것이다.

테슬라는 2026년 휴머노이드 로봇 옵티머스를 3000만 원대에 판매할 계획이다. 산업용 로봇의 효용이 증명되자 공장의 일자리를 잠식한 것처럼, 가정에서는 로봇 청소기처럼 효용이 있는 로봇이 일상에 퍼질 가능성이 높다. 과거에는 사람처럼 청소할 수 있을지 의구심을 자아내던 로봇 청소기는 이제 100만 원이 훌쩍 넘는 가격에도 불구하고 신혼부부 필수 가전제품이 되었다. 분명 그 이상의 효용이 있기 때문일 것이다. 더 놀라운 것은 로봇 청소기를 가진 가정도 돌돌이나 무선 청소기와 같은 일반 청소기를 가지고 있다는 점이다. 새로운 시장이 형성된 것이다. 비단 로봇뿐만 아니라 새로운 산업의 시작은 소비자의 지불 의사에 달렸다고 할 수 있다. 앞으로 빨래 개기, 아침에 커피 내리기, 새벽 배송 물건 정리 같은 임무를 수행하는 로봇이 등장할 수도 있다.

머신 러닝과 인공지능이 로봇 도입 시기를 앞당길 것이다. 인공지능과 결합한 휴머노이드 로봇은 사용자와의 일상 대화만으로도 학습해 맞춤형 보조자가 될 수 있다. 이는 가전제품을 넘어 우리 삶의 패턴을 바꾸는 존재가 될 것이다.

 ## 2026년 한국 주식시장 투자 요령

"더도 말고 덜도 말고 한가위만 같아라." 2025년 상반기 주식시장의 상승세가 하반기와 2026년에도 이어지길 바라는 마음에서 이 말을 떠올려본다. 경제는 저점을 지나고 있고 새 정부는 주식시장을 국민 경제의 활력소로 삼으려 한다. 외국인 투자자 입장에서도 원화 가치가 낮아 진입 부담이 적다. 여기에 개인 투자자들까지 돌아온다면 금상첨화다.

이럴 때 가장 경계해야 할 것은 함부로 주가지수의 상단을 점치는 일이다. 내 수익률이 충분하다 해서, 주가가 과거 정점을 갱신했다 해서, 코스피가 4000포인트를 돌파했다 해서 무턱대고 팔면 안 된다. PER이나 PBR 같은 지표를 맹신해서도 안 된다.

한국 시장은 거대한 경기순환주와 같다. 저점과 정점은 예측하기 어렵지만 그 '언젠가'가 반드시 찾아온다. 기업 실적이 바닥을 찍었다면 큰마음 먹고 장기투자를 시작해봐도 좋다. 반대로 주변 사람들이 "이 주식 사라", "업황이 좋대"라고 말하는 시기에는 소액이라도 넣고 싶은 유혹을 뿌리쳐야 손실을 막을 수 있다.

경기순환주의 초입은 늘 "기술적 반등일 뿐", "일시적인 데드 캣 바운스"라는 의심을 받는다. 그러나 조금 더 오르면 기민한 투자자들이 먼저 움직이고, 이후 완연한 턴어라운드에 들어서면 증권사 애널리스트와 대형 투자기관이 뒤따라 분석을 내놓는다. 다만 그들의 시각은 6개월 뒤에 맞춰져 있다. 여기에서 데드 캣 바운스Dead cat bounce는 살아 있는 고양이가 점프를 잘하는 것과 달리, 죽은 고양이는 높은 곳에서 떨어질 경우 잠시 꿈틀대듯 조금 튀어 오르는 데서 유래한 표현이다. 이는 하락장에서 나타나는 일시적이고 작은 폭의 반등을 의미한다.

경기순환주는 투자뿐 아니라 실물경제 입장에서도 생각보다 더 뜨겁고 길게 달아오른다. 포모 증후군Fear Of Missing Out은 투자자만의 감정이 아니다. 경기가 좋은데 건물을 지을 땅이 없는 건설업자, 원자재 가격이 오를까 봐 재고를 비축하는 제조업자도 마찬가지다. 이렇게 과잉 재고가 쌓이면 경기순환주는 버블에 가까워진다. 따라서 투자자는 정점의 수요와 공급, 그때의 기업 실적을 예상해야 한다. 그래야 버블이 꺼지기 전 차익을 실현하고 손을 털 수 있다.

2026년이 가기 전에 꼭 수익을 실현해야 할 업종도 있다. 바로 K-뷰티다. 2024년 한국의 대미 화장품 수출액은 17억 달러로, 서구권에서 인지도가 높은 프랑스(13억 달러)를 넘어섰다. 코로나19 이후 미국에서는 미용 시술이 급격히 감소 중이다. 대면 근무를 위해 회사에 출근하므로 회복 기간이 필요한 미용 시술은 부담스럽고, 돈이 있어도 해외여행 지출을 우선하고 있다. 그 영향으로 세계 미용 시술 시장을 주름잡던 이스라엘 인모드의 주가는 2021년 이후 4년째 내리막이다. 반면 한국 홈 뷰티 디바이스 기업 에이피알은 상장 후 상승세를 이어가며 창업자를 2조 5000억 주식 부자로 만들었다.

잘나가는 업종을 왜 팔라는 것일까? 화장품은 이제 막 미국과 유럽이라는 주력 시장에 진출했고 미용기기는 세계 시장의 침체 속에서 모든 수가 맞아떨어진 듯 호조를 보이고 있기 때문이다. K-뷰티는 경기순환주가 아니라 성장주다. 투자의 거장 리처드 번스타인은 《순환 장세의 주도주를 잡아라》에서 "성장주 펀드 매니저의 성공 요인은 우월한 성장 패턴이 언제 무너질지 인식하는 것"이라 강조했다. 투자자들이 성장주에 지불한 프리미엄이 무용지물이 되었다고 느낄 때 주가는 떨어질 수밖에 없다. 그래서 성장주 투자자라면 낙관한 나머지 주식을 너무 오래 보유하지 않도록 주의해야 한다고 했다.

K-뷰티 역시 무한정 질주할 수는 없다. 물론 일부 기업은 오랫동안 크게 성장할 수 있겠지만 ==성장주라면 언제든 성장 둔화와 함께 주가가 하락할 수== 있다. 특히 기대가 높을수록 하락의 골은 깊다. 우려되는 점은 이 산업에서 기업 공개나 경영권 매각이 잦다는 것이다. 화장품 업종에서는 2023년 마녀공장, 2024년 에이피알, 그리고 2025년에는 달바글로벌이 상장을 했다. 큰 기업들만 이 정도

고 중소형주는 더 많다.

　미용기기 업체들은 2022년 클래시스, 2023년 루트로닉, 2024년 제이시스메디칼과 이루다, 2025년 비올과 LG화학 필러 사업부까지 줄줄이 사모펀드에 회사를 팔았다. 기업 공개는 업황과 실적이 가장 좋을 때 자금의 규모를 키우기 위해 이뤄지고, 창업자나 대주주가 자식처럼 애지중지했을 기업을 판다는 것은 성장 잠재력이 더 이상 크지 않다는 점을 의미한다.

　경기순환주가 성장주처럼 둔갑하는 경우도 주의해야 한다. 지금의 반도체 하드웨어 기업이나 조선업이 그렇다. 반도체 공장과 선박 건조에는 수년이 걸리는데 누구도 미래 수요를 정확히 예측할 수 없다. 그 사이 공급 과잉과 부족이 번갈아 나타나며 가격, 실적, 주가가 춤추듯 요동친다. 다만 이 주기가 길게는 10년까지 갈 정도로 길다 보니 투자자들이 경기순환주 호황기를 성장으로 오해하기 쉽다. HBM 반도체, LNG 선박도 마찬가지다. 현재의 호황이 수요와 공급의 문제인지, 미래 유망 아이템이라 수요와 공급에 관계없이 성장하는 건지 따져 봐야 한다. 간혹 경기순환주도 기술과 시장 변화에 따라 기업 가치가 우상향할 수 있지만, 나라면 '간혹'보다는 확률이 높은 쪽에 걸겠다.

　분석가들은 종종 경기순환주가 성장주로 보이는 것을 두고 '슈퍼 사이클', '메가 트렌드', '뉴 노멀'로 포장한다. 그러나 탈을 쓴 성장은 결국 기대감으로 뛰어든 투자자에게 피해를 안기면서 끝난다.

성장주든, 성장주로 둔갑한 경기순환주든 적당한 시점에 수익을 실현하고 안전한 투자 대안을 찾는 태도가 필요하다. 최소한 '데드 캣 바운스'에는 속지 말아야 한다. 주식 격언이 말하지 않는가. 떨어지는 칼날은 잡는 게 아니라고.

———— 필진: 김현준

Money Trend 2026

3장

전환의 해,
부동산의 결정적 분기점
Real Estate's Defining Moment

2025년, 균형을 향한 전환

2025년은 한국 경제사에서 매우 특별한 의미를 갖는 해였다. 겉으로 보이는 숫자만 보면 0.7%의 초저성장률, 7월 기준 24주 연속 서울 아파트 전세가 상승, 기준금리 2.5%로의 인하 등 암울한 지표들이 줄지어 나타나는데, 부동산 전문가의 시각에서 보면 2025년을 관통하는 핵심 키워드는 단연 '수렴Convergence'이다.

경제학에서 수렴이란 서로 다른 변수들이 시간이 지남에 따라 균형점으로 향해가는 현상을 의미한다. 2025년 한국 경제는 극단적으로 치달았던 다양한 경제적 불균형들이 마침내 현실적 균형점을 찾아가는 조정 과정의 한가운데 서 있었다.

2025년 초, 많은 전문가들이 1.5%에서 2.0% 사이의 성장률을 전망했지만 현실은 이보다 훨씬 더 가혹했다. 현대경제연구원이 전망치를 1.7%에서 0.7%로 무려 1.0%p나 하향 조정한 것은 단순한 예측 실패가 아니라 한국 경제가 직면한 구조적 변화의 징표였다.

성장률 0.7%라는 수치는 우연이 아니다. 이는 한국 경제가 과거 고성장 시대의 환상에서 벗어나 새로운 저성장 균형 상태로 수렴해 가는 과정이었다. 2024년 2분기부터 시작된 불황이 1년 동안 지속되면서 시장은 마침내 '절대 수요 부족' 국면이라는 새로운 현실을 받아들이기 시작한 것이다.

2025년 한국은행의 통화 정책에서도 전형적인 수렴 과정을 살펴볼 수 있다. 기준금리는 3.00%에서 2.50%까지 단계적으로 인하되었고 소비자물가상승률은 2.2%에서 1.7% 수준으로 안정화되었다. 이는 단순한 경기부양책이 아니라 '금리-물가-성장률'이라는 거시경제 삼각축의 새로운 균형점을 찾아가는 과정이었다. 물가 안정과 함께 찾아온 금리 인하는 경제 주체들에게 새로운 투자와 소비의 기회를 제공했지만, 동시에 저성장 체제로의 연착륙을 의미하기도 했다.

2025년 부동산 시장에 나타난 두 얼굴

마찬가지로 2025년 부동산 시장에서도 수렴 현상을 발견할 수 있는데, 두 가지의 상반된 수렴이 동시에 일어났다.

첫째로는 매매 시장의 하향 수렴이다. 전국 주택매매가격지수가 96.2를 기록하며 여전히 2021년 고점 대비 낮은 수준을 유지한 것은 과열된 부동산 시장이 현실적 수준으로 조정되는 과정이라는 의미다. 건설투자 역시 전년 대비 2.1% 감소할 것으로 전망되면서 공급과 수요가 새로운 균형점을 찾아가는 모습이다.

둘째로는 전세 시장의 상향 수렴이다. 서울 아파트의 전세가격이 24주 연속 상승하는 현상은 얼핏 부정적으로 보일 수 있지만, 그동안 인위적으로 억제되었던 전세가격이 시장 균형 가격으로 수렴해 가는 과정이라고 볼 수 있다. 전세보증담보인정비율이 90%로 축소되고 실거주 의무가 강화되는 한편, 갭 투자를 전면 금지하겠다는 일련의 정책 변화는 전세 시장의 구조적 변화를 촉진했다. 그 결과 전세의 월세화가 가속화되면서 임대차 시장 전체가 새로운 균형점을 찾아가는 전환기를 맞은 것이다.

2025년 정부의 경제 정책은 마침내 시장 현실과 수렴하는 모습을 보였다. 연초에 정부는 민생 경제 회복을 위해 역대 최고 수준의 358조 원을 신속 집행하겠다고 발표하고, 동시에 성장률 전망을 지속적으로 하향 조정하면서 현실을 인정하는 자세를 보였다.

이는 정책 당국이 더 이상 인위적인 부양책으로 고성장을 추구하지 않고 저성장 시대에 맞는 정책 패러다임으로 전환하고 있음을 의미한다. 금리 인하와 재정 확대라는 전통적 정책 수단을 활용하면서도, 동시에 구조적 변화를 수용하는 '현실주의적 정책 수렴'이었다고 볼 수 있다.

2025년 한국의 0.7% 경제성장률은 단순한 경기 침체의 결과가 아니라, 세계적인 저성장 추세 속에서 한국 경제가 고성장 시대를 마감하고 일반적인 선진국 수준의 성장률로 구조적으로 전환되는 과정이었다고 볼 수 있다.

또한 트럼프 2기 정부의 관세 정책, 중국과의 통상 갈등, 공급망 재편 등 대외적 요인들은 한국 경제에 새로운 성장 모델을 요구했고, 이는 기존의 수출 의존형 구조에서 내수와 수출이 균형을 이루는 방향의 '수렴'으로 해석할 수 있다.

앞서 살펴보았듯 2025년 한국 경제를 관통한 '수렴'이라는 키워드는 침체나 조정보다는 새로운 균형점을 향한 구조적 전환을 의미한다. 이러한 수렴의 흐름은 부동산 시장에서도 중요한 변화를 이끌어낸다.

과열과 침체를 반복하던 시장은 점차 안정적인 균형점을 찾아가며 성숙해지고 있다. 정책당국 역시 시장의 현실을 수용하고 이에 부합하는 정책 패러다임을 구축하면서, 보다 현실적인 접근을 보여주고 있다. 경제 운영 방식 또한 외형적 성장 중심에서 질적 성장 중심으로, 단기적 부양에서 장기적 안정성 중심으로 전환되며 구조적 선진화를 이루어가고 있다.

    2025년의 수렴은 끝이 아니라 새로운 시작이다. 혼란과 불확실성 속에서도 시장의 자정 능력과 정책의 현실 적응력이 맞물려 새로운 균형점을 만들어 낸 전환의 해로 평가할 수 있을 것이다.

2026년을 흔들 3가지 파도

2025년이 다양한 경제적 불균형들이 현실적 균형점으로 '수렴'해 가는 과정이었다면 2026년은 그 수렴된 균형점에서 새로운 방향으로 '분기'하는 해가 될 것이다. 변화의 교차점으로 주목되는 세 가지는 바로 공급 절벽과 전세 소멸 그리고 새 정부의 정책 대전환이다. 즉 2026년 한국 부동산 시장에는 세 가지 결정적 변화의 파도가 동시에 몰아칠 것으로 전망된다.

신축 아파트의 희소성 프리미엄

2026년 수도권 부동산 시장은 공급 부족과 수요 집중이라는 두 요인이 맞물리면서 강력한 상승 압력을 받을 것으로 전망된다. 2025년 8월 29일 부동산114 통계를 살펴보면 2026년 한국 부동산 시장의 가장 극적인 변화는 '공급 절벽의 현실화'라는 것을 알 수 있다. 특히 서울 아파트 입주 물량은 2025년 약 4만 3000가구에서 약 2만 8700가구로 32.9% 가까이 급감하며, 통계 집계 이래 최저 수준을 기록할 것으로 예상된다. 더욱 충격적인 것은 2027년에 약 1만 2000가구로 추가 감소하여 2025년 대비 약 4분의 1 수준에 불과해진다는 점이다.

이런 공급 절벽은 단순한 주기적 현상이 아니라 구조적 문제에서 비롯되는 현상이다. 2022년부터 시작된 PF(프로젝트 파이낸싱) 시장의 경색이 건설사의 자금 회전 구조를 붕괴시켰고, 수도권 아파트 착공 물량은 2022년 42.8만 호에서 2023년 33만 호로 23% 감소했다. 주택 건설의 평균 소요 기간이 약 2~3년이라는 점을 감안하면 이 충격파는 2026년에 최대 정점에 도달하게 된다. 건설 공사비지수가 2020년 대비 30% 이상 상승한 상황에서 건설사들은 분양을 미루거나 사업 자체를 보류하는 선택을 늘리고 있다.

공급 절벽이 현실화되면서 신축 아파트의 희소성 프리미엄 극대화는 이미 나타나고 있다. 2026년 수도권 전체 신축 아파트 입

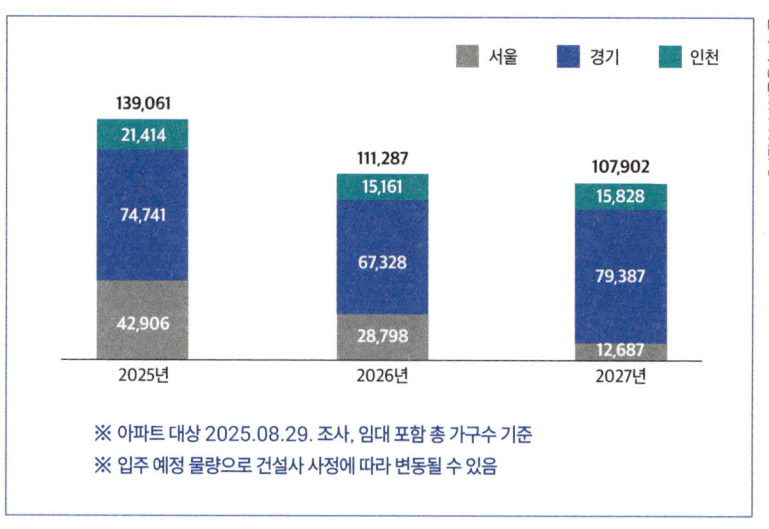

2025~2027년 수도권 아파트 입주 예정 물량

주 물량이 2025년 대비 절반 수준으로 감소할 것으로 예상되는 가운데, 신축 아파트에 대한 프리미엄 폭등이 예상된다.

2024년 분당에서는 45대 1의 청약 경쟁률이 나타났고, 강남권의 일부 단지에서는 분양가가 3.3㎡당 1억 원을 돌파하며 시장 기대치를 상회하고 있다. 2026년에는 이러한 현상이 더욱 가속화될 것으로 전망된다.

지방 부동산의 침체와 국지적 회복

반면 지방의 부동산 시장은 2026년에도 구조적 어려움이 지속될 것으로 보인다. 지방 5대 광역시는 지속적인 하락세를 보이고 있으며, 특히 대구는 이재명 정부의 대출 규제 이후 가장 큰 타격을 입은 것으로 나타났다.

지방의 경우 미분양 물량 적체와 인구 감소라는 구조적 문제가 지속되면서 금리 인하의 긍정적 효과보다는 수급 불균형의 부정적 효과가 더 크게 작용할 것으로 보인다. 다만 일부 지방광역시는 일자리가 풍부한 지역을 중심으로 2026년 하반기부터 제한적 회복이 시작될 가능성이 있다.

전세 가고 월세가 몰려온다

2026년 한국 부동산 시장의 두 번째 주요 변화는 전세 시장의 구조적 붕괴다. 이는 단순한 시장 조정이 아닌 임대차 시장 생태계 전체의 패러다임 전환을 의미한다. 한국부동산원 자료에 따르면, 서울 아파트 임대차 거래에서 전세 비중은 2020년 63.8%에서 2024년 55.0%로 지속적으로 감소하는 모습을 보였다. 2025년에는 서울의 아파트 임대차 신규 거래 중 전세가 54.9%, 월세가 45.1%를 차지하면서 이미 월세화 현상이 진행되고 있음을 알 수 있다.

2025년 6·27 대책 이후 전세대출보증비율이 90%에서 80%로 하향 조정되고, 수도권 주택담보대출 한도가 6억 원으로 제한되면서 전세 시장에 구조적 변화가 일어나고 있다. 특히 전세보증

보험 가입 요건이 공시가의 126%로 강화되면서 이른바 '126% 룰'로 인해 임대인들의 선호도가 전세보다 월세로 기우는 추세다. 부동산 빅데이터 플랫폼 아실(아파트실거래가)에 따르면, 서울의 대표적 대단지인 송파구 '헬리오시티'의 전세 매물은 6·27 대책 발표 전 307건에서 159건으로 48.3% 감소했다.

전세 수요의 변화는 인구구조의 전환과 맞물려 더욱 구조적인 흐름으로 전개되고 있다. 주택 시장에 새롭게 진입하는 30세 도달 인구는 2022년부터 2024년까지 연평균 75만 명으로, 예년 평균보다 약 8만 명 더 많은 수준이다. 동시에 독신 가구와 외국인 가구의 꾸준한 증가로 인해, 주택의 기본 수요는 2030년까지 연간 50만 호 수준으로 확대될 것으로 예상된다. 이러한 인구구조의 변화는 2026년 부동산 시장에 구조적 수요 기반을 형성하는 주요 요인이 된다.

이런 흐름으로 볼 때 2026년에는 전세가 사실상 소멸로 접어들고 월세 중심의 임대차 시장으로 재편될 것으로 전망된다. 전세 수요는 매년 일정하게 유지되거나 증가하는 반면, 공급은 급격히 줄어들면서 전세가의 급등이 불가피한 상황이기 때문이다.

2026년 서울의 전세 수요는 약 23.5만 호에 이를 것으로 예상되는데, 입주 물량은 8.9만 호에 그칠 것으로 보인다. 이는 대략 14만 호의 수급 불균형을 의미하므로 전세가의 급등을 초래할 수 있다.

2026년 정책 빅뱅

2026년 한국 부동산 시장의 세 번째 결정적 변화는 정책 대전환이다. 2025년 새로 출범한 이재명 정부의 핵심 부동산 정책은 "세금으로 집값을 잡지 않겠다"라는 기조 아래, 공급 확대를 중심으로 한 근본적 접근법을 취하고 있다. 그리고 이 정책의 핵심 축은 재건축 및 재개발 규제 완화다. 이로써 2025년 6월부터 준공 30년이 넘은 아파트는 안전진단 없이도 재건축에 착수할 수 있게 되었고, 안전진단 명칭도 '재건축 진단'으로 변경되면서 주거환경 평가 비중이 10년 만에 다시 40%로 상향 조정되었다.

2026년에는 부동산개발사업 관리 등에 관한 법률이 본격 시행되면서 부동산 시장의 거버넌스 체계 역시 완전히 바뀌게 된다. 이 법은 2025년 11월 28일부터 원칙적으로 시행되는데 사업성 평가 제도는 2026년 5월, 보고 의무는 2027년 5월부터 각각 적용된다. 법안에 따르면 일정 규모 이상의 개발 사업은 사업계획과 자금 조달계획 등을 국토부에 보고해야 하며, PF 대출의 필수 요건이 될 수 있는 '사업성 평가 기준'이 강화된다. 또한 분쟁 조정기구가 상설화되어 개발사업 과정에서 발생하는 갈등을 체계적으로 조정할 수 있게 된다.

한편 2026년에는 금리 인하 기조가 본격화될 것으로 전망된다. 한국의 기준금리는 2026년에 약 2.00%로 하락할 것으로 예상되며, 이는 부동산 시장에 새로운 활력을 불어넣을 것이다. 하지만 동시에 2025년 도입된 초강도 대출 규제는 유지될 가능성이 높다. 수도권 주택담보대출 한도를 6억 원으로 제한하고 6개월 내 실거주 의무를 두어 투기적 수요를 원천 차단하면서도 실수요자 중심의 시장을 만들기 위한 수단으로 작용하는 것이다.

이런 세 가지 변화는 독립적인 현상이 아닌 상호 연결된 구조적 전환의 일부다. 공급 부족은 정책 전환을 촉진하고, 정책 전환은 시장 구조의 변화를 가속화하며, 시장 구조의 변화는 다시 새로운 공급 패러다임을 요구하는 선순환 구조를 만들어낼 것이다.

새 정부의 스위치 조절

정권 교체 이후 부동산 정책의 방향은 일견 시장 친화적 기조로 전환되는 듯 보인다. 새 정부는 '규제 완화'와 '공급 확대'를 전면에 내세우고 있는데 그 안에는 투기 억제 장치와 실수요 유도를 위한 정교한 스위치형 전략이 내포되어있다. 예컨대 대출 규제는 초강도로 유지하되, 정비사업 활성화나 세제 완화를 단계적으로 병행함으로써 수요와 공급의 밸런스를 조절하려는 시도가 엿보인다. 집값이 과열될 경우엔 지역 맞춤형 규제(규제지역 재지정, 전매 제한 강화 등)가 작동될 가능성이 크다.

느슨한 세금, 단단한 금융

세제 측면에서 정부는 "세금으로 집값을 잡지 않겠다"라는 기조를 재확인하고 있으며, 보유세나 양도세 중과에 대한 추가 인상은 유보된 상태다. 오히려 거래 활성화를 위한 조치들이 주요하게 논의되고 있는데, 대표적인 예로 양도세 중과 유예(2026년 5월까지), 지방 1주택 종부세 특례 상향(3억→4억 원), 다주택자 종부세 중과 완화 등이 있다.

반면 금융 규제는 한층 강화되고 있다. 2024년 6·27 가계부채 관리방안에 따라 수도권과 규제지역의 주택담보대출 한도는 소득이나 주택 가격과 관계없이 일괄 6억 원으로 묶였으며, 갭 투자성 대출 역시 사실상 차단되었다. 여기에 더해 2025년 7월부터는 '3단계 스트레스 DSR(총부채원리금상환비율)'이 도입되어, DSR 40% 규제가 1억 원 초과 차주까지 확대되고 스트레스 금리 +1.5%가 적용되며 대출 여력은 더욱 제한될 예정이다. 결과적으로 정부는 세제는 느슨하게, 금융은 단단하게 조이는 '세금 완화-레버리지 차단' 모델을 구사하고 있는 셈이다.

공급 절벽을 뚫는 해소 플랜

정비사업 활성화는 공급 측 문제를 해소하기 위한 핵심 전략이다. 특히 3기 신도시의 착공 지연(전체 물량의 6.3%만 착공)과 2026년 서울 아파트 입주 물량 급감(-32.9%)이라는 공급 공백을 메우기 위해, 도심 정비사업의 속도전과 함께 매입임대 확대(11만 호 추진)가 병행될 것으로 보인다. 이러한 흐름은 공급 주도 정책으로의 구조적 전환을 의미한다.

거래세를 풀어 시장을 움직인다

정부는 양도세 중과 배제를 2026년 5월까지 1년 더 연장했고, 이후 이를 상시화할지 여부를 검토하고 있다. 취득세와 보유세에 있어서는 지방 1주택 특례 확대와 다주택자에 대한 취득세 중과 폭 완화가 국회 논의에 올랐다. 종합부동산세는 폐지 가능성까지 언급되지만, 1주택자 완전 면세안은 매물 잠김과 형평성 논란을 불러일으켜 신중하게 접근하고 있다. 이를 모두 종합하면 세제는 '거래세 완화 → 유통량 증가 → 가격 안정화'의 방향으로 이어질 것으로 예측된다.

진자의 복원력

공급 절벽과 금리 하락은 '희소성 프리미엄'을 자극할 가능성이 높다. 특히 강남과 한강벨트를 중심으로 정비사업 기대지역에 매물이 부족하며 이는 국지적 상승의 전조로 해석된다. 이에 정부는 진자振子처럼 작동하는 복원적 규제를 준비하고 있다. 구체

공급 절벽을 해소하기 위한 3단 궤도

단계	예상 완화 장치	시행 시점	기대 및 우려
① 정비사업 패스트트랙	• 재건축 진단 완화 및 안전 진단 면제(준공 30년 이상) • 분쟁조정위원회 신설	2025~2026	신축 희소성 해소, 초기 집값 자극
② 용적률 및 분담금 유연화	• 용적률 상향 • 임대주택 기부채납 확대 • 재건축 초과이익환수제 손질 논의	2025년 하반기 법 개정	사업성 상승, 공공기여 확대
③ 신규 택지 및 추가 신도시 검토	• 수도권 3만 호 신규 택지 상반기 발표 • 추가 신도시는 '명칭 없이 콘셉트 공급'으로 유보	2025~2027	입주 시차(8~10년)로 단기 효과 미미

2025~2027년 부동산 정책과 시장 흐름 예측

구간	정책 톤	공급 및 수요 변수	집값 박스권(서울 평균)
2025년 하반기	금융 고강도, 세제 완화	입주 4.6만호, 금리 2.5%	-2% ~ +2% '숨 고르기'
2026년 상반기	정비사업 완화 본격화	입주 2.4만 호(-48%), 금리 2%대	+3% ~ +7% '희소성 랠리'
2026년 하반기	투기 억제 스위치 발동	DSR 3단계 안착, PF 보증 확대	+1% ~ +4% '관리 장치 구간'
2027년	세제 재조정, 추가 신도시 택지 가시화	공급 공백 지속, 금리 바닥	정비사업 입주 전까지 고점 압력

※ 상승폭은 실물, 금리, 전세 전환률 변동에 따라 ±2%p 오차 있음

적으로는 투기과열지구·토지거래허가구역 재지정, 전매 제한·실거주 의무기간 탄력 조정, DSR·주택담보대출 한도 재강화 및 보증비율 축소 등이 포함된다. 정부는 이러한 스위치를 주기적으로 작동시켜 시장 심리를 조절하려는 전략을 펼치고 있다.

향후 2~3년 간 부동산 시장은 전면적 완화도, 전면적 통제도 아닌 상태일 것이다. 새 정부는 세제와 규제는 완화하되 금융은 조이고, 시장 자율성은 허용하되 레버리지 투기는 억제하는 이중적 전략을 택하고 있다. 2026년 공급절벽이 현실화되는 시점부터는 정비사업 중심의 공급 확대 기조가 가격 반등 압력을 만들 것이며, 이에 대응해 대출 및 거래 규제가 다시 가동되는 '진자 복원'이 반복될 것이다. 따라서 앞으로 2~3년 동안 부동산 시장은 일관된 방향성이 아니라 수요와 공급, 정책 신호에 맞게 스위치가 유동적으로 작동하는 국면으로 진입하게 될 것이다.

시장 모니터링 관점에서 주목할 만한 흐름은 이렇다. 기준금리 인하가 단행되면 예정된 공급 물량에 차질이 생길 가능성이 있으며 이는 곧 서울의 주택 거래량 반등으로 이어질 수 있다. 이러한 거래량 증가는 가격 상승의 선행지표로 작용하며 이에 따라 정부의 규제 스위치가 약 3~6개월의 시차를 두고 가동될 가능성이 있다. 또한 정비사업 분담금과 용적률에 대한 가이드라인이 확정되는 2026년 2분기 이후에는 가격의 변동성이 더욱 확대될 것으로 예상된다.

이제 실수요자와 투자자, 정책당국 모두 이 '가변성'을 이해하고 각자 전략을 정비할 시점에 놓였다. 실수요자는 대출 문턱이 높아진 상황을 고려해 기존 주택담보대출의 상환 여력을 면밀히 점검해야 하며, DSR 40% 이내에서 자금 계획을 세우는 것이 필수적이다. 정책당국은 공급 타임 래그를 줄이기 위해 착공 전 분양 허용 범위를 확대하고 공공 리츠에 민간이 참여할 수 있도록 하는 등 중간 공급 장치를 보다 적극적으로 마련해야 할 것이다.

5가지 무기로 잡는 집값

정부는 다섯 가지 정책 수단을 조합해 집값 상승에 대응할 가능성이 크다. 첫 번째는 조정대상지역 및 투기과열지구 지정 확대다. 최근 가격이 급등한 한강벨트, GTX 호재지역, 1기 신도시 등을 중심으로 조정대상지역 및 투기과열지구로의 재지정 가능성이 매우 높다. 2025년 3월, 강남 3구와 용산 전역이 토허제로 재지정된 이후 마포구, 성동구, 광진구 등 비非강남권으로 수요가 이동하는 풍선효과가 나타난 바 있다. 정부는 이러한 비규제지역에 대해 총선 이후 3~6개월 이내에 신속히 규제를 도입할 수 있음을 공식 시사한 바 있으며 이는 시장 참여자들에게 명확한 시그널로 해석된다.

두 번째는 전매 제한 및 실거주 요건 강화다. 투기과열지구 내 신규 분양 단지에 대한 전매 제한 기간은 최대 10년까지 연장될 가능성이 있다. 동시에 실거주 의무도 강화될 전망이다. 토허제 해제나 투기과열지구 해제 이후에도 실거주 요건을 이행하지 않은 매수자에게 과태료 또는 이행강제금을 부과함으로써, 단순 투자 목적의 비현금 수요에 대한 진입장벽이 한층 높아질 수 있다.

세 번째로 대출 및 유동성 억제 조치 확대가 있다. 6월 27일 발표된 가계부채 규제에 따라 수도권 주택담보대출 한도는 6억 원으로 제한되었고 다주택자 및 갭 투자 목적의 대출은 사실상 전면 봉쇄되었다. 또한 PF 대출에 대해서는 사업성 평가 및 보고 의무 강화를 통해 초기 자금흐름을 제한하고 있으며, 막차 수요를 유발하는 롤오버나 DSR 재조정도 핀셋규제 대상으로 고려되고 있다.

네 번째로 거래 추적 및 가격 담합 단속 강화가 예상된다. 정부가 앞으로 실거래가 신고 즉시 조사 체계를 강화하고, 다운계약이나 허위 거래 적발을 위한 단속을 확대할 의지를 표명하면서 특정 지역 내에서 발생하는 가격 담합, 유튜브나 네이버 카페를 통한 호가 담합 등 시장 질서를 왜곡하는 행위에 대해서도 집중 단속이 예고되고 있다.

마지막으로는 맞춤형 규제-완화의 '스위치 전략'을 살펴볼 수 있다. 정부는 집값 상승이 과열 양상을 보이는 지역에 대해서는 규제를 신속히 재도입하면서, 반대로 미분양이 늘거나 시장이 침체된 지역에는 대출 완화 및 공급 인센티브를 병행하는 이른바 '스위치 전략'을 고수할 것으로 보인다. 이러한 전략은 지역별로 정책의 탄력성을 높이면서도 시장 전체의 균형을 도모하기 위한 조치로 해석된다.

전략은 가변적이어야 한다

이와 같은 대출 및 거래 규제가 강화되면 단기적 급등세는 진정될 수 있다. 그러나 서울과 수도권 핵심지는 여전히 다주택 규제가 유지되고 있고 신규 공급이 본격화되기까지 상당한 시차가 남은 상황이다. 따라서 거래 위축, 호가 방어, 프리미엄 심화가 반복되는 '거래잠김 현상'이 나타날 가능성이 크다.

또한 정부의 규제-완화 스위치는 지역 간 풍선효과를 유발할 수 있으므로, 투자자는 각종 규제 캘린더(지정 및 해제 시점), 자금 조달 리스크, 분양권 전매 및 실거주 요건 등 복합적인 변수들을 세밀하게 점검해야 한다.

이런 상황에서 정책 변화에 유연하게 대응하는 전략은 반드시 필요하다. 새 정부는 단기적인 가격 급등을 억제하기 위해 조정대상지역 및 투기과열지구 확대, 전매 제한 및 실거주 요건 강화, 대출 및 유동성 규제 강화, 거래 추적 및 담합 단속을 신속히 시행할 가능성이 높다. 그러나 이러한 조치들은 고정된 규제가 아니라 시장 상황에 따라 유동적으로 변화하는 '가변 전략'의 일환으로 이해해야 한다.

따라서 실거주자와 투자자는 모두 정책의 방향성과 전환 시점을 면밀히 관찰하면서 민첩하게 대응할 수 있는 전략을 수립해야 할 것이다.

금리 인하와 기대심리의 줄타기

2025년 하반기의 한국 경제는 기준금리 인하 기대와 부동산 시장 과열 우려라는 상반된 정책 목표 사이에서 복잡한 균형을 모색하고 있다. 한국은행은 실물경기 회복을 위한 조치로 올해 들어 기준금리를 두 차례 인하하여 현재 2.50%를 유지하고 있으나, 동시에 수도권 주택가격의 급등세를 억제해야 하는 과제를 안고 있다.

이런 상황 속에서 '6·27 부동산 대출 규제' 같은 강력한 금융규제가 시행되었음에도 부동산 시장의 기대심리는 쉽게 꺾이지 않고 있다. 이는 기준금리와 주택가격 사이의 관계가 단순한 반비례를 넘어 보다 복합적인 상호작용을 띠고 있다는 점을 시사한다.

우선 한국은행은 2025년 경제성장률 전망치를 0.8%로 대폭 하향 조정하며 통화완화의 필요성을 강조했다. 1분기 성장률이 -0.2%를 기록하고 미국의 관세정책 변화로 수출 둔화가 우려되는 상황에서, 기준금리 인하는 불가피한 선택이었다. 소비자물가 상승률이 2.2%에서 1.7% 수준으로 안정되면서 2% 물가목표에 근접하게 되었고, 금리 인하의 정책 여력을 확보하는 요인으로 작용했다. 더불어 미국 연준의 금리 인하 기조와 원·달러 환율의 안정은 외환시장 방어 부담을 줄이는 긍정적 배경이 되었다.

그러나 금리 인하가 대출 금리로 직접 연결되는 과정은 생각보다 원활하지 않았다. 2025년 4월 기준 주택담보대출 금리는 전월 대비 0.19%p 하락해 3.98%를 기록했지만 은행들이 가산금리 조정을 통해 전달 속도를 제한하고 있어 차주가 체감하는 효과는 미미한 수준에 그쳤다.

부동산 시장의 기대심리 변화 패턴

한편 부동산 시장의 기대심리는 같은 시기 급격히 요동쳤다. 주택가격전망지수는 2월 99에서 6월 120으로 4개월 연속 상승해 2021년 10월 이후 최고치를 기록했는데 6월 27일 발표된 대출 규제 시행 이후 7월에는 109로 급락하며 11포인트 하락했다. 이는 정책 개입이 시장 심리에 강한 영향을 미친 사례로 해석된다.

한국은행의 분석에 따르면, 주택가격 기대심리는 실제 가격에 선행하며 자기실현적 특성을 보였다. 특히 주택가격과 가계부채가 기대심리 상승 이후 7~8개월 후 최대 수준에 도달한다는 분석은, 현재의 기대심리 변화가 향후 실제 가격에 구조적인 영향을 미칠 수 있음을 시사한다.

규제 예고가 불러온 막차 열풍

정부는 이를 억제하기 위해 수도권 주택담보대출 한도를 6억 원으로 제한하고 다주택자에 대한 LTV를 0%로 설정하는 한편, 6개월 내 실거주 의무를 부과하는 등 투기적 수요를 원천 차단하는 정책을 단행했다. 아울러 3단계 스트레스 DSR이 7월부터 적용되며 1.5%의 스트레스 금리를 100% 반영, 실제 대출 한도를 대폭 축소시키고 있다. 예를 들어 연소득 6000만 원인 차주의 경우, 대출 가능 금액은 기존 4억 1900만 원에서 3억 5200만 원으로 6700만 원이 줄어든다.

흥미롭게도 이런 규제 예고는 '막차 수요'를 유발하는 역설적 현상을 낳았다. 5월 기준 5대 시중은행의 가계대출 잔액은 4조 9964억 원 증가하며 연중 최대 증가폭을 기록했고, 이는 규제 시행 이전에 대출을 받으려는 수요가 몰렸다는 점을 뚜렷이 보여준다.

통화정책과 주택가격의 관계성

통상적으로 금리와 주택가격은 반비례 관계를 보이며 기준금리가 0.25%p 인하되면 전국 주택가격 상승률은 0.43%p, 서울은 0.83%p 상승한다는 한국은행의 연구 결과가 있다. 그러나 현재는 이러한 전통적 메커니즘이 제한적으로만 작동하고 있다. 고강도의 대출 규제가 기준금리 인하와 주택가격 상승을 잇는 경로를 차단하고 있기 때문이다.

게다가 이런 영향은 지역별로 다르게 나타난다. 서울 강남권과 같은 핵심 지역은 현금 유동성이 풍부한 실수요자 위주 거래가 많아 규제의 영향이 크지 않지만, 지방의 경우 금리 인하가 더 강한 효과를 발휘할 가능성이 있다. 이처럼 정책 효과는 지역, 계층, 수요 성격에 따라 다르게 작용하고 있다.

정책 딜레마와 2026년 전망

한국은행은 서울 일부 지역의 주택가격 상승과 가계부채 확대를 우려하며, 기준금리 결정에 있어 주택시장 동향을 주요 변수로 고려하고 있다고 밝혔다. 통화정책이 실물경기뿐만 아니라 자산시장 안정이라는 이중 과제를 안게 된 것이다.

현재 정부는 세제는 완화하되 레버리지를 억제하는 모델을 통해 정책의 균형을 도모하고 있다. 이는 실물경기 부양과 부동산

안정이라는 두 목표를 동시에 추구하는 절충적 전략으로 평가된다. 다만 이러한 대출 규제의 효과가 일시적일 가능성도 제기된다. 공급이 부족하고 신축 분양가는 상승하는 가운데, 치열한 청약 경쟁이 지속되는 구조적 문제는 여전히 존재하기 때문이다.

신도시 3단 전략, 기대와 현실의 간극

2026년 정부가 추진하려는 주택 공급 확대 정책은 서울과 수도권의 구조적인 공급 부족을 해소할 수 있는 가장 직접적인 수단으로 평가된다. 그러나 재원 및 분담금 갈등, 교통 및 인프라 지연, 토지보상과 PF 자금 조달의 경색이라는 현실적인 장애물로 인해 2026년에도 공급 절벽 위험은 여전히 높다.

2026 주요 주택 공급 정책과 과제

정책	세부사항	일정	공급량	장애물
1기 신도시 신속 재개발	용적률 300~350% 상향, 30년 경과 단지 안전진단 없이 착수 가능	2027년 착공, 2030년 입주 목표	13개 선도지구 약 3.6만 가구	분담금 증가로 주민 갈등, 조합원 동의율 문제
교통 편리한 2기 신도시 건설	기존 2기 신도시 활성화, 역세권 고밀 개발	진행 중 (지역별 상이)	총 55만 가구 (기 추진)	교통망 구축 지연, 광역 교통 연계성 부족
자족 기능 갖춘 3기 신도시 건설	기존 계획 속도 제고, 용적률 200% → 300~350% 검토	2026년 1.3만 가구, 2027년 9.6만 가구 입주	총 18.6만 가구 (왕숙, 교산, 창릉, 대장, 계양)	착공률 6.3%, 토지보상 지연, 군부대 이전 문제

1·2·3기 신도시, 서로 다른 속도와 변수

먼저 분당, 일산 등 1기 신도시의 고밀 재건축이 본격화되고 있다. 노후된 13개 구역의 약 3.6만 가구는 용적률이 300~350%까지 상향되며 고밀도 정비사업이 추진되는 중이다. 이로 인해 1기 신도시의 39만 가구 중 9%의 선도 물량만으로도 강남을 대체할 수준의 신축 공급 충격이 발생할 수 있다. 여기에 상업, 업무 복합 개발이 결합되면 분당과 일산은 수도권 R&D, IT 중심지로 재편될 가능성도 있다.

2기 신도시인 판교·동탄·위례 등은 GTX, SRT 역세권 중심의 복합개발이 추진되며 자족용지에 대한 용적률 인센티브가 도입되고 있다. 이를 통해 미공급 부지 약 55만 가구 중 상당 물량의 활성화가 기대된다. IT 캠퍼스타운이나 도심형 물류센터(MFC) 유치가 실현될 경우, 해당 지역은 기존의 주거 중심 도시에서 직주결합형 도시로 전환될 수 있다. 이는 수도권 동남부 주택가격의 분산 효과로도 이어질 수 있다.

3기 신도시는 왕숙·교산·창릉·대장·계양 등 총 18.6만 가구가 계획되어있으나, 현재까지 착공률은 6.3%에 불과하다. 이에 정부는 공급 속도를 높이기 위해 용적률을 300%까지 상향하고 조기 분양도 검토하고 있다. GTX-A·B·C 노선과 연계될 경우 서울 도심 30분대 통근권 확장이 가능하며 공공분양 비중이 47%에 달해 실수요자의 내 집 마련 통로로도 기능할 수 있다.

2026 공급 확대의 현실적 장애물

구분	공통 장애 요인	2026년 영향
재원 및 분담금	공사비 30% ↑, 추가분담금 갈등 → 조합 동의율 저하	1기 신도시 선도지구 일부 지연, 내홍 가능성
교통 및 인프라	GTX-A 창릉역 3~4년 연기, GTX-D 예비타당성 조사 미통과	2·3기 신도시 '선 입주·후 교통' 리스크 확대
토지보상 및 PF	3기 신도시 보상률 65% 미만, PF 자금 경색	착공률 저조·사전청약 포기 → 공급 공백 가중
시장 규제	6·27 대출 제한, DSR 3단계 도입	현금 비중 큰 고가·신축 쏠림, 지방 미분양 심화

속도 대신 타이밍을 읽어라

표면적으로는 공급 확대가 진행 중이지만 실질적인 실행 과정에서는 여러 난관이 있다. 1기 신도시는 주민과의 분담금 갈등과 PF 자금 조달 불확실성이 존재하며, 2기 신도시는 복합개발을 위한 도시계획 조정 지연이 문제로 작용하고 있다. 3기 신도시는 토지보상 갈등과 교통망 확정 지연, 그리고 사업성 불확실성이 병존하고 있다.

정부의 3단계 신도시 공급 정책은 분명 시장의 공급 압력을 해소할 잠재력을 지니고 있지만, 실수요자와 투자자 입장에서 중요한 것은 '언제, 어디서, 얼마나 공급이 현실화될 수 있는가'가 될 것이다. 따라서 신도시별로 다른 전략을 취해야 한다.

1기 신도시의 고밀 재건축은 자산 가치 상승 여지를 만들 수 있지만 분담금, 사업성, 주민갈등이라는 복합 변수로 인해 매입 시점과 지역 선택에 고도의 선별 전략이 필요하다. 투자자는 지정 발표가 아닌 실제 착공과 인허가 여부를 선행지표로 삼아야 하며, 실수요자는 향후 DMC 트램, GTX 연계 확정 여부 등의 인프라 확충을 실거주 기준으로 삼는 것이 합리적이다.

2기 신도시는 개발 방향이 자족형으로 진화 중이지만 복합개발과 인프라 투자의 성과가 나타나기까지는 시차가 존재한다. 입주 가능 시점이 2028년을 넘는다면 실수요자에겐 중장기 전략이 되어야 하며, 투자자에겐 분양권 거래와 법인 규제 여부가 중요한 기준이 된다.

3기 신도시는 여전히 착공률이 낮고 교통망이 불투명하다. 정부의 의지와 달리 현금 유동성과 PF 리스크가 실행을 가로막고 있어 실질 공급은 2027년 이후가 될 가능성이 높다. 이는 지금 당장의 투자 타이밍이 아니라는 신호로 읽어야 한다.

공급 공백이라는 기회

이처럼 공급이 쉽지 않은 상황에서는 투자자와 실수요자 모두 공백의 공간을 먼저 읽어야 한다. 도심의 공실 오피스 리모델링, 소규모 재건축, 역세권 복합개발과 같은 틈새 공급 대안은 실질적이고 빠르게 상품화될 가능성이 있다.

이런 자산은 일반 아파트와 달리 규제의 완화 수혜를 받기 쉽고, 공급 시차도 짧아 단기, 중기 모두 기회가 될 수 있다. 실수요자에게는 청약이 아닌 전환 임대 또는 공공 리츠 입주의 방식으로 접근할 수 있는 주거 수단이며, 투자자에게는 공공과의 지분 참여형 개발이라는 새로운 포맷이 될 수 있다.

공급 계획은 많지만 확정된 것은 거의 없다. 발표는 있지만 착공은 적고, 인프라 약속은 있지만 예산은 제한적이다. 실수요자와 투자자 모두 공급 발표를 따라가는 것이 아니라 실행률, 교통망 확정, 재원 확보의 3대 조건이 충족된 곳에만 반응해야 한다.

실수요자는 '똘똘한 한 채'에만 집착할 것이 아니라 교통망이 먼저 움직이는 지역을 선점하고, 입주까지의 시차와 기회비용을 비용화하는 전략이 필요하다. 한편 투자자에게는 '싸게 사서 오래 기다리는' 전략보다 수급 격차가 벌어질 타이밍에만 참여하는 유연한 전략이 유효하다.

1기 신도시 재정비 투자 체크리스트

2026년 이후 1기 신도시 재정비는 '공공성 강화'라는 제약 속에서도 여전히 선별적 투자 기회를 내포하고 있다. 수익률은 희석되었지만 정책 타이밍, 입지 희소성, 실행력에 따라 위치와 시점별로 편차가 크게 벌어지는 구조다. 때문에 분당·평촌, 일산·중동, 산본 등 5개 신도시는 제각기 다른 투자 전략이 필요하다.

가장 먼저 확인해야 할 요소는 공공기여 부담, 임대주택 비율, 이주 및 금융 타이밍이다. 공공기여 부담은 단지별 사업성에 가장 큰 영향을 미치는 요소다. 1기 신도시의 선도지구 대부분은 공공기여율이 10~15%까지 상향되어있으며 일부 대형 단지는 통합 기준으로 기여금 총액이 1조 원에 달할 것으로 추정된다. 다만 현재 성남시 등 일부 지자체는 기여 부담 완화를 검토 중이며, 만약 확정된다면 해당 지역은 가장 빠른 프리미엄 1차 반등 구간이 될 가능성이 높다.

임대주택 비율과 공공성 항목 역시 수익률을 결정짓는 핵심이다. 정부는 임대비율 12%, 장수명 인증 등 가산점 항목을 통해 공공성을 확대하려 하고 있으나, 이는 일반분양 비율을 축소시키며 분담금 인상 압력을 높이는 구조다. 다만 임대항목이 완화될 경우, 일반분양 확대 및 수익성 개선 여지가 생기므로 지속적으로 규제 수위 변화를 추적할 필요가 있다.

한편 이주 및 금융 조달 타이밍도 주목해야 한다. 대부분의 신도시는 2027년에 착공해 2030년에 입주하는 것을 목표로 삼지만, PF 경색과 공공기여 유동화 지연 등으로 일정 지연 가능성이 높다. 특히 조합 설립 이후에도 토지등소유자의 90% 동의 확보가 필요하며 예비사업시행자 지정 등의 관문을 통과해야 한다. PF 보증이나 HUG 대환 여부 역시 사업 가동의 분기점이 될 수 있다.

분당과 평촌은 여전히 '1기 신도시 선도주'로 평가받는다. 교통, 학군, 생활 인프라, 브랜드 파워에서 모두 압도적인 평가를 받고 있고 공공기여나 분담금 부담이 크더라도 수요는 쉽게 꺾이지 않는다. 특히 GTX-A 예정과 분당선 연장 호재가 겹치는 지역은 공공기여 축소나 임대비율 완화 발표 시 가장 빠르게 가격이 반응할 가능성이 높다.

일산과 중동은 상대적으로 저평가되고 있지만, GTX-A·B 개통 시점과 맞물리면 반등력을 가질 수 있다. 다만 기반시설이나 교통 혼잡도, 사업성 측면에서는 분당에 비해 제한적이다. 이 때문에 공공기여 부담을 상쇄할 수 있는 상승 모멘텀이 반드시 필요하며 이

지역은 한 번에 진입하기보다 저점 구간을 나눠서 진입하는 분할 매입 전략이 적절하다.

산본은 서울과의 접근성이 가장 떨어지지만, 그만큼 분담금이 가장 낮고 LH나 공공 신탁이 위험 부담을 일정 부분 흡수하는 구조다. 이는 자금 여력이 적은 투자자에게는 리스크 대비 안정성이 높은 틈새형 단지로 작용할 수 있다. 단기 시세 차익보다는 전월세 중심의 현금 흐름형 투자 전략이 유효하다.

==정책적으로는 2025년 하반기 특별정비계획 승인 이후, 기본계획 면제 단지, 안전진단 제외 단지가 확정되며, 본격적인 온도차가 벌어질 것으로 예상된다.== 특히 공공기여 축소, 임대비율 완화가 확정되는 단지는 가장 먼저 가격이 1차 점프할 것이다.

2026년 상반기에는 통합심의와 사업시행인가가 추진되며 토지등소유자 동의율이 75%냐 80%냐 90%냐에 따라 같은 지역 내에서도 단지별로 가격이 차등적으로 반영될 가능성이 높다. 이 시기에는 분담금 윤곽도 드러나 조합원 매물이 본격적으로 움직일 수 있다.

2027~2030년에는 이주 및 착공이 본격화되면서 이주 수요가 일시에 몰릴 가능성이 있다. 이는 해당 시기의 전월세 시장을 압박하게 되는데, 중소형 평형 전세나 근접 신축 전세를 보유한 투자자에게는 공급 공백기에 따른 높은 임대수익 방어 기회로 작용할 수 있다.

공공기여 확대, 임대비율 강화 등으로 인해 1기 신도시 재건축의 수익률은 과거보다 분명히 낮아졌다. 그러나 세 가지 핵심 조건인 공공기여 및 임대 규제 완화 속도, GTX 개통 시점 및 교통 확정 여부, 대지지분과 분담금 구조를 기준으로 단지를 선별한다면 여전히 중장기적으로 안정적인 투자 테마가 될 수 있다. 정비사업은 시간이 걸리는 레이스지만 기초 체력과 외부 조건을 잘 점검한다면 돈이 들어오는 자리는 존재할 것이다.

'얼죽신'의 강세

2025년 하반기 한국 부동산 시장에서 '얼죽신(얼어 죽어도 신축)' 현상은 단순한 선호 트렌드를 넘어 시장 구조를 좌우하는 변수로 부상했다. 수도권 신축 아파트의 분양가는 3.3㎡당 3000만 원에 육박하고 있고, 서울은 4608만 원을 돌파했음에도 신축 아파트에 대한 수요는 오히려 더욱 확대되고 있다.

이런 흐름은 최신 설계를 반영한 평면 구조, 빌트인 가전과 같은 편의 시설, 친환경 및 스마트 시스템 도입 등으로 인해 구축 아파트와의 격차가 벌어진 결과다. 신축 아파트가 가격 상승 및 미래가치 측면에서 우위를 점하고 있다는 인식이 확산되면서, 수요는 더욱 집중되고 있다.

압도적 격차의 시작

한국부동산원에서 발표한 자료에 따르면, 2024년 12월 기준 전국 아파트 매매가격지수 변동률은 준공 5년 이하 아파트가 1.60%로 가장 높게 나타났다. 이어 10년 초과~15년 이하가 0.88%, 5년 초과~10년 이하가 0.44%를 기록해 연식이 짧을수록 상승률이 높은 경향이 뚜렷하게 확인되었다.

수도권에서는 그 격차가 더욱 극명하게 드러났다. 5년 이하 신축 아파트의 가격 변동률은 수도권에서 3.39%, 서울에서 7.78%, 인천에서 5.49%에 달해 타 연식 대비 가장 높았다. 이와 같은 추세는 2025년 상반기에도 이어져, 4월 기준 전국 신축 아파트 매매가격지수는 전년 동기 대비 4.08%, 수도권은 7.64% 상승하며 강세 흐름을 지속했다.

신축 아파트의 가장 두드러진 장점은 하락기에도 강한 가격 방어력을 유지한다는 점이다. 2023년 금리 상승 등의 요인으로 아파트 시장이 조정 국면에 접어들었을 당시, 5년 이하 아파트의 변동률은 -0.27%로 가장 낮은 하락폭을 기록했다. 반면 20년을 초과한 아파트는 -3.70%, 15~20년은 -3.05%, 10~15년은 -2.34%를 기록하며 연식이 오래될수록 하락폭이 커지는 경향을 보였다.

이는 신축 아파트가 시장 변동성에 대한 유효한 헤지 수단으로 작용하고 있음을 보여준다.

얼죽신에 접근하는 열쇠

실수요자라면 먼저 분양가 상한제 적용 단지에 주목할 필요가 있다. 주변 시세 대비 60~70% 수준으로 공급되는 이들 단지는 안전 마진이 확보되어 손실 가능성이 상대적으로 낮다. 2025년 하반기까지 서울 및 수도권에서 약 23개 단지, 총 1만 9700가구가 공급될 예정이며 이 중 1만 5244가구가 일반 분양으로 예정되어 있다.

치열해진 청약 경쟁 속에서 청약 전략의 정교화 또한 요구된다. 고덕강일 대성베르힐 단지가 입주자 모집 공고 직후 2만 9000명이 넘는 방문자를 기록하는 등, 청약 경쟁이 점점 치열해지고 있어 청약통장 관리와 조건 충족이 절대 과제로 떠올랐다.

마지막으로 GTX 및 지하철 등 교통 인프라가 우수한 역세권 신축 단지에 집중해야 한다. 이러한 단지는 향후 매매뿐 아니라 전세와 월세 수요도 견조하게 유지될 가능성이 높아 투자 가치를 강화시킨다.

투자자를 위한 대응 전략도 살펴보자. 신축 가격이 급등함에 따라 투자자들이 관심을 돌리고 있는 6~10년 차 준신축 아파트를 눈여겨볼 필요가 있다. 2025년 5월 기준 준신축 아파트 가격은 전년 동기 대비 4.9% 상승해 상대적 가성비가 부각되고 있다.

지역별로는 전략적 분화가 필요하다. 강남권은 재건축 추진 단지를 중심으로 프리미엄을 추구하고, 한강변은 조망권을 갖춘 신축 단지를 통해 대체 투자처로 활용할 수 있으며, 1기 신도시는 재건축 대기와 신축 매입을 병행하는 선택적 접근이 요구된다. 또한 현금 중심의 투자 구조도 유효하다. 6·27 대출 규제로 수도권 주택담보대출 한도가 6억 원으로 제한된 상황에서, 현금 동원력이 있는 투자자가 시장을 주도하고 있어 레버리지보다는 자금력 중심 전략이 더 효과적이다.

10년 뒤에도 팔릴 신축의 조건

장기 보유 관점에서는 첫째, 환금성을 고려한 단지 선택이 중요하다. 다시 말해 미래에도 수요가 유지될 만한 입지와 상품성을 갖춘 신축이 우선 고려 대상이며, '30대 자녀가 사고 싶어 하는 집'을 고른다는 기준이 실수를 줄이는 전략이 될 수 있다.

둘째로 커뮤니티 시설의 품질이 거주 만족도는 물론 자산 가치 유지에도 기여한다. 골프 연습장, 수영장, 헬스장 등 다양한 커뮤니티 시설을 갖춘 아파트는 향후 거래 시 차별화된 경쟁력을 제공한다.

사그라들지 않는 '얼죽신' 현상은 일시적 트렌드가 아닌 구조적 전환의 신호로 볼 수 있다. 공급 절벽과 분양가 상승이라는 이중 압박 속에서 신축 아파트의 프리미엄은 더욱 심화될 가능성이 높다. 따라서 성공적인 시장 대응을 위해서는 신축 선호를 넘어 입지 조건, 상품성, 유동성, 정책 환경 등을 종합적으로 고려한 전략적 접근이 필요하다.

분양가 상한제 단지를 통한 안전 마진 확보, 준신축 아파트로의 수요 이동 활용, 역세권 및 교통 호재 지역 중심의 선별 투자, 현금 중심 투자 구조 구축, 환금성과 커뮤니티 시설을 고려한 장기 보유 전략을 마련할 때, 얼죽신 시대를 성공적으로 통과할 수 있을 것이다.

똘똘한 한 채의 다음 목적지

여러 채를 보유하기 어려운 세금·대출 규제의 환경 속에서, 한 채라도 자산 가치가 높고 방어력 있는 '좋은 집'에 집중하려는 전략이 여전히 유효한 흐름으로 나타나고 있다.

세제 측면에서는 다주택자에 대한 보유세, 양도세 중과가 유예되었을 뿐 폐지된 것은 아니다. 금융 측면에서도 토허제 지역은 실거주 2년이라는 요건 때문에 전세 레버리지를 활용하기 어려워 자금력 있는 단일 보유 전략이 유리하다. 공급 측면에서도 서울은 2026년 아파트 입주 물량이 2만 8700가구 내외에 그쳐, 전년 대비 32.9% 감소해 역대 최저 수준이며 이로 인해 신축 및 재건축 단지의 희소성이 크게 부각되고 있다. 여기에 더해 30세 인구와 1인 가구 증가로 연간 50만 호 이상의 수요 기반이 유지되어 전세 소멸 트렌드까지 겹쳐 매매 전환 수요는 오히려 늘어나는 추세다.

강남을 떠난 돈, 한강벨트로 몰리다

'똘똘한 한 채'의 흐름이 지속되는 상황에서 강남 3구의 매매가격이 3.3㎡당 평균 6600만 원(2024년 3월 기준)을 넘어서며 전세가율은 30%대까지 떨어졌고 갭 투자 문턱도 급격히 높아졌다. 여기에 6·27 대책에 따른 주택담보대출 6억 원 상한, 3월 토허제 재지정까지 겹치면서 투자 수요는 강남을 떠나 인접 한강벨트로 확산되고 있다.

마포구와 양천구는 전고점을 돌파했고, 광진구와 강동구도 99% 수준까지 회복되며 '똘똘한 한 채' 갈아타기 수요가 한강변 아파트의 가격을 끌어올리고 있다. 특히 2025년 6월 넷째 주를 기준으로 서울 아파트값 상승률(0.43%) 중 성동(0.99%), 마포(0.98%), 광진(0.59%) 등의 비강남권이 상승을 주도하는 모습을 보였다. 지방 고자산가들의 외지인 매입도 마용성, 강동으로 집중되는 모습을 보인다. 2024년 1~3월을 기준으로 서울의 외지인 매입을 살펴보면 총 4127건 중 37.8%가 이 지역에 집중됐다.

이에 따라 강남, 용산의 거래는 크게 줄었지만 호가는 여전히 견고하게 유지되고 있다. 단기 급등은 어렵더라도 토허제 만료 시점 전후의 연장 여부에 따라 방향이 갈릴 수 있다.

한편 성동, 광진, 강동, 마포 등 규제 외곽 지역은 토허제 풍선 효과가 당분간 지속될 전망이다. 정부는 과열 시 추가 지정 방침을 밝히고 있지만, 실제 지정은 보통 3~6개월의 시차가 발생하므로 단기적으로는 가격 탄력이 유지될 가능성이 높다.

투자를 위한 시그널

먼저 규제 캘린더를 살펴보면, 토지거래허가제(토허제)의 1차 만료 시점은 2025년 9월 30일로, 연장 여부는 시장 흐름에 상당한 영향을 미칠 것으로 보인다. 또한 2025년 7월부터는 스트레스 DSR 3단계가 시행되어 대출 여력이 한층 더 제한될 전망이다.

다음으로 수급 격차도 중요한 변수다. 2026년까지 서울의 신축 아파트 입주 물량은 3만 호 미만으로 예상되지만, 전세 수요는 23만 호 이상에 이를 것으로 전망된다. 이로 인해 신축 한강변 단지는 매매와 전월세 시장 모두에서 희소성 프리미엄이 작용할 가능성이 높다.

단지별 특성에 따른 구분도 필요하다. 토허제 구역 내 재건축 단지들, 예컨대 압구정이나 이촌은 규제 해제에 대한 기대감이 있지만, 이들 지역에 투자하려면 상당한 현금 여력이 필요하다. 반면 규제 밖에 위치한 신규 분양 단지(잠실 르엘, 하남 시네폴리스 등)는 청약 경쟁이 과열될 가능성이 높다.

끝으로 실거주 요건과 세제 리스크도 간과해서는 안 된다. 토허제 지역 내 주택을 매입할 경우 2년 실거주 의무를 반드시 이행해야 하며, 이를 지키지 않으면 매매계약이 취소되거나 실거래가의 최대 10%에 달하는 이행강제금이 부과될 수 있다.

한강벨트 투자의 정밀 타깃팅

'똘똘한 한 채'에 대한 수요는 단기간에 꺾이지 않을 것으로 보인다. 하지만 강남과 용산의 사례에서 보듯, 규제가 강하게 작동하는 지역에서는 가격은 유지되지만 거래가 멈추는 현상이 반복될 수 있다. 한강벨트 전반의 가격은 공급 절벽과 저금리 사이클의 영향을 받아 당분간 상승 흐름을 이어가겠지만, 정부의 규제 스위치가 작동하는 순간부터는 상승 탄력이 크게 둔화될 가능성이 높다. 정부는 마포, 성동, 강동 등도 상황에 따라 토지거래허가구역이나 투기과열지구로 추가 지정할 수 있다는 입장을 밝힌 바 있다.

따라서 한강벨트 투자는 보다 정교한 '핀셋 대응'이 필요하다. 구체적으로는 첫째, 토허제 만료 시점과 추가 지정 여부 등 규제 캘린더를 면밀히 살펴야 하고, 둘째, 각 단지의 공급 파이프라인, 즉 재건축 추진 속도와 신규 분양의 시차를 고려해야 하며, 셋째, 자금 조달 여력, 즉 주택담보대출 6억 원 한도와 DSR 40% 규제 안에서의 자금 전략을 명확히 세워야 한다. 무리한 레버리지보다는 실거주 목적과 장기 보유를 기반으로 한 신중한 접근이 향후 시장의 변동성 속에서도 안정적인 수익을 확보하는 가장 현실적인 전략이 될 것이다.

강남 불패 신화와 투자 맵

2025년 강남권 부동산 시장에서 뚜렷한 변화가 포착되었다. 전통적으로 자산가들은 강남의 상업용 빌딩에 투자하는 경향이 뚜렷했지만, 2025년 들어 이 자금이 점차 초고가 아파트로 이동하고 있는 것이다.

상업용 빌딩은 여전히 거래량과 임대수익 측면에서 매력적이지만, 일부 투자자들은 공실 위험과 관리 부담을 회피하며 주거용 자산으로 눈을 돌리고 있다. 특히 강남, 서초, 송파 등지에서는 15억 원 초과 아파트의 거래 비중이 전체의 20%를 넘어섰고, 50억 원 이상의 거래도 더는 드물지 않다. 최근 초고가 아파트의 평균 거래가격은 69억 원에 이른다.

금리 인하 기대와 공급 부족, 그리고 '강남 불패'라는 상징성까지 더해지면서 자산가들은 이제 거주와 투자를 겸할 수 있는 고급 아파트를 선호하고 있다. 이처럼 강남권의 '똘똘한 한 채'에 대한 집중은 투자판 전체의 무게 중심을 옮기고 있다.

내수 침체 속 자산 쏠림 현상

2025년 대한민국의 내수 경기는 소비와 투자가 모두 제한적인 회복세에 머무는 추세였다. 기준금리는 낮아졌지만, 경제성장률은 1.6~1.7% 수준에 그치고 건설 경기도 여전히 회복 탄력이 약하다는 평가를 받고 있다.

글로벌 경제의 불확실성과 부동산 정책의 온오프 스위치(조정대상지역·DSR 등)도 투자 심리에 영향을 준다. 하지만 경기 불안이 클수록 자본은 더 안전하고 검증된 자산으로 몰린다. 결국 시장은 단기 수익보다 강남 신축, 한강벨트, 초고가 주택 등 희소성 높은 부동산에 더 주목하게 될 것이다.

강남 재건축이 주는 신호

2025년 6월, 서울시는 강남구와 송파구의 주요 재건축 추진

아파트 14개 단지, 총 1.43㎢ 구역을 2026년 6월 22일까지 1년간 토지거래허가구역으로 재지정했다. 이번 조치는 강남구 대치동, 삼성동, 청담동에 위치한 10개 단지와 송파구 잠실동의 4개 단지를 포함하며, 압구정과 잠실 등 강남권 핵심 재건축 지역 대부분을 아우른다.

토지거래허가구역으로 지정이 되면 주거지역 6㎡, 상업지역 15㎡를 초과하는 매매는 해당 구청의 사전 허가를 받아야 하며 실거주 목적이 아닌 매입, 즉 갭 투자나 전세를 낀 매입은 원천적으로 차단된다.

이러한 재지정 조치는 강남구, 송파구 재건축 시장 전반에 중대한 영향을 미치고 있다. 우선 가장 두드러지는 변화는 투자 수요의 급격한 차단이다. 규제 직후 강남 3구 전체 아파트 거래량은 허가 해제 기간이었던 2~3월 대비 약 3분의 1 수준으로 줄었고, 강남구와 송파구 각각의 4주간 허가 신청 건수도 205건에 불과해 예년보다 현저히 감소했다.

이와 함께 신축 및 재건축 아파트 매입은 최소 2년 이상 실거주가 가능한 수요자에게만 허용되어 갭 투자나 단타 매매가 사실상 봉쇄되었다. 그 결과, 현금 보유 실거주자와 기존 조합원 중심의 시장 구조가 더욱 고착화되고 있으며, 대출이나 레버리지를 활용한 신규 투자 진입이 막히면서 자금력 중심의 보유 경쟁이 심화되고 있다.

재건축 단지별로는 사업 속도의 단기 둔화 가능성이 제기되고 있다. 거래 자체가 위축되면 조합원 교체나 지분 쪼개기, 투자자 신규 유입 등이 어려워지고, 이는 곧 거래절벽과 사업 추진 동력 약화로 이어질 수 있다. 그럼에도 불구하고 가격 하방 경직성은 여전하다. 실수요 위주의 호가는 강세를 보이고 있으며, 해제와 재지정이 반복되는 구간에서도 강남구 아파트는 오히려 61% 가까이 상승한 사례도 있어, 거래는 없지만 신고가가 갱신되는 상황이 이어지고 있다.

이런 규제는 강남권 내부의 수요를 인접 지역으로 밀어내는 풍선효과도 유발하고 있다. 투기수요 차단이 허가구역 외부로의 수요 이전을 유도하며 실제 인접 자치구의 실거래량이 빠르게 반등하는 양상도 반복되고 있다. 이는 결과적으로 강남권의 집값 상승세를 일정 부분 억제하면서도 외곽 시장의 가격 불안정성을 높일 수 있다.

한편 실거주자 관점에서는 형평성과 시장 질서 회복 효과도 나타나고 있다. 실거주 목적 거래 외에는 매입이 불가능해짐에 따라 실수요 중심의 매매 질서가 정착되고, 단기 차익을 노리는 투기적 거래가 줄어들면서 가격 왜곡 현상은 완화되고 있다.

향후 부동산 시장에서는 몇 가지 중요한 파생 효과가 예상된다. 먼저 단기적으로는 거래절벽과 박스권 흐름, 또는 신고가 수준의 호가 경직 상태가 이어질 가능성이 높다. 실질 거래는 제한되지만, 호가는 내려오지 않으면서 매도자와 매수자 간 눈치 싸움이 지속될 수 있다. 반면 향후 규제가 완화되거나 허가구역이 해제될 경우, 누적된 매수 대기 수요가 빠르게 반응하면서 단기 급등이 재현될 가능성도 존재한다.

또한 거래 제한이 장기화될 경우 일부 단지에서는 조합원 간 갈등이나 추가분담금 부담 증가로 인한 갈등, 사업 추진 동력 약화 등 사업성 리스크도 예상된다. 이에 따라 정부가 과열 조짐을 지속적으로 모니터링하면서 추가로 조정대상지역 지정이나 대출 규제 강화를 병행할 가능성도 열려있다.

이런 상황은 '단기 브레이크, 장기 프리미엄 방어'라는 이중 구조로 해석할 수 있다. 실수요 중심의 건전한 시장 질서를 정착시키고 단기 급등을 억제하는 데 효과가 있지만, 동시에 거래 위축과 사업 추진 동력 약화, 규제 해제 시의 급등 리스크 등 부작용도 공존하기 때문이다.

결론적으로 강남과 송파 주요 재건축 단지의 토지거래허가구역 재지정은 단기적으로는 거래를 멈추게 하지만, 장기적으로는 실수요 기반의 질서 정착과 자산 프리미엄 방어 효과를 동시에 유발하며, 투자 수요의 외곽 확산 및 향후 변동성 확대라는 다층적 결과를 불러오고 있다. 따라서 조합원과 투자자는 토지거래허가구역 내에서 실거주 또는 분양전환 전략을 세우는 한편, 향후 규제 해제 가능성과 추가분담금 부담, 매도 타이밍 등을 종합적으로 고려한 복합 전략을 마련해야 할 시점이다.

초고가 아파트, 장기 프리미엄의 주역

부동산 거래의 흐름을 살펴보면 여전히 초고가 아파트가 구조적으로 강한 것을 알 수 있다. 강남 대치, 압구정, 개포, 잠실 등의 재건축 유망 단지를 중심으로 거래가 살아나고 프리미엄이 급등하는 현상이 이어지고 있기 때문이다. 강남 3구의 규제가 강화되자 투자 자금이 성수, 여의도, 용산, 마포 등 강남 외곽의 프리미엄 지역으로 이동하고 있는 모습도 포착된다. 대출 규제 영향권 밖의 현금 자산가들이 이들 지역의 선도 단지에 주목하고 있으며, 가격 방어력도 높게 나타나고 있다.

한동안 초고가 주거 시장으로의 쏠림 현상은 지속될 것이다. 내수 회복이 제한적인 상황에서 경기 불황기 자본은 구조적 희소성과 성장성이 입증된 우량 자산에 더욱 쏠릴 가능성이 크기 때문이다.

이미 자산가들은 상업용 빌딩에서 주거용 아파트로 투자 대상을 옮기고 있고, 시장은 이 흐름을 빠르게 반영하고 있다. 강남 3구, 용산, 한남, 여의도 등 랜드마크 입지의 신축 아파트는 핵심 투자처로 부상하고 있으며, 정비사업(재건축, 리모델링) 추진 단지와 국제지구 개발 호재를 품은 지역도 유망하다.

2025~2026년 매력적인 투자처와 유망 지역

구분	투자처 특징	해설
강남구	재건축 및 신축, 국제교류복합지구	고급 주택 수요 지속, 비즈니스·상업 시너지
용산구	국제업무지구, 한남동 고급 주택	개발 호재, 외국인·자산가 수요 주목
송파구	잠실 마이스·신천, 재건축 기대	신규 및 고급 단지 선호 지속
마포구·성수	한강 조망, 신흥 프리미엄 단지	규제 밖 투자, 실수요 집중, 청약 경쟁 치열
여의도	금융 중심지, 리모델링 주도	오피스, 아파트 동시 투자 유망
GTX 노선 인근	교통 인프라, 개발 호재	향후 가격 회복과 상승 기대감

오피스텔 시장, 공급 절벽이 만든 단기적 반등

2025년 수익형 부동산 시장은 오피스텔과 상가를 중심으로 복합적인 변화가 진행되고 있다. 오피스텔 시장은 공급 절벽에 따른 임대수익 상승과 투자 매력의 단기 반응이 나타나는 반면, 가격 변동성이라는 리스크도 상존한다.

먼저 오피스텔 신규 공급은 전국적으로 1만 1994실로, 전년 (3만 3461실) 대비 64%나 급감했다. 특히 서울은 3103호로 78%나 줄어들어 극심한 공급 부족 상태다. 이런 공급 위축은 전국 평균 임대수익률을 5.51%까지 끌어올렸다. 대전(7.83%), 광주(6.46%), 세종(6.40%) 등 지방 주요 도시에서는 7%대까지 상승했다. 월세 역시 전국 평균 78만 8000원, 서울은 91만 4000원으로 역대 최고치를 경신하고 있다.

임대 수요는 1인 가구와 청년층을 중심으로 '직주근접' 선호가 확대되면서 꾸준히 증가하고 있다. 아파트 전세가 상승과 월세화 트렌드가 맞물려 오피스텔에 대한 수요층이 구조적으로 넓어지고 있으며, 전세 계약이 줄어드는 대신 월세 선호가 자리 잡고 있다. 특히 서울과 광역시는 이러한 월세 상승 압력이 지속되고 있다.

매매가격 측면에서 2025년 전국 평균은 전분기 대비 0.39% 하락했으나, 서울 중대형 오피스텔은 보합 내지 소폭 상승세로 전환되었다. 이는 아파트 대비 대체재로서의 기능이 작동한 결과로 풀이된다. 그러나 서울의 임대수익률은 4.94% 수준에 머물며, 가격 부담으로 인해 추가 상승 여력은 크지 않다. 수익형 부동산 전반에 걸쳐 고금리 지속, 경기 불확실성, 공급 부족 심화 등의 복합 요인으로 인해 상승 요인과 하락 요인이 혼재된 상황이다.

리스크 요인으로는 전세 사기 확산, 전세 보증금 미반환, 투자 심리 위축, 고금리 구조 등이 있으며 이는 단기적인 변동성을 키우는 요인으로 작용한다.

상업용 부동산, 옥석 가리기는 필수

한편 상가 시장은 내수 침체와 상권별 양극화가 심화되고 있다. 2025년 1분기 상가통합 임대가격지수는 전분기 대비 0.21%

하락한 99.6을 기록했으며, 중대형 상가, 소규모 상가, 집합상가 모두 약세를 보이고 있다. 공실률은 오피스(8.7%)에 비해 중대형 상가(13.2%), 집합상가(10.3%)가 더 높은 수준이며 이로 인해 우량 상권과 입지의 선별이 투자 성패를 좌우하는 요소로 작용하고 있다.

내수 불경기와 소비 위축, 고금리, 소상공인과 자영업자의 폐업, 오프라인 소비 부진 등은 상권의 양극화를 가속화시키고 있다. 명동 등 외국인 관광객 회복 효과가 있는 일부 핵심 상권만 회복세를 보이며, 역세권 신축 중심 상가는 일정 수준 방어되고 있지만, 나머지 지역은 침체 흐름이 지속되고 있다.

투자자 전략도 변화하고 있다. 급등장 기대보다는 저평가된 우량 상가, 1층 및 핵심 상권, 우량 임차인을 확보한 선임대 상가를 중심으로 '수익 안정화' 전략이 확대되고 있는 것이다. 수익률은 5~6% 이상, 기준금리(2.5%)의 2배 수준이 투자 적정선으로 인식되고 있다.

오피스 및 기타 상업용 부동산은 양극화가 지속되고 있다. 2025년 서울 등 대도시의 고급 오피스는 여전히 공급이 제한되고 수요는 안정적이며 임대료가 상승하고 있어 투자 매력이 유지되고 있다. 전분기 대비 임대료는 0.44% 상승했고, 공실률도 감소하면서 상대적 안정성을 보이고 있다. 친환경, 하이브리드 등의 변혁적 수요도 주목할 필요가 있다.

금리 인하에 대한 시장의 기대는 존재하지만 현실적인 제약이 있다. 한국은행 기준금리는 2.5%로 인하되었는데 체감 대출금리는 완만한 완화 수준에 머물고 있어, 부동산 시장의 즉각적인 반등으로 이어지기는 어렵다. 금리 인하 자체가 시장을 획기적으로 전환시키기보다 우량 상품에 대한 선별적 회복과 보수적 접근을 유도하는 역할에 그칠 가능성이 크다.

수익형 부동산의 생존 전략

따라서 2026년 수익형 부동산 시장의 생존 전략은 '선별과 분산'이다. 오피스텔은 공급 절벽에 따른 단기 임대수익률 상승이 나타나고 있으며 지방 중소도시나 광역시의 핵심 입지에서는 선별적인 기회가 존재한다. 서울의 신축 중대형 오피스텔은 수익이 유지되고 있지만 가격 부담과 규제, 경기 변동성 등의 리스크가 상존하고 있다.

상가와 리테일 부문은 내수 침체, 상권별 양극화, 공실 심화라는 국면 속에서 1층 우량 입지, 핵심 상권, 선임대 등 옥석 가리기가 무엇보다 중요하다. 급등장을 기대할 시기는 아니지만 착한 가격에 우량 상가를 매입할 기회를 노리는 것도 가능하다.

상업용 부동산은 서울과 대도시를 기반으로 한 고급 오피스나 물류센터에 한정해 회복세가 나타나고 있으며, 낙후 시설이나 비핵심지의 리스크는 오히려 확대되고 있다.

따라서 투자 전략 측면에서 보자면 기준금리 대비 2배 수준인 5~6% 이상의 수익률과 공실 리스크 방어, 임차인의 신용 확보라는 세 가지 요소에 집중해야 한다. 단기 변동성이 높은 구간에서는 무리한 레버리지 활용과 특정 지역 및 상권에 대한 과도한 집중 투자는 지양해야 한다. 성장보다는 선별, 분산, 보수적 접근이 2026년 수익형 부동산 투자의 핵심 전략이 될 것이다.

다주택자, 2026년을 넘는 법

앞서 살펴보았듯 2025년 새 정부 출범 이후 부동산 세제는 '세금으로 집값을 잡지 않겠다'는 기조 아래 근본적인 변화를 겪고 있다. 양도소득세, 종합부동산세, 보유세 등 전방위적인 세제 개편과 함께 임대사업자 제도의 재정비가 진행되면서, 다주택자와 투자자들은 새로운 전략 수립이 절실한 상황이다.

6·27 부동산 대책을 통해 수도권 주택담보대출 한도가 6억 원으로 제한되고, 다주택자에 대한 신규 대출이 전면 금지되면서 레버리지를 활용한 투자가 사실상 어려워졌다. 이로 인해 세제 혜택과 임대사업자 제도를 적극 활용한 새로운 접근법이 중요해

지고 있다.

부동산 세금의 지도가 바뀐다

다주택자 양도세 중과 배제 조치가 2026년 5월 9일까지 1년 더 연장되었다. 현행 세법에 따르면 조정대상지역에서 주택을 매각할 경우 2주택자는 기본 세율에 20%포인트, 3주택 이상 보유자는 30%포인트를 추가로 중과하지만, 유예 기간 동안에는 기본 세율(6~45%)만 적용된다.

이러한 유예 조치는 2022년 5월 이후 매년 1년씩 연장되어 왔으며, 정부는 침체된 부동산 경기의 활성화를 위해 완화적 조치를 유지하고 있다. 다만 이는 항구적인 폐지가 아니라 한시적 유예라는 점에서 장기 보유 전략 수립 시에는 주의가 필요하다.

종합부동산세 개편 논의는 활발히 진행 중이지만, 2025년 세제개편안에는 포함되지 않았다. 대신 공정시장가액비율을 현행 60%에서 80%까지 상향 조정하는 방안이 검토되고 있으며, 이는 실질적인 세부담 증가 요인으로 작용할 수 있다.

현재 종합부동산세 체계는 다음과 같다. 1세대 1주택자는 공시가격 12억 원까지 면제되고 일반 주택 보유자는 9억 원까지 면제 대상이 된다. 다주택자 중과세는 과세표준 12억 원 초과 구간에서 3주택 이상 보유자에게만 적용된다.

2025년 7월부터 시행된 3단계 스트레스 DSR은 수도권 차주에게 1.5%의 스트레스 금리를 적용함으로써 대출 가능 한도를 대폭 축소시켰다. 연소득 1억 원 차주의 경우, 주택담보대출 한도는 기존 6억 2700만 원에서 5억 9400만 원으로 약 3300만 원 줄어드는 효과가 발생했다.

6년 단기임대의 부활

2025년 6월 4일부터 6년 단기임대주택 제도가 다시 도입되었다. 해당 제도는 아파트를 제외한 비아파트 주택(빌라, 연립, 다세대, 오피스텔 등)을 대상으로 하며, 의무 임대 기간은 기존 4년에서 6년으로 연장되었다.

등록 요건은 수도권의 경우 건설형은 공시가격 6억 원 이하, 매입형은 4억 원 이하이며, 비수도권은 2억 원 이하로 제한된다. 제도 등록 시에는 종합부동산세 합산 배제, 양도소득세 및 법인세 중과 배제, 1주택자 특례 유지 등 다양한 세제 혜택이 주어진다.

10년 장기임대주택에 대한 종부세 합산배제 기준도 상향 조정되었다. 건설형은 기존 9억 원에서 12억 원 이하로, 매입형은 수도권 기준 6억 원에서 9억 원 이하로, 비수도권 기준은 3억 원에서 6억 원 이하로 확대되었다.

양도세 폭탄 없는 마지막 기회?

2025~2026년을 바라보는 단기 전략으로 양도세 중과 유예 활용이 있다. 2026년 5월 9일까지의 유예 기간을 활용해 조정대상지역 내 주택을 전략적으로 처분할 필요가 있으며 특히 강남, 서초, 송파, 용산구에 위치한 고가 주택의 경우 중과세를 피하고 기본세율만 적용받을 수 있다.

비아파트를 보유한 다주택자의 경우, 6년 단기임대 등록을 통해 종부세 합산 과세에서 제외될 수 있다. 1주택자가 빌라를 구입해 단기임대로 등록하면 1가구 1주택 특례를 유지한 채 임대수익을 확보할 수 있다.

2026년 이후를 보는 중장기적 전략을 세우기 위해서는 지역별 차별화가 필수적이다. 수도권 핵심지역에서는 공급 절벽과 희소성 프리미엄을 활용해 보유 전략을 유지하는 것이 유효하다. 재건축 추진 단지를 중심으로 선별적인 투자를 검토하고, 전세 소멸 트렌드에 대비해 월세 전환을 준비해야 한다.

지방 광역시의 경우 미분양 급증과 청약 미달률 상승(부산 77.7%, 광주 76%, 대구 68.8%) 현상이 지속되면서 저가 매수 기회를 제공하고 있다. 지방 5대 광역시의 분양가는 3.3㎡당 평균 2104만 원으로, 최근 3년간 33% 상승했다. 이 같은 상승 추세를 감안해 신축 위주의 투자를 고려하고, 대전 오피스텔의 7.83%와 같은 높은 임대

수익률을 적극 활용할 필요가 있다.

오피스텔 투자는 전국 평균 임대수익률이 5.51%(2025년 3월 기준)로 상승세를 보이며 유망한 선택지가 되고 있다. 해당 자산은 각종 규제에서 상대적으로 자유롭고, 월세 수요 확산에 따라 수익성 개선 여력도 크다.

상업용 부동산의 경우에는 목표 수익률 8~12% 수준의 밸류애드 전략을 구사할 수 있다. 이는 시장 조정기를 활용한 저가 매입 후 건물 개선 및 임차인 맞춤형 공간 구성 등을 통해 자산 가치를 끌어올리는 전략이다.

투자 성격별 맞춤 승부수

투자자의 보유 자산 현황과 목적에 따라 대응 전략도 달라져야 한다. 특히 기존 다주택자와 신규 진입자, 그리고 임대사업 전문 투자자는 각기 다른 제도적 기회와 제약 조건을 고려해 전략을 수립할 필요가 있다.

먼저 기존 다주택자(3주택 이상)의 경우, 2026년 5월까지 양도세 중과 유예 혜택을 활용하기 위해 조정대상지역 내 일부 주택을 우선적으로 처분하는 것이 유리하다. 동시에 비아파트를 보유하고 있다면 6년 단기임대 등록을 검토함으로써 종합부동산세 합산을 회피할 수 있다. 나아가 전체 보유 자산의 종부세 부담을 줄이기 위해 보유 구조를 재편하는 작업도 병행해야 한다.

신규 투자자는 보유 현금 수준과 금융 접근성에 따라 전략을 달리할 수 있다. 현금 여력이 충분하다면 수도권 핵심지역의 우량 아파트를 직접 매입하거나, 1기 신도시 재건축 단지에 선별적으로 투자하는 방안을 고려해야 한다. 반면 레버리지를 활용할 필요가 있는 경우에는 비수도권 수익형 부동산(오피스텔 또는 상업용 건물)에 투자하거나, 6년 단기임대 대상 비아파트를 매입한 뒤 임대사업자로 등록하는 방식이 현실적인 대안이 될 수 있다.

한편 임대사업 전문 투자자는 장기임대주택 사업 확대에 집중해야 한다. 특히 상향된 종합부동산세 합산배제 기준을 활용해 건설형은 12억 원 이하, 매입형은 9억 원 이하의 물건을 중심으로 포트폴리오를 재구성하는 것이 바람직하다. 더불어 전세 소멸 트렌드에 발맞추어 월세 중심의 운영으로 전환하고 수도권 오피스텔 평균 임대수익률 4.87% 수준을 적극적으로 활용해야 한다.

변화 속에서 살아남는 리스크 관리

정책 및 시장 환경의 변화 속도가 빨라지는 만큼 리스크에 대한 선제적 대응 역시 필수적이다.

먼저 정책 변화 리스크 측면에서 2026년 5월 이후 양도세 중과가 다시 부활할 가능성이 존재하므로, 이를 감안한 사전 처분

계획을 수립해야 한다. 또한 공정시장가액비율이 상향 조정될 경우 종합부동산세 부담이 증가할 수 있으므로 이에 대한 재무적 대비책도 마련해야 한다.

시장 환경 변화에 대해서는 기준금리가 향후 2% 수준으로 인하될 가능성이 있지만, DSR 규제로 인해 대출 여력은 여전히 제한될 수 있다. 더불어 수도권과 지방 간의 가격, 수요, 공급의 격차가 점점 심화될 것으로 예상되기 때문에 지역별로 정밀한 전략이 필요하다.

2026년 부동산 투자의 새로운 룰

2026년 부동산 시장은 세제 및 제도적 혜택을 얼마나 적극적으로 활용하느냐에 따라 투자자 간의 성과 격차가 극명하게 벌어질 것으로 예상된다. 이러한 변화에 효과적으로 대응하기 위해서는 몇 가지 접근이 핵심이 된다.

우선 양도세 중과 유예 기간이 종료되기 전에 전략적으로 자산을 처분하는 것이 중요하다. 동시에 6년 단기임대 등록을 통해 각종 세제 혜택을 극대화할 수 있도록 제도 활용도를 높여야 한다. 투자 대상과 지역별 특성을 정밀하게 분석해 차별화된 접근 방식을 마련하고, 전세 소멸 트렌드에 대비해 월세 중심의 수익 모델로 전환하는 준비도 필요하다. 아울러 변동성 높은 금융 환경 속에서는 레버리지보다는 현금 중심의 투자 구조를 강화하는 것이 보다 안정적인 포트폴리오를 구축하는 데 유리하다.

이제 다주택자와 투자자는 과거처럼 레버리지에 의존하는 투자 방식을 지속할 수 없다. 세제와 제도의 실질적 활용도를 높이는 한편, 정책 변화에 유연하게 대응할 수 있는 대책을 모색해야 한다.

전세 비중 그리고 월세의 질주

　2024년에서 2025년을 지나며 전세 시장은 다시 상승세를 보였다. 수도권을 중심으로 전세가격이 저점 대비 약 4~5% 반등하면서 본격적인 전세 회복 국면에 진입했다. 이는 공급 절벽과 계약 만료라는 요인이 맞물린 결과이고, 구조적으로는 월세로 전환되는 흐름이 더욱 뚜렷해지고 있다. 전국 월세 거래 비중은 61%에 달했고 서울은 무려 64%에 이르며 사상 최고치를 기록했다. 이러한 흐름은 임대 시장의 구조 자체가 변하고 있음을 보여준다. 그렇다면 이중 변화를 마주한 지금, 어떻게 투자를 해야 할까?

전월세 시장 현황

구분	2020	2023	2025 상반기
전국 전세-월세 비중	전세 60% 월세 40%	전세 45% 월세 55%	전세 38.4% 월세 61.6%
서울 전세가율(매매 대비)	58.0%	48.0%	53.5% (강남구 39.4%↓)
수도권 5년 이하 전세가격지수	-	1.60%	▲7.6%(2025년 상반기 누적)
전국 오피스텔 월세 수익률	4.8%	5.1%	5.51% (대전 7.83%, 광주 6.46%)

전세 회복과 월세 비중 급등의 배경

전세가격의 반등은 크게 두 가지 요인이 맞물려 발생했다. 첫째는 2026년까지 수도권 입주 물량이 48% 감소할 것으로 예상되는 공급 절벽이다. 둘째는 지난 임대차 3법 시행으로 연장되었던 계약들이 최근 잇따라 만료되면서 전세 수요가 시장에 다시 등장했기 때문이다.

반면 월세 비중이 급격히 상승한 배경에는 세 가지 구조적 요인이 있다. 먼저 정부가 전세대출보증비율을 기존 90%에서 80%로 인하하면서 전세 수요자의 레버리지 여력이 축소되었다. 전세사기에 대한 불안감이 확산되며 심리적 리스크 또한 커졌다. 이에 더해 고금리 기조가 유지되면서 월세가 보다 현실적인 선택지로 떠오른 것이다.

각 투자 시나리오와 전략

구분	시장 전망	권장 전략
수도권 신축, 재건축 아파트	전세 회복 지속, 월세 전환 속도는 느림	갭 대신 현금 40% 이상 투입 + 월세 혼합 (반전세) 구조로 리스크 분산
소형 아파트, 오피스텔	월세 수익률 5%↑, 공실 리스크 낮음	역세권·GTX 노선 인근 초소형 위주 분산 매입 → 장기 현금 흐름 확보
빌라, 다가구 등 비아파트	월세 75% 이상, 임대수익률 6~9%	6년 단기임대 등록·세제혜택 활용, 전세 대신 보증부월세 전략
기업형 임대, 코리빙	2025~2027년 1.5만 실 추가 공급	리츠 지분·PF 지분 투자를 통한 간접 참여, ESG·장기 운영 역량 검증 필수

전통적 갭 투자, 사실상 종말?

과거에는 전세보증금을 활용해 매입 자금을 충당하는 '갭 투자'가 대표적 수익 모델이었다. 그러나 이제는 서울 평균 전세가율이 53% 수준까지 떨어지며, 해당 전략의 수익성과 안전마진이 급격히 축소되었다. 여기에 더해 6·27 부동산 대책으로 주택담보대출 한도가 6억 원으로 제한되고, 매입 후 6개월 내 실거주 의무까지 부과되면서 전통적 갭 투자는 사실상 고강도 제약을 받게 되었다. 그 결과 매매가와 전세가 사이의 '갭'을 활용해 시세차익을 노리던 전략은 위험 대비 수익 비율이 크게 낮아진 셈이다.

이제는 월세 수익률이 5%대를 기록하며 주식이나 채권의 배당수익률을 앞서기 시작했다. 이에 따라 안정적인 현금 흐름을 창출하는 부동산이 핵심 자산으로 재부상하고 있다. 글로벌 투자기관(GIC, KKR, 모건스탠리 등)과 국내 리츠들은 코리빙 및 기업형 임대주택 자산을 대거 매입하고 있으며, 이는 '월세 수익 + 장기 보유'라는 새로운 투자 모델의 확산을 보여주고 있다.

임차 시장의 세분화

전세 시장 회복세는 지역과 상품에 따라 다르게 나타난다. 예를 들어 고급 아파트는 여전히 학군 및 브랜드에 대한 수요가 견고하기 때문에 전세가격의 회복 탄력이 높고, 특히 강남과 용산 지역에서 두드러진다. 반면 비아파트나 지방 주택은 월세 비중이 75~83% 수준까지 확대되며, 오히려 월세형 투자에 더 적합한 구조를 갖추고 있다. 또한 1인 가구 증가에 따라 소형 오피스텔이나 코리빙 주거 상품은 6~7% 수준의 높은 월세 수익률을 기대할 수 있어 유망한 투자처로 주목된다.

투자 타이밍을 결정하는 것들

투자 판단을 위해 반드시 체크해야 할 지표들도 존재한다. 현재 전월세 전환율은 5.8%, 대출금리는 2.5~3.5%로 나타나고 있는데 전환율이 금리를 웃돌 경우 월세형이 수익 측면에서 더 유리하다. 둘째로 월세수급지수가 100을 넘는 구간을 지역별로 모니터링해야 한다. 서울의 경우 103.2로, 초과 지역에서는 월세 인상의 여력이 있다. 세 번째로 2026년~2028년 서울의 연간 입주 물량이 평균 1만 가구대로 매우 낮은 수준이기 때문에 전세와 월세 모두에서 가격 상승 압력이 발생할 수 있다. 마지막으로 정책 변화도 변수다. 전세보증비율 추가 하향, 1기 신도시 이주 수요,

리스크 및 대응법

리스크	영향	대응법
공실 증가(경기 둔화)	월세 수익률 급락	① 역세권, 학세권, 병세권 입지 선별 ② 옵션, 서비스 강화로 장기 계약 유도
임대료 상한, 보증 강화	인상 폭 제한	전세→보증부월세 혼합, 법정 전환율 준수 (4.5%~5.8%)
금리 재상승	레버리지 수익률 약화	LTV 40% 이하, 고정·혼합 금리 선택, DSR 40% 내 장기 계획
전세 사기, 보증 미반환	시장 신뢰 훼손	HUG 반환보증 의무 가입, 공실 대비 비아파트 투자 시 철저한 권리 분석

임대차 3법 개정 여부 등은 시장 흐름을 좌우할 핵심 요인이 될 것이다.

이중 시장을 활용한 포트폴리오

전세 시장의 회복은 공급 부족에서 비롯된 '희소성 프리미엄'이다. 따라서 신축이나 재건축 등 핵심 입지를 보유한 자산은 전세가격 상승을 통해 레버리지 방어력이 강화될 수 있다. 동시에 월세 수익률이 6% 전후로 형성되면서 현금흐름형 자산의 매력은 더욱 커지고 있다. 이는 소형 주택, 비아파트, 코리빙 등으로 대표되는 새로운 투자 주류로의 이동을 의미한다.

앞으로 투자자는 단순한 가격 차익 중심 전략에서 벗어나, '월간 현금 흐름'과 '자산 방어력'을 중심으로 포트폴리오를 재편해야 한다. 특히 전세 및 월세의 비중, 전월세 전환율, 임대수급지수를 지역과 상품별로 교차 점검하면서, 이중 구조를 활용한 혼합형 투자 전략을 세우는 것이 2026년 임대 시장의 승부처가 될 것이다.

2026년 부동산 투자 행동 수칙

부동산 시장은 극단적인 불확실성을 가진 자산군이다. 규제, 금리, 정책, 인구 구조의 변화가 얽히며 시장은 과열과 침체를 반복한다. 그래서 부동산 가격만 볼 것이 아니라 구조와 흐름, 그리고 리스크에 대한 태도를 함께 살펴야 한다.

부동산 시장의 생존자는 다음과 같은 사고방식을 내면화한 사람들이다. 먼저, 지방이나 공급과잉 지역에서 무차별적인 저가 매수를 하지 않는다. 전체 미분양의 83%가 지방에 몰려 있으며, 사실상 추가 하락 위험 역시 크기 때문이다. 하나의 통화나 자산군에 '올인'하는 투자도 피한다. 트럼프 2기 정부의 보호무역 정책이 본격화되는 2026년, 글로벌 성장률 하락이 예고되어있으며 환율과 주식의 동반 변동 가능성도 높기 때문이다.

한편 반드시 해야 할 것들도 있다. 첫째로 '빚 관리 포트폴리오'를 재편해야 한다. 고정금리 전환, 만기 장기화, 원금 분할상환 구조는 금리 충격을 최소화하는 방어선이다. 둘째로 필수 지출을 줄이고 투자 지출의 '질'을 관리해야 한다. 그리고 예산을 '필수, 가치, 여유'로 나누어 소비 구조를 점검하고, 고부채 및 저성장 환경에 대비해야 한다. 셋째로 세제 및 정책 캘린더를 점검해야 한다. 앞으로 시행될 주요 정책의 시행일에 따라 대출과 투자 시기를 조정하는 것이 핵심이다.

살아남는 투자자는 수익보다 리스크를 먼저 본다. 분산, 헷지, 손절매, 리밸런싱은 평상시 해야 하는 체계적 리스크 관리의 기본이다. 수익률 1%를 높이기보다 손실 확률 1%를 줄이는 데 집중하는 것이다. 이들은 시세 차익보다 현금 흐름을 우선한다. 월세 수익률은 5~6%의 방어선을 세우고 공실 리스크와 유지 비용까지 시뮬레이션하며, 공실과 이자에 대비해 6개월 치 생활비를 유동성 자산으로 보유한다. '빚은 칼'이라는 사실도 체득한다. 변동금리 일시상환 대출은 피하고 LTV(담보대출비율)는 40% 이하로, 고정금리 분할상환 구조를 만들어 통제 가능한 레버리지를 설정한다.

사이클을 읽되 심리에 휘둘리지 않는 자세도 필요하다. 거래 급증, 과열된 뉴스, 호가 급등이 나타날 때는 매도 또는 관망을 검토하고 악성 기사와 경매가 증가하거나 거래 절벽이 반복될 때는 장기 매수 후보를 탐색한다. 또한 시장의 방향을 결정짓는 '정책 캘린더'를 투자 달력으로 삼아 규제 발표부터 시행까지의 1~3개월 시차를 기회의 창과 위험의 창으로 나누어 행동한다.

중요한 것은 '가격'보다 '구조'다. 입지, 공급 파이프라인, 연식,

교통망, 수급지표 같은 구조적 요소를 분석하고, 공급 절벽이나 GTX 개통 같은 변수에 따른 시나리오를 작성한다. 고령화, 1인 가구 증가, 월세화 같은 수요의 질적 변화도 반드시 반영해야 한다. 실패는 자본이 깎이는 것이 아니라 경험을 사는 일이다. 손실 원인을 기록하고 분석해 재현을 막고 실패를 공유하며 학습하는 커뮤니티를 적극 활용하는 것도 하나의 전략이다.

정부의 정책 역시 중요한 축이다. 2022년 금리 인상 이후 자산 시장 급락이 발생했지만, 2023년 특례보금자리론과 2024년 특례 신용대출 등 연속적인 프로그램 발표는 시장 안정화를 위한 명확한 신호였다. 2024년 8월에는 빌라 매입 확대 프로그램이 발표되었고, 이는 정부가 시장 안정성을 얼마나 중시하는지를 보여주었다. 주요 선진국처럼 한국 정부도 자산 시장에 적극 개입하며 시장 심리를 조율하고 있다. 특례 정책은 단기 부양책이 아니라 구조적 전환기에서 시장을 떠받치는 하나의 축이기도 하다.

결국 살아남는 투자자는 '현금', '고정금리', '분산'이라는 세 줄짜리 안전망을 미리 준비해 둔 사람이다. 구조적 저성장과 대외 충격의 격랑이 예고된 2026년에는 준비된 자만이 위기를 기회로 바꿀 수 있을 것이다.

――――― 필진: 김학렬

Money Trend 2026

4장

경험 시대의 리얼 라이프 파워

Age of Experience

경험 소비 시대의 경험 사치

지금은 물질 중심의 소비에서 경험 중심의 소비로 넘어간 사회다. 귀하고 비싼 물건을 자랑하던 시기를 지나 더욱 희소하고 특별한 경험을 자랑하는 시대가 되었다. 소비 욕망에서 '경험 소비'가 중심으로 떠오른 지는 꽤 오래되었지만, 대다수의 사람이 열광할 정도로 보편화된 것은 그리 오래되지 않았다.

'경험 소비'라고 하면 2030세대 혹은 Z세대를 먼저 떠올릴 것이다. 그들은 소셜미디어에서 자신이 어떤 콘서트에 가고 어떤 전시를 봤는지 이야기하며 경험과 취향을 자랑하고, 어떤 레스토랑에서 밥을 먹었는지 경험과 미식을 말하며, 어디로 여행을 떠나 어떤 시간을 보냈는지 공유하며 경험과 안목을 자랑한다. 또 어떤 운동을 하며 몸매를 관리하는지 경험과 태도, 스타일을 드러내기도 한다. 심지어 어떤 음악을 듣고 어떤 책을 읽는지 등 취미 생활에서도 안목과 취향을 자랑하는 포스팅을 올린다. 이렇게 자신의 생활을 보여주는 행위는 Z세대의 보편적인 욕망이다.

물론 Z세대뿐만 아니라 지금 이 시대를 살아가는 대부분의 사람도 이런 욕망이 있다. 우리가 소셜미디어와 스마트폰의 시대에 살고 있기 때문이다. 누구든 자신의 일상을 실시간으로 드러내면서, 서로 비교하고 과시하며 부러워한다. 누군가는 트렌드를 이끌고 누군가는 그것을 추종하며 살아간다. 그래서 '경험의 시대Age of Experience'는 세대나 동서양을 막론하고 전 세계적으로 통용되는 화두가 되었다. 즉 경험 소비는 한국뿐 아니라 지금 이 시대 전 세계에서 가장 주목받는 소비 트렌드 코드다.

이러한 흐름 속에서 소비 시장의 무게 중심도 '무엇을 소유할 것인가?'에서 '무엇을 경험할 것인가?'로 옮겨갔다. 가장 먼저 이 변화에 반응한 사람들은 부자였다. 아주 오래전부터 올드머니OLD MONEY를 주축으로 한 진짜 부자들은 경험 소비에 많은 돈과 시간을 들여왔다. 물론 그들은 소유에도 큰 비용과 애정을 쏟았다. 돈이 많으니 물건을 사든 경험을 사든 굳이 선택할 필요 없이 모두 할 수 있었다.

하지만 돈이 부족하면 선택을 해야 한다. 소유와 경험 사이에서 우선순위를 정하고 자신이 생각하는 '적당한 소비'를 한다. 과거에는 대부분이 그렇게 살았지만, 점점 사람들의 경제력이 향상되면서 부자가 아니더라도 중산층 정도면 경험 소비에 기꺼이 돈을 쓰게 되었다. 해외여행을 1년에 한두 번은 가고 비싼 호텔에서 호캉스를 즐기거나, 기념일에 고급 레스토랑에서 저녁 식사를 하는 것도 흔해졌다. 요즘 인기 있는 핫플레이스의 맛집에 가거나 전시, 공연을 보러 가는 데에도 자연스럽게 지갑을 연다.

돈이 남아서 경험 소비를 하는 것은 아니다. 어느 정도의 소유는 충족된 상태이기도 하고 삶의 즐거움이 물건이 아닌 경험에서 온다는 것을 사람들이 점점 더 깨닫고 있기 때문이다. 그리고 누구나 소셜미디어를 통해 자신의 일상을 드러내는 시대이기 때문이기도 하다. 이제는 단순히 비싸고 유명하다는 이유로 물건을 자랑하는 것이 다소 시시하게 느껴진다. 반면, 경험 소비는 그 자체로 취향이자 개성이 된다. 그렇게 우리는 경험 소비를 넘어 '경험 사치'로 이동하는 시점을 맞이하고 있다. 경험 소비가 확산되고 보편화될수록, 그 안에서도 더 특별하고 더 비싼 경험이 만들어내는 '경험 사치'가 대두될 수밖에 없기 때문이다.

경험의 깊이를 선사하는 여행 비즈니스

2025년 8월, 신세계백화점에서 여행 플랫폼 '비아신세계VIA

SHINSEGAE'를 론칭했다. 여행 상품을 자체적으로 기획하고 운영하는 것은 국내 백화점 중에선 처음 하는 시도다. 2025년 1분기 기준, 전국의 여행업체는 2만 곳이 넘고 그중 종합 여행업체만 해도 9천 곳이 넘는다. 이렇게 치열한 시장에 왜 신세계백화점이 진입한 것일까? 유통업계와 여행업계 모두 내수 부진, 고환율, 경기 침체의 영향을 받고 있음에도 불구하고 유통업에서 사업 다각화를 꾀하기 위해 여행업으로 확장한 것이다. 여행 수요는 이미 팬데믹 이전 수준을 넘어설 만큼 회복되었지만, 그렇다고 해서 여행업계의 수익성이 크게 개선된 것은 아니다. 그러나 신세계백화점의 여행 사업은 단순히 여행업 관점에서만 바라볼 것이 아니라 하이엔드 경험 사치에 초점을 맞춰 해석할 필요가 있다. 이는 신세계뿐만 아니라 다른 백화점에서도 고려하는 방향이기 때문이다.

비아신세계의 여행 상품을 보면 아부다비에서 개최되는 F1 레이싱 시즌 마지막 경기 관람, 탐험가 제임스 후퍼와 함께하는 북극 탐사, 유명한 정원 디자이너와 첼시 플라워쇼 관람하기 등 경험 사치를 충족하는 상품들이 전면에

비아신세계의 아부다비 그랑프리 파이널 레이싱 여행 상품

포진되었다. 여행 전에 프리뷰 아카데미를 통해 여행에 대한 강의를 듣거나 체험할 수 있는 맞춤형 서비스도 제공하고, 여행자가 집에서 공항까지 이동할 수 있도록 대형 고급세단으로 의전하며, 공항 수속도 지원한다. 하이엔드 소비자를 위해 여행에서 누릴 수 있는 경험 사치를 제공하는 것이 핵심인 셈이다.

필자가 도서 《라이프 트렌드 2025》의 '여행 욕망의 리셋' 파트에서 가장 먼저 다룬 주제가 '경험(체험) 여행의 확대'였다. F1, MLB 같은 세계적인 스포츠 이벤트를 비롯해, 평소에는 접하기 어려운 활동이나 특별한 취향을 반영한 '비싸고 개인화된' 여행이 부상할 것이라고 제시했다. 그런 흐름을 본격적인 '경험 사치'로 구현한 사례가 비아신세계인 것이다.

경험 사치의 끝판왕 백화점

경험 사치를 여행에 적용한다면 기존 여행 업계보다 백화점 업계가 좀 더 유리할 수 있다. 이미 그들에겐 경험 사치에 얼마든지 돈을 쓸 수 있는 VIP 고객이 있기 때문이다. 비행기의 좋은 좌석, 높은 등급의 호텔, 미식을 즐길 수 있는 식당을 잘 엮었다고 해서 모두 좋은 여행 상품이 되는 것은 아니다. 여행 경험이 풍부한 VIP 소비자들을 만족하기 위해서는 세세한 의전 서비스와 함께 지금 가장 희소하고 특별한 경험, 다른 여행업체에선 하기 어려운 것을 가능하게 해주는 큐레이션 서비스도 중요하다. 여행 상품 구매가 VIP 실적으로 인정된다는 점도, 핵심 타깃층의 성향을 신세계백화점이 분명히 인식하고 있음을 알 수 있다.

2024년 신세계백화점 전체 매출 중 VIP 고객이 차지하는 비중은 45%로 2020년의 31%에 비해 크게 올랐다. 롯데백화점은 2020년 35%에서 2024년 45%로, 현대백화점은 2021년 38%에서 2024년 43%로, 갤러리아백화점은 2020년 42%에서 2024년 51%로 올라갔다. 백화점은 VIP 중심의 서비스 다각화를 필수로 할 수밖에 없다.

신세계백화점은 2025년 3월 정기 주주총회에서 대표가 "업의 경계를 넓히고, 쌓아온 고객 라이프 스타일에 대한 이해를 바탕으로 리테일을 넘어 종합 라이프 스타일 디벨로퍼가 되겠다"라는 사업 방향을 제시한 바가 있다. 이를 해석하자면 '경험 사치를 원하는 VIP 고객을 위해' 종합 라이프 스타일 디벨로퍼가 되어 '글로벌 부자들의 라이프 스타일을 소비할 수 있게 만들겠다' 정도가 되지 않을까? 분명한 것은 경험 사치를 구현하는 여행 상품들이 백화점 업계를 통해 확산될 수 있다는 점이다. 또한 누가 더 유니크하고 비싼 경험을 제공하느냐가 소비자들 사이에서 중요한 이슈로 떠오를 것이다. 앞으로는 부자뿐 아니라 서민들까지도 경험 사치에 대한 욕망을 점점 키워가게 될 것이며, 2030세대의 욕망 최상단에는 물질 사치보다 훨씬 강력한 '경험 사치'가 자리 잡게 될 것이다.

벤츠를 사느냐, 포르쉐를 사느냐보다 그 차를 타고 어디에 가서 어떤 경험을 하느냐가 더 중요해진 시대다. 솔직히 이제 비싼 자동차는 그다지 특별하지 않다고 여기는 분위기도 있다. 억대의 차를 타고 출퇴근하거나 마트에 장을 보러 다니는 일은 물질 소비의 관점에선 과시의 대상이 될 수 있겠지만, 경험 소비의 관점에서는 다소 밋밋하게 여겨진다.

마찬가지로 비행기 일등석을 타고 해외로 떠나 누구나 갈 수 있는 관광지와 정형화된 여행 코스를 밟고 오는 것은 경험 소비이긴 하지만, 경험 사치라고 보긴 어렵다. 오히려 물질 소비에 더 가까운 방식이다.

경험을 위해 비싼 돈을 쓴다고 해서 모두 경험 사치가 되는 것이 아니다. 소비자는 특별하고 희소한 경험을 위해 아낌없이 돈을 쓰고 싶어 하고, 그런 경험을 할 수 있다면 사치를 부려도 만족한다. 경험 사치의 배경에는 올드머니 문화가 자리하고 있다. 《라이프 트렌드》 시리즈에서 이미 올드머니, 조용한 럭셔Quiet Luxury, 스텔스 웰스Stealth Wealth 등 부를 바라보는 관점의 변화와, 그로 인해 욕망이 어떻게 바뀌고 그것이 소비에 어떤 영향을 미치는지, 어떤 비즈니스로 이어지는지를 2024년과 2025년 연속으로 주목해왔다. 경험 사치 역시 이러한 트렌드 변화의 연장선에 있다.

새로운 럭셔리, 새로운 하이엔드에서 가장 중요한 건 결국 경험 사치다. 경험의 시대, 엄밀히 말하면 경험 소비의 시대의 비즈니스과 마케팅의 기회는 '경험 사치'로 귀결될 것이다. 2030대가 가장 반응하는 트렌드 코드이자, 2026년 주목해야 할 소비 트렌드 그리고 돈이 모이는 화두다. 그러니 무엇을 팔려고 하든 '비싼 물건'이 아니라 '비싼 경험'을 팔아라. 바로 지금이 그럴 때다.

인 리얼 라이프 소비의 부상

　당신이 최근에 했던 가장 멋진 활동, 멋진 경험, 멋진 소비는 무엇이었는가? 소셜미디어에 자랑했던 바로 그 경험과 소비는 무엇이었는가? 이 질문에 대한 답을 떠올리며 그 일이 실제로 오프라인에서 벌어진 현실이었는지, 아니면 온라인이라는 가상 공간에서 일어난 일이었는지를 곰곰이 되짚어보라. '나, 잘 살고 있어', '오늘 좀 멋지지?'라는 의도로 소셜미디어에 사진과 글을 올리고 자랑한 일들은 분명히 현실에서 일어난 경험과 소비다.

　아무리 온라인에서 보내는 시간이 많고, 디지털 콘텐츠를 수시로 소비하며, 익명의 존재들과 어울리는 시대라 하더라도 정작나 자신을 멋지게 드러낼 수 있는 경험과 소비는 여전히 오프라인에 있다는 사실을 기억해야 한다. 특히 Z세대에게는 더욱 그렇다.

5060대 중에는 가상 공간에서의 활동을 더 멋지다고 여기는 이들도 있을지 모른다. 한때 1020대가 주도하던 페이스북은 이제 5060대의 놀이터가 되었고 그로 인해 1020대는 빠져나간 지 오래다. 인스타그램도 점차 이탈 중이고 틱톡에서도 1020대는 서서히 물러나고 있다. 반면 40~60대는 인스타그램과 틱톡에 새롭게 진입하거나 꾸준히 몰입하고 있다.

왜 이런 현상이 벌어질까? 디지털 네이티브인 Z세대에게 소셜 미디어는 익숙하고 편한 공간이지만 시간이 지날수록 지루하고 식상하게 느껴진다. 그들만의 문화라 여겼던 플랫폼에 다른 세대가 진입하면서 '물이 흐려졌다'라고도 느낀다. 1020대가 다시 오프라인에 주목하기 시작한 이유다. 기성세대인 5060대는 오프라인과 아날로그에서 출발해 온라인과 디지털로 이동해 살아가고 있다. 반면 디지털에서 시작한 Z세대는 점점 오프라인과 아날로그 소비를 늘려가고 있다. 만약 10~30대 소비자를 공략하는 비즈니스에 몸담고 있다면 오프라인과 아날로그, 즉 '인 리얼 라이프 In Real Life'에서의 경험을 노려야 한다.

지금은 아날로그가 더 힙하다

'텍스트힙'이라는 말을 들어본 적 있는가. 말 그대로 글을 읽는 행위 자체를 힙하고 멋지다고 여기는 현상을 뜻한다. 주로 2030세대가 즐기는 이 감각은 서울국제도서전을 계기로 더욱 부각되었다. 출판 시장은 매년 역대 최악의 침체기라는 평가를 받지만, 왜 도서 전시회에 2030세대가 열광하는 것일까? 그뿐만 아니라 서울국제불교박람회, 문구 페어, 정원박람회, 아트페어, 레코드 페어 등 요즘 뜨는 전시회나 공연장을 보면 2030세대가 관객의 절대다수를 차지한다.

서울국제도서전, 서울국제불교박람회, 키아프 서울, 서울국제정원박람회 등은 처음부터 2030세대를 타깃으로 한 행사는 아니었다. 하지만 최근 2~3년 사이 이들 행사에 대한 2030세대의 관심이 눈에 띄게 높아졌고, 현장에 가서 찍은 사진은 곧 인스타그래머블한 인증 사진이 되었다.

책, 종교가 아닌 문화로서의 불교, 그림 구매, 정원. 겉보기에 교집합이 없어 보이는 이 네 가지를 연결 짓는 공통점은 바로 '취향 소비재'이자 '경험 소비재'라는 점이다. 자신이 어떤 사람인지를 드러낼 수 있는 방식이 바로 스스로 가진 취향과 직접 누려본 경험인 것이다.

2025년에 열린 주요 박람회 및 전시회

이름	기간
인벤타리오: 문구 페어	2025.4.2~6
서울국제불교박람회	2025.4.3~6
서울국제정원박람회	2025.5.22~10.20
서울국제도서전(SIBF)	2025.6.18~22
서울일러스트레이션페어 V.19	2025.7.24~27
프리즈 서울(Frieze SEOUL)	2025.9.3~6
키아프 서울(Kiaf SEOUL)	2025.9.3~7
서울레코드페어(SRF)	2025.10.25~26
서울아트북페어(Unlimited Edition)	2025.11.14~16

    2025년에 시작한 '인벤타리오: 문구 페어'와 14회째를 맞은 서울레코드페어, 17회째를 맞은 서울아트북페어인 언리미티드 에디션은 2030대를 주요 타깃으로 삼은 행사다. 문구와 LP, 독립출판물은 2030대, 그중에서도 25~35세가 적극적으로 누린다고 해도 과언이 아니다. 이는 과거에도 존재했던 물건이자 취향이지만, 디지털 시대가 되면서 잊힌 아날로그 문화다. 기성세대에게는 주로 추억으로 남아도 디지털 네이티브에게는 현재진행형의 취향이자 욕망이 되었다.

    앞서 언급한 전시와 박람회에 모두 가봤는가? 가보진 않았더라도 들어본 적은 있는가? 이런 행사의 첫 번째 공통점이 '취향과 경험'이라면, 두 번째 공통점은 '오프라인에서 열리는 행사'라는 점이다. 즉 가상 공간이 아닌, 실제 세상에서 벌어진 현실의 이벤트다. 'In Real Life'는 실제로, 현실 세계라는 뜻이다. 대부분 스마트폰과 소셜미디어에 빠져 디지털 세계에 살고 있는 듯해도 정작 중요한 경험은 모두 현실 세계에서 이루어진다는 점을 잊지 말아야 한다.

오프라인과 아날로그 물건에 주목하라

경험의 시대는 인 리얼 라이프In Real Life 소비를 더 증폭시킨다. 이 장의 제목인 '리얼 라이프 파워'를 다른 말로 표현하자면 '오프라인은 여전히 강력하다'가 될 것이다. 비싸고 귀한 것은 오프라인에서 벌어지는 진짜 경험, 즉 리얼 라이프에서 비롯된다는 점에 주목하자. 요즘 인플루언서들이 자랑하는 대부분의 콘텐츠 역시 오프라인 경험이다. 그들은 디지털과 온라인 공간에서 영향력을 얻고 비즈니스 기회를 창출하지만, 그들이 드러내는 경험의 실체는 아날로그와 오프라인에 있다.

키링 액세서리가 유행하고 종이책이 다시 급부상한 것도 이같은 흐름의 일환이다. 지금 같은 시대에 한국에서 열쇠를 가지고 다니는 사람이 얼마나 될까? 대부분 디지털 키를 사용하기 때문에 열쇠를 들고 다닐 일이 거의 없다. 그런데도 사람들은 키링을 가방이나 스마트폰에 달고 다니며, 열쇠가 없음에도 여전히 '키링'이라는 이름을 쓴다.

그리고 전자책에 더 익숙할 것 같은 디지털 네이티브는 왜 종이책의 물성을 좋아하게 되었을까? 책을 읽고 내용을 받아들이는 데는 전자책으로도 충분하다. 그런데도 종이책에 열광하고, 도서 전시회나 북토크에 대한 관심이 높아지는 이유는 아날로그의 문화와 물성을 소비하려는 욕구가 그만큼 강해졌기 때문이다. 취미, 여행, 북클럽이나 사교 클럽처럼 사람들과 어울리는 활동, 핫플레이스에서의 식사나 쇼핑 등 모든 것이 인 리얼 라이프의 영역에 있다. 디지털 네이티브 세대가 스마트폰을 붙잡거나 컴퓨터 안에서만 살 것 같다고 오해하지만, 오프라인에서 사람들과 만나는 행위와 아날로그 활동들이 가치 있다는 걸 그들은 이미 눈치챘다.

리얼 라이프의 꽃, 여행

문화체육관광부의 관광지식정보시스템에 따르면, 2025년 1~5월에 출국자는 1233만 7천여 명이었다. 그중 20대 204만 명, 30대는 219만 명, 40대는 207만 명, 50대는 202만 명 정도였다. 20대부터 50대까지 비슷하게 200만 명씩 출국했다고 해석될 수 있지만, 연령대별 인구수를 염두에 두고 바라봐야 한다. 행정안전부의 주민등록 인구통계를 보면 2025년 1월 기준 연령대별 인구는 20대가 약 593만 명, 30대는 약 662만 명, 40대는 약 771만 명, 50대는 약 871만 명 정도다. 즉 2030대가 월등히 더 많이 해외여행을 간다고 볼 수 있다.

소득이나 자산은 4050대가 훨씬 더 많아도 현실에서의 소비와 활동, 즉 인 리얼 라이프에서는 2030대가 더 적극적이다. 극장, 공연장, 전시 등 문화예술행사를 직접 관람하는 비율에서도 그 차이가 드러난다. 문화체육관광부의 2024년 국민문화예술활동조사 결과를 보면, 문화예술행사 직접 관람률은 10대 77.8%, 20대 91.4%, 30대 85.0%, 40대 76.5%, 50대 55.5%, 60대 43.7%로 나타났다. 전체 평균은 63.0%로, 전년 58.6% 대비 4.4%포인트 상승했으며, 상승을 이끈 일등 공신은 단연 2030대였다.

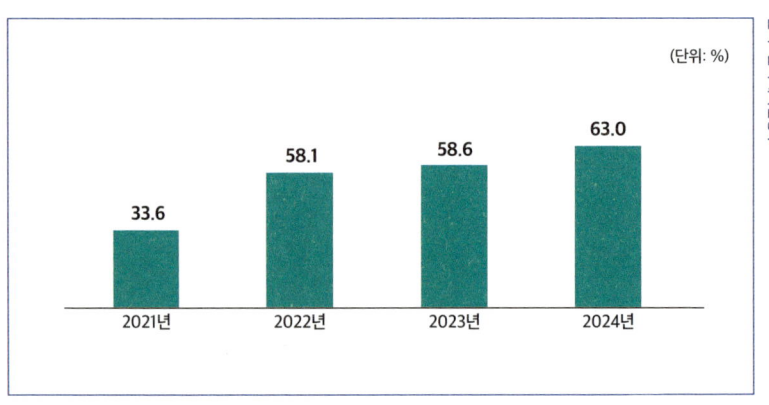

문화예술행사 직접 관람률 전체 평균

관람률은 가구소득과도 일정 부분 비례한다. 월 소득 600만 원 이상 가구의 관람률은 78.7%고, 500~600만 원은 72.9%, 400~500만 원은 67.2%, 300~400만 원은 55.4%, 200~300만 원은 41.7%, 100~200만 원은 23.3%였다. 소득만 놓고 보면 4050대가 2030대보다 월등히 높고 인구 규모도 크다. 그래서 나이 구분 없이 데이터를 보면 마치 고소득층의 관람률이 높은 것처럼 보이지만 실제로는 그렇지 않다. 가장 높은 관람률을 기록한 세대는 오히려 상대적으로 소득이 낮은 2030대였다. 이는 소득 수준과 무관하게 2030대가 인 리얼 라이프에 적극적이며, 그들에게 '경험'과 '취향' 소비가 얼마나 중요하고 당연한 것이 되었는지를 보여준다.

현실 세계가 계속 유효한 이유

'인 리얼 라이프'가 주목받는 가장 큰 이유는 AI 열풍 속에서 기계에 의해 인간의 노동력이 대체되고, 사람의 존재 가치와 존재 이유에 대해 질문하는 시대가 되어서다. 디지털이 만들어내는 기회가 커질수록 아날로그와 오프라인이 만들 기회도 커진다. 햇살이 짙어질수록 그림자도 짙어지고, 산이 높으면 골짜기도 깊어지는 것과 같다. 욕망은 한쪽으로만 일방적으로 쏠리지 않는다. 아무리 좋은 것도 흔해지면 그 가치는 떨어지기 마련이다. 세상의 모든 것이 아날로그와 오프라인이던 시절에서 출발해 점차 디지털과 온라인의 비중이 높아졌고, 21세기를 기점으로 디지털과 온라인이 주류로 여겨질 정도로 성장했다. 그럼에도 불구하고 우리는 결코 아날로그와 오프라인을 버릴 수 없다. 디지털이 아무리 커진다 해도 우리가 진짜 살아가는 세상은 오프라인에 존재하기 때문이다.

사람들은 언제나 낯설고 새롭고 희소한 것에 반응해왔다. 한때 NFT가 부상했지만 더 이상 새롭거나 희소하지 않게 되자 빠르게 관심이 식었다. 메타버스 역시 한때는 뜨거웠지만 지금은 차가워졌다. 둘 다 팬데믹이라는 특수 상황 속에서 과잉 열풍이 만들어낸 현상이었고 결국 사그라졌다.

어떤 열풍이 오래가려면 보편적인 욕망에 부합하고 일상에 스며들 수 있어야 한다. 처음엔 낯설고 희소한 것처럼 보였더라도 시간이 지나 익숙해지고 대중적으로 자리 잡았을 때도 여전히 가치가 유지되는 것들이 있다. 이미 인류가 오랫동안 검증해왔고 누려왔던 아날로그와 오프라인에는 그런 것들이 많다. 그 안에는 시간이 지나도 사라지지 않는 욕망의 본질이 담겨 있다. 요즘 Z세대가 열광하는 콘텐츠나 문화가 왜 아날로그와 오프라인 중심인지 생각해본 적 있는가? 시간이 흐르고 낯섦이 사라져도 인류가 계속 받아들인 검증된 욕망이기 때문이다.

세상엔 새롭고 신기한 것들이 많다. 트렌드를 그런 신기한 것들 위주로 받아들이는 사람들도 있을 텐데 아마 반은 맞고 반은

틀릴 것이다. 몇 년을 이어갈 흐름, 즉 소비가 되든 비즈니스가 되든 지속 가능성의 힘을 가진 것이 진짜 트렌드다. 새롭고 신기한 것 중에도 트렌드로 이어지는 경우가 있지만 대부분은 잠시 유행하다 사라진다. 그러니 신선하다는 이유만으로 현혹되기보다 욕망의 주류가 될 흐름, 비즈니스 기회가 커질 흐름에 주목해야 한다. 그것이 트렌드를 통해 돈을 버는 접근이다. 돈은 언제나 트렌드를 따라 흐른다.

굿즈 힙, 박물관에서 야구장까지

지금은 굿즈 전성시대라고 해도 될 정도로 대부분의 비즈니스 분야에서 굿즈를 만들고 있으며 심지어 아주 잘 팔린다. 대표적으로는 박물관과 야구장 굿즈가 있다.

굿즈로 문화유산을 산다

박물관에서 판매되는 굿즈 매출은 최근 5년 사이에 6배 가까이 증가했다. 국립박물관문화재단에 따르면, 박물관 굿즈 매출액이 2020년 37억 6100만 원에서 2021년 65억 9100만 원, 2022년

116억 9200만 원, 2023년 149억 7600만 원, 2024년에는 212억 8400만 원으로 상승했다. 2020년 대비 2024년의 증가율은 무려 566%에 달한다. 2025년 상반기에도 전년 동기 대비 34% 증가하며 이 같은 흐름이 계속되고 있다.

국립박물관은 아예 뮤지엄과 굿즈를 합성한 '뮷즈MUDS'라는 용어를 만들어 사용하고 있다. 다른 굿즈와 차별화하기 위한 명명이다. 문화유산을 굿즈로 만들어내는 것은 2030대 사이에서 퍼진 '뮷즈가 힙트래디션hip+tradition하다'라는 인식 때문이다. 뮷즈를 통해 우리의 전통과 문화유산을 경험하고 소유하는 것이다. 진품을 소유할 수는 없어도 굿즈를 통해 문화를 소비하고 향유하는 방식이다.

넷플릭스에서 공개된 〈케이팝 데몬 헌터스〉가 전 세계적으로 인기를 끌면서 국립박물관의 굿즈 판매도 고공 행진을 이어갔다. 해당 굿즈들이 이 애니메이션을 위해 제작된 것은 아니지만, 작품 속에 등장하는 소품과 배경에 한국 전통문화가 녹아있어서 관련된 상품을 갖고 싶어 하는 니즈가 반영되며 판매가 급증했다. 인기가 많은 굿즈는 자주 품절되어 구하기 어려울 정도다.

이러한 관심은 굿즈에서 끝나는 게 아니라 자연스럽게 한국 전통문화, 궁궐이나 박물관에 관한 관심으로도 이어진다. 국립중앙박물관의 2025년 상반기 관람객 수는 270만 8892명으로 전년 동기대비 64.2% 증가했으며 연간 500만 명을 넘어설 추세다. 영국 미술 전문지 〈아트 뉴스페이퍼The Art Newspaper〉가 발표한 '2024년 세계 미술관 관람객 순위'에서 국립중앙박물관이 전 세계 8위를 차지했는데 2025년 관람객 순위에서는 5위에 오를 것으로 전망한다.

그리고 국가유산청 궁능유적본부와 국가유산진흥원은 매년 봄과 가을, 서울의 5대 고궁인 경복궁, 창덕궁, 덕수궁, 창경궁, 경희궁에서 궁중문화축전을 개최하는데 이 관람객 수가 매년 늘어나고 있다. 특히 경복궁 별빛 야행, 덕수궁 밤의 석조전, 창덕궁

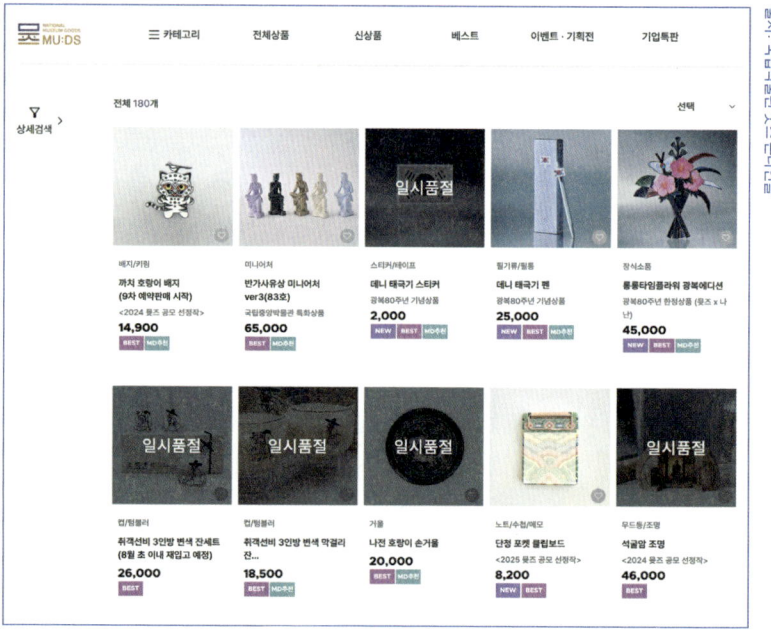

국립박물관에서 판매하는 문화상품

달빛 기행 같은 프로그램은 유료 사전 예약제로 운영되며 표를 확보하기 위한 경쟁이 아이돌 콘서트 티켓팅을 방불케 할 정도로 치열하다. 물론 이 프로그램에 다녀와서 후기를 남기고 인증샷을 SNS에 올리는 일도 적극적으로 이뤄진다.

경험을 물질로 바꿔 남기는 징표가 바로 굿즈다. 굿즈를 통해 자신의 경험과 취향, 관심사를 드러내기 때문이다. 한마디로 '굿즈 힙Goods Hip'이다. 무언가를, 혹은 누군가를 좋아한다면 그와 관련된 굿즈를 사서 표현하는 것이 지금 시대의 욕망이며, 이 역시 경험 소비다.

홈런보다 더 뜨거운 야구 굿즈

한국 프로야구KBO가 관중 수 1200만 명 시대를 열었다. 나날이 관중이 늘고 있는데 과연 1300만 명까지 이어질지는 다소 회의적이다. 2024년 한국 프로야구는 총 관중 1088만 명을 기록하며 역대 최초로 1000만 명을 돌파했는데 이는 2023년 대비 37% 증가한 수치다. 2025년에는 350경기 만에 600만 명을 넘었고, 465경기 만에 800만 명을 돌파했다. 전체 720경기를 기준으로 환산하면 1200만 명은 가뿐히 달성할 수 있는 수치다.

2024년 한국 프로야구의 입장 수입은 1593억 원을 넘겼으며, 2025년에는 1800억 원 수준에 이를 것으로 보인다. 역대급 흥행

돌풍이 불고 있는 셈이다. 그러나 아무리 야구팬이 많아졌다고 해도 관중 수와 입장 수입에는 한계가 존재한다. 2025년 전반기 좌석 점유율이 약 84%인데, 전체 경기 중 매진된 경기는 약 45%다. 좌석 점유율 100%는 현실적으로 어렵다. 경기가 평일에 열리거나, 인기가 낮은 팀 간의 경기이거나, 날씨가 좋지 않으면 점유율은 자연스럽게 떨어질 수밖에 없다. 최고 인기 팀인 한화 이글스의 홈경기 좌석 점유율은 99%에 육박하지만 모든 팀의 모든 경기가 이럴 수는 없다. 결국 관중 수 1300만 명 돌파는 쉽지 않다. 관중 수는 제한이 있고 표 가격을 올린다면 입장 수입을 더 늘릴 수는 있겠지만, 큰 폭의 인상은 부담이 커서 현실적으로 힘들다.

하지만 굿즈 수입은 다르다. 성장에 한계가 없다. 아직까지는 입장 티켓 수입이 굿즈 수입보다 많지만, 2025년에는 양측 수입이 비슷해질 것으로 보이며 2026년에는 역전될 가능성도 있다. 2024년 기준, 10개 구단의 굿즈 매출은 약 1000억 원으로 추산되는데 이는 전년 대비 두 배 가까이 증가한 수치다. 놀유니버스에 따르면 2025년 5월 기준 굿즈 매출은 전년 동기 대비 77% 증가하며 가파른 상승세를 이어가고 있다.

이처럼 프로야구에서 굿즈 매출은 2024~2025년 폭발적으로 성장했다. 가장 중요한 배경은 2030대 여성들이 프로야구 직관에 나서고 적극적으로 팬덤형 소비를 하고 있기 때문이다. 구단별로 보면, KIA 타이거즈는 2024년 굿즈 매출이 전년 대비 약

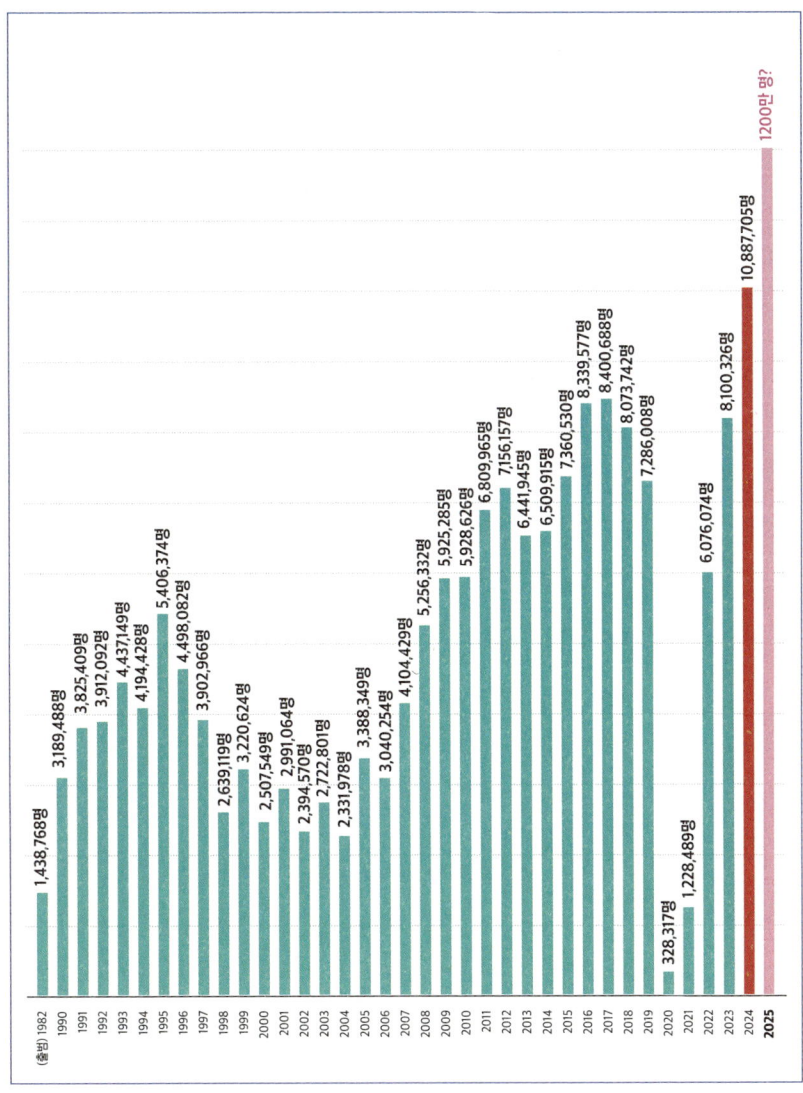

한국 프로야구 연도별 관중 현황

4장 | 경험 시대의 리얼 라이프 파워 Age of Experience

340% 증가했다. 정규 시즌과 한국시리즈 모두 우승했고, MVP로 선정된 김도영 선수의 인기도 한몫했다. 김도영의 이름이 새겨진 유니폼 매출만 해도 110억 원을 넘겼다고 한다. 삼성 라이온즈도 2024년 굿즈 매출이 전년 대비 300% 증가했으며, 2023년에 4만 장 정도 판매됐던 유니폼이 2024년에는 12만 장을 넘었다고 한다. 롯데 자이언츠는 195%, 한화 이글스는 189%, 두산 베어스는 105%, NC 다이노스는 90%, KT 위즈는 75%, 키움 히어로즈는 24%, SSG 랜더스는 20% 증가했다. 2023년에 우승하며 2022년 대비 굿즈 매출이 200% 증가했던 LG 트윈스도 2024년에는 20% 가량 늘었다. 세 자릿수 증가율을 기록한 팀들이 있어 두 자릿수 증가율이 낮아 보일 정도다.

프로야구에서 굿즈 매출이 급증한 가장 큰 요인은 2030대의 힘이다. 좀 더 정확히 말하면 2030대 여성의 소비력이다. 뮤지컬, 콘서트, 연극 등 공연 시장에서 2030대는 전체 예매자의 71~74%를 차지하는데 이 중 80% 이상이 여성이다. 다시 말해, 전체 공연 티켓의 약 60%를 2030대 여성이 구매하고 있는 셈이다. 이는 갑작스러운 변화가 아니라 오래전부터 누적된 흐름인데 이들이 이제 프로야구에서도 힘을 발휘하고 있다. 공연장에 가고, 관련 굿즈를 구매하는 데 익숙한 2030대 여성들이 야구장을 콘서트처럼 즐기는 것이다. 이들이 야구에 열광하는 건 어쩌면 자연스러운 수순이다. 콘서트보다 티켓 가격이 훨씬 저렴하면서도 2~3시간 동안 다양한 먹거리와 맥주를 곁들여 신나게 놀 수 있다. 게다가 팬덤의 마음으로 열광할 젊은 선수들이 있고, 자신이 좋아하는 선수의 유니폼을 입으며 팀을 응원하는 소속감까지 느낄 수 있다.

이전에는 남성 관중이 직관(직접 관람)을 주도했다. 이때만 해도 굿즈는 열풍이나 트렌드라 부를 만큼의 규모로 팔리지 않았고 부수적인 상품에 불과했다. 그런데 지금은 2030 여성, 특히 20대 여성이 직관 문화를 주도하는 시대가 되니 인기 선수들의 굿즈 매출이 급증할 수밖에 없다. 그동안 한국 프로야구는 대기업인 모회사의 지원을 받으며 운영해왔고 독자적인 운영만으로는 수지 타산을 맞추기 어려웠다. 그러나 2030 여성의 소비력이 더해지면서 새로운 변화를 맞이하고 있다. 굿즈는 더 이상 조연이 아니라 흥행을 이끄는 새로운 주연이 되고 있다.

참고로 프로축구 K리그(K리그1, K리그2)는 연간 470경기를 치르는데 관중 수는 2023~2025년 연간 300만 명대를 유지하고 있다. 굿즈 매출은 프로야구와 비교하기 어려울 정도로 낮다. 정확한 수치는 공개되지 않았지만 프로야구 인기 구단 한 곳의 굿즈 매출보다도 적을 수 있다. 프로농구와 프로배구의 굿즈 매출은 수억 원대에 불과한 수준이다. 이제 프로스포츠에서 굿즈는 중요한 화두가 되었다. 프로스포츠가 안정적인 독립 운영을 하려면 경기력은 물론이고 탄탄한 팬덤을 확보해야 할 것이다. 그 결과가 굿즈 매출 같은 소비로 고스란히 드러나기 때문이다.

굿즈 하나로 말하는 시대

도서 전시회에서는 책이 아니라 굿즈가 주인공처럼 보인다. 불교박람회에서도 종교로서의 불교가 아닌, 문화로서의 불교와 그에 따른 굿즈가 주인공 같다. 요즘 어떤 전시나 행사든 굿즈를 만들고 열심히 판매한다. 이를 두고 주객전도가 되었다며 비판하는 사람들도 있지만, 굿즈가 주목받지 않는 분야는 대체로 인기가 낮다. 굿즈가 곧 인기의 척도인 셈이다.

굿즈는 물성을 가지는 물건이다. 스티커, 키링, 티셔츠처럼 입고, 달고, 붙이며 자신을 드러내는 도구로도 활용된다. 소셜미디어에서 익숙하게 자신을 드러내던 행동을 오프라인 현실에서도 하고자 하는 것이다. 이런 맥락에서 굿즈 역시 소비 욕구를 자극할 수 있도록 잘 만들어져야 한다. 굿즈 힙 속에는 경험 소비와 팬덤 소비, 인 리얼 라이프의 요소가 고루 담겨 있다. 이러니 열광하지 않을 수 없다. 굿즈 하나로 여러 욕망을 동시에 충족할 수 있으니 가성비로도 탁월한 셈이다.

돈을 불러오는 Tip

손맛을 찾는 사람들

2025년 7월 기준, 인스타그램에서 해시태그 #뜨개질을 검색하면 125만 개의 게시물이 뜬다. #뜨개를 검색하면 49만 개, #뜨개가방은 37만 개, #뜨개스타그램은 30만 개가 나오며, 뜨개질과 관련된 용품 해시태그인 #코바늘은 115만 개, #대바늘은 36만 개의 게시물이 검색된다. 뜨개질 관련 게시물을 모두 합치면 5~600만 개는 훌쩍 넘을 것으로 본다. 자신이 뜨개질한 물건이 멋지다고, 뜨개질 하는 시간이 즐거운 취미라며 찍어 올린 사진이 수백만 장에 이르고 여기에 쏟아진 관심과 좋아요 수는 셀 수 없을 정도다.

뜨개질이 할머니 세대의 유물처럼 느껴지는 이들도 있겠지만 흥미롭게도 지금은 2030대가 주목하는 인기 놀이가 되었다. 뜨개 분야의 대표적인 브랜드 바늘이야기의 유튜브 채널은 구독자 수가 45만 명을 넘었고, 인스타그램 팔로워는 18만 명을 돌파했다.

뜨개질을 즐기는 셀럽도 눈에 띈다. 걸 그룹 르세라핌의 멤버 미야와키 사쿠라는 뜨개질이 취미라고 밝혔으며, 무대 의상을 뜨개질로 만들어 입기도 했고 직접 뜬 모자를 동료들에게 선물했다. 사쿠라는 아이돌 사이에서 뜨개질에 관한 관심을 높이는 데 기여했으며, 1020대에게 취미로서 뜨개질이 확산되는 데에도 영향을 미쳤다. 이는 한국뿐만 아니라 일본에서도 마찬가지였다. 1020대 사이에서 뜨개질이 힙한 취미로 빠르게 번지며 일본의 100엔 숍 다이소에서도 뜨개 용품이 히트 상품이 되었다.

뜨개질은 다소 비효율적인 활동이다. 기계로 만든 옷을 사는 것이 더 빠르고 저렴할 수 있다. 그럼에도 사람들이 손으로 뜨개를 하고, 실을 고르고, 도안을 찾아가며 만든다. 효율의 시대에 '비효율'과 '손맛'이 새로운 욕망이 되었기 때문이다. 이는 아날로그에 대한 관심이 커지는 흐름과도 맞닿아있다.

비슷한 흐름은 기계식 키보드에도 나타난다. 2025년 3월에 열린 '서울 기계식 키보드 박람회'는 벌써 2회를 맞이했고, 2월에 열린 '아이파크몰 키보드 페스티벌'과 전자랜드가 2024년 8월에 론칭한 브랜드 '세모키(세상의 모든 키보드)' 역시 6월 더현대서울에 팝업스토어가 오픈되며 주목을 받았다. 이 모든 행사에서 두드러진 특징은 2030대, 특히 여성 관객의 참여율이었다.

이런 현상은 책상 위 공간을 꾸미는 '데스크테리어Deskterior'와도 맞물린다. 데스크테리어가 2030대 사이에서 확산되며 자신의 책상을 감각적으로 꾸미는 학생과 직장인이 늘고 있다. 자연스럽게 기계식 키보드가 단순한 입력 도구를 넘어 개성과 감성을 표현하는 소품으로 진화하고 있다. 컴퓨터를 사면 따라오는 기본 키보드가 아닌, 비싼 키보드를 따로 구입하는 것은 전혀 다른 선택이다. 과거에는 프로게이머나 소수의 마니아가 열광하던 고가의 취미라는 이미지도 있었지만, 이제는 일반 학생과 직장인에게도 사랑받는다. 개성 있는 사무용품, 아날로그의 손맛, 그리고 나만의 취향을 담은 키보드라는 인식으로 자리 잡았다. 기계식 키보드 시장은 대중성의 확장과 함께 성장세를 이어가며 가격도 점점 낮아지고 있다. 국내 기계식 키보드 시장 규모는 2014년 468억 원 수준에서 2024년에는 약 1000억 원으로 추산된다. 국내는 물론 전 세계적으로도 이 시장이 모두 성장세다.

또한 요즘 Z세대는 '도시락 만들기'라는 취미에 빠졌다. 엄밀히 말하자면 Z세대 중에서도 20대 직장인과 대학생을 중심으로 도시락 만들기 붐이 일고 있다. 식비를 아끼기 위한 수단과는 다르다. 지금의 도시락은 식단 관리가 필요하고 건강한 먹거리까지 챙기고 싶은 이들에게 효과적인 선택지가 된 것이다.

게다가 자신이 싼 도시락을 인증샷으로 소셜미디어에 남기는 것도 새로운 과시가 되었다. 예쁜 도시락통과 정성스러운 플레이팅, 도시락을 감싼 보자기나 파우치까지 패션 아이템처럼 연출하면서 자기표현의 수단이 되었다. 오늘 입은 옷을 OOTD^{Outfit Of The Day}라는 이름으로 올리듯이 도시락 사진을 인증하며 자신을 표현한다.

Z세대는 급식 세대다. 도시락을 싸 본 적이 거의 없는 세대이기

에 기성세대가 가질 법한 도시락에 대한 향수보다는 새로운 경험으로서의 재미를 느낀다. 반면 도시락이 익숙한 X세대(지금의 4050대)는 도시락을 보며 과거를 회상한다. 이처럼 아날로그는 세대별로 전혀 다른 정서를 갖는다. X세대에게는 추억이지만 Z세대에겐 조금 낯설면서도 새롭고, 희소하기도 한 멋진 이미지를 가진 것이다.

욕망은 늘 희소성과 반발성을 가진다. 지금의 흔한 디지털 속에서 아날로그 지향은 유니크하고 힙하다. 아날로그가 주는 감성은 Z세대에게 '처음 만나는 오래된 미래'와 같다. 경험 소비가 중요해진 시대, 동 세대의 보편적인 디지털 경험보다 한 세대 전의 특이한 아

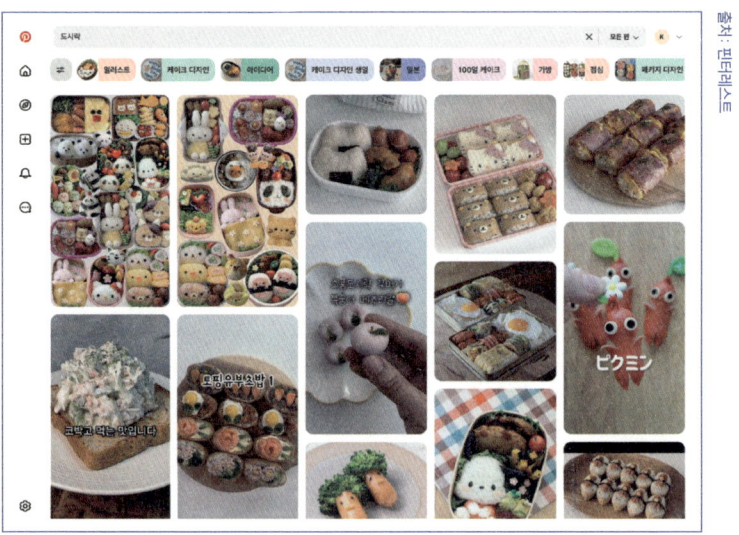

핀터레스트 도시락 검색 결과

날로그 경험이 오히려 새롭고 흥미로우며 매력적이다. 그래서 디지털 네이티브는 아날로그에 빠져든다. 다소 투박하지만 인간적인 느낌, 효율적이지 않지만 손으로 만들어낸 성취감, 흔하지 않기에 특별한 물성. 이것이 지금 Z세대가 아날로그에 열광하는 이유다.

아날로그의 유행은 단순한 레트로가 아니라 Z세대가 처음 경험하는 새로운 문화다. 뉴트로New-tro란 말은 기성세대가 만든 정의일 뿐, Z세대에게는 처음 마주하는 하나의 감각이자 욕망이다. 이 오래된 미래는 디지털 네이티브의 심리를 자극하고 새로운 비즈니스 기회로도 연결되고 있다.

결국은 팬덤 소비다

전 세계 스마트폰 사용자 수는 55억 명을 넘어섰다. 이 55억 명에게는 언제 어디서든 사진과 영상을 찍고, 자신이 만든 콘텐츠를 소셜미디어에 올릴 수 있는 환경이 주어졌다. 동시에 이들은 휴대폰 안에서 다른 사람들과 실시간으로 연결될 수 있고 자신이 좋아하는 스타와 팬덤 관계를 맺을 수도 있다. 개인이지만 온라인에서 실시간으로 연대하며 집단을 형성할 수 있는 것이다.

팬덤이란 공통의 관심사를 공유하는 사람들이 모여 서로 공감하고 우정을 나누는 문화다. 단골 소비자나 어떤 것을 좋아하는 사람에 그치지 않고, 커뮤니티를 통해 함께 어울리며 자신이 좋아하는 대상에 시간과 에너지를 쏟는다. 나아가 소비 또한 아끼지 않는 이들이 팬덤을 이룬다. '팬fan'이라는 단어는 '열광적인 광신도'를 뜻하는 fanatic에서 비롯됐으며 여기에 영역이나 나라를 뜻하는 접미사 '-dom'을 붙여 만들어진 것이 '팬덤fandom'이다. 혼자가 아닌 함께 좋아하는 집단. 그것이 바로 팬덤이다.

팬덤 소비의 초석, K-Pop

K-콘텐츠가 널리 알려지게 된 계기인 K-Pop의 글로벌 성공 역시 팬덤 없이는 불가능했을 것이다. K-Pop은 전 세계 디지털 네이티브들이 팬덤 소비Fandom Consumption를 적극적으로 할 수 있도록 그에 최적화된 환경을 구축해왔다. 대표적인 팬덤 플랫폼으로는 위버스, 버블, 메이크스타, 프롬 등이 있는데, 팬들은 플랫폼을 통해 매달 구독료를 내고 멤버십에 가입해 아티스트와 직접 소통하기도 하고 유료 콘텐츠와 굿즈, 팬미팅 및 콘서트 관련 상품 등을 구매한다. 이에 따라 창출되는 팬덤 플랫폼 시장 규모는 약 10조 원으로 추산되며, 이용자 수와 매출에서 해외 비중은 플랫폼마다 70~90%에 달한다.

K-Pop 열풍의 일등 공신은 BTS다. 2013년에 데뷔한 이들은 데뷔 때부터 유튜브 채널을 통해 해외 팬덤 공략을 시작했고, 2019년 하이브 엔터테인먼트에서 만든 위버스 플랫폼을 통해 본

격적 팬덤 경제를 키워갔다. 그리고 이런 BTS를 키운 일등 공신은 글로벌 팬덤 '아미ARMY'라고 해도 과언이 아니다. K-Pop은 음악 기반의 산업으로 시작해 팬덤 기반 산업으로 진화했다. 오늘날의 아이돌 팬은 좋아하는 가수의 음악만 소비하지 않는다. 음반을 사고, 유료 영상 콘텐츠를 시청하며, 콘서트와 팬미팅에 참석한다. 또한 티셔츠, 응원 봉, 각종 굿즈를 구매하고, 팬클럽 유료 멤버십에 가입하고, 가수가 광고하는 제품을 사고, 팬을 대표해 기부하거나 직접 홍보에 나서기도 한다. K-Pop이 글로벌 산업으로 성장하는 데에는 글로벌 팬덤의 적극적이고 자발적인 소비와 참여가 결정적인 역할을 했다.

사실 한국 음악 산업에서 K-Pop이라는 표현이 널리 사용되기 전부터 한국의 인기 가수 팬클럽은 늘 열정적인 집단이었다. '오빠 부대'라는 표현이 괜히 생겨난 게 아닌 것처럼 말이다. 가수를 좋아하게 되면서 그가 부르는 노래를 즐기고, 음반을 사거나 콘서트에 가는 것까지는 일반적인 팬이라면 누구나 할 수 있는 일이다. 하지만 팬끼리 서로 어울리며 집단적인 행동을 만들어내는 것은 팬덤이 아니고서야 할 수 없는 일이다.

팬이 되는 일은 자발적이지만, 팬덤이 형성되려면 기획사 등 조직적인 차원의 의도나 지원이 필요하다. K-Pop의 확산과 함께 K-팬덤 문화 또한 전 세계로 퍼져나갔다. 그리고 이 팬덤은 이제 음악을 넘어 게임, 관광, 식품, 패션, 뷰티 등 다양한 영역에 영향력을 발휘하고 있다. 덕분에 K-Pop은 할 수 있는 모든 것을 시도하고, 팔 수 있는 모든 것을 판매하면서 시장을 끝없이 확장해 나가고 있다.

팬덤은 어디든 존재한다

팬덤은 아이돌 가수에게만 적용되는 것이 아니다. 앞서 말했듯 한국 프로야구의 관중 수 급증과 직관 열풍의 결정적 이유는 2030대 여성 유입이었고, 이들이 그동안 해왔던 팬덤 소비를 프로야구에서도 이어가면서 시장이 커졌다. 2025년 프로야구 개막전 티켓 예매자를 보면 여성은 64%, 남성은 36%였다. 2024년 프로야구 올스타전에서는 여성 68.8%, 남성 31.2%, 2023년 올스타전은 여성 65.7%, 남성 34.3%로 큰 경기일수록 여성 관중의 비율이 높았다. 시즌 전체로 보면 여성과 남성의 비율은 대략 5.5:4.5로 여성이 더 많긴 해도 어느 정도 균형을 이루는데, 올스타전이나 개막전 같은 큰 경기에서는 여성 관중이 전체 관중의 약 3분의 2를 차지한다. 이들 대부분은 2030대로, 팬이 많은 스타 선수가 출전하는 경기일수록 2030대 여성의 비중이 높아진다.

2030대 여성 팬들은 관람을 넘어 유니폼, 굿즈 등을 적극적으로 소비하는 고관여층이다. 프로야구의 고관여층 중 여성 비율은 약 3분의 2에 이르는데 프로축구는 1/3에 불과하고, 프로농구와 프로배구는 고관여층에서 여성 비율이 70~80%에 달한다.

팬덤의 힘이 발휘된 사례 중 하나로 웹 예능 프로그램 〈불꽃야구〉가 있다. 2022년부터 2024년까지 방송된 JTBC의 〈최강야구〉 시즌 1~3에 열광했던 팬들이, 2025년부터는 〈불꽃야구〉로 관심을 옮겼다. 방송사와 외주 제작사의 갈등으로 인해 외주 제작사가 독립하여, 기존 서사를 계승한 형태로 새 프로그램을 론칭하자 팬들도 옮겨간 것이다. 과거에는 방송사와 외주 제작사가 충돌하면 대개 방송사가 이겼다. 영향력과 자본력, 인력 등 모든 면에서 방송사가 '갑'이었기 때문이다. 그런데 이처럼 외주 제작사

야구 예능 프로그램 〈불꽃야구〉

가 싸움을 이어갈 수 있었던 건 전적으로 팬덤의 힘 덕이다.

〈불꽃야구〉 팬덤의 위력은 숫자로도 확인된다. 2만 석 내외의 직관 티켓이 오픈되면, 15~20만 명이 동시 접속해 몇 분 만에 전석이 매진된다. 굿즈도 빠르게 판매되는 것은 물론이다. 이에 힘입어 자체 플랫폼인 제작사 스튜디오 C1 홈페이지에서는 영상 콘텐츠와 온라인 스토어를 운영하고, 스폰서십 계약과 각종 광고, 슈퍼챗 등 여러 수입 모델도 확보했다. 특히 제작사 유튜브 채널에서 매주 월요일 저녁 8시에 진행하는 라이브 방송은 동시 접속자 수 20만 명대를 기록하며, 업로드된 영상은 수백만 회 이상 조회된다.

또한 SBS Plus에서는 직관 경기를 중계하는데 분당 최고 시청자 수가 30만 명을 넘는다. 2023~2025년은 한국 프로야구 관중 수가 매년 200만 명씩 폭발적으로 증가한 시기다. 이 같은 현상은 2030대 여성들이 야구에 빠지며 형성된 강력한 팬덤과 인기 예능으로 자리잡은 〈불꽃야구〉(전신인 〈최강야구〉 시즌 1~3 포함)의 영향도 맞물려 나타난 결과다.

현재 JTBC가 제작하는 〈최강야구〉 시즌 4보다, 스튜디오 C1이 제작하는 〈불꽃야구〉를 더 응원하는 팬들이 압도적으로 많다. 팬덤에서 가장 중요한 요소는 '진정성'과 '스토리'인데, 이 두 가지 면에서 〈불꽃야구〉가 강력한 지지를 얻고 있다.

2030대 여성을 사로잡아라

앞서 말했듯 팬덤 소비는 공연 시장에서도 두드러진다. 아이돌 콘서트를 비롯해 이전부터 뮤지컬 팬덤의 화력은 탄탄했다. 최근에는 클래식, 출판, 미술계 등으로도 번져가는 추세인데 클래식 공연의 경우, 유명 연주자의 연주회는 아이돌 콘서트처럼 빠르게 매진되며 공연 후에는 소셜미디어에 후기가 쏟아진다.

문화와 콘텐츠 영역에서 팬덤 소비는 매우 강력한 힘을 발휘한다. 그래서 관련 업계에서는 자신들만의 콘텐츠를 앞세우며 팬덤을 만들어내고 이를 활용하는 데 집중하고 있다. 특히 팬덤 소비에서 2030대 여성이 중요한 이유는 이들이 '경험', '취향', '개성'을 소비의 일부로 받아들이기 때문이다. 더불어 1990년대부터 본격화된 한국 팬덤 문화의 시작점 역시 1020대 여성들이었고, 이 흐름이 2030대를 지나 현재는 4050대 여성으로까지 확장되었다. 팬덤의 영향력은 개인보다 집단으로 연대할 때 훨씬 커진다.

만약 당신에게 1000명의 팬이 존재한다면, 아니 열성적인 팬 100명만 있어도 당신은 다양한 비즈니스를 시작할 수 있다. 유튜브나 인스타그램에서 인플루언서들이 쏟아지는 이유도 바로 이런 팬덤이 있어서다. 구독자 수와 좋아요 수 모두 팬덤의 지표다. "팬덤은 더 이상 단순한 소비가 아니다. 문화를 이끄는 강력한 힘이다Fandom is no longer just about consumption. It's a powerful force steering culture"

라고 이야기한 유튜브 CEO 닐 모한Neal Mohan의 말처럼, 유튜브 또한 크리에이터들이 팬 커뮤니티와 쌓아온 관계에서 나오는 문화적 힘의 가치를 높이 평가하고 있다.

이제 모든 콘텐츠 비즈니스와 커머스 비즈니스에서 팬덤의 영향력은 점점 더 커지고 있다. OTT나 콘텐츠 서비스도 마찬가지로 정기구독을 통해 고객을 락인Lock-in시키는 것이 핵심 전략이 되었다. 충성 고객을 넘어 애정을 가진 팬으로 만들 수 있어야 하는 것이다. 팬덤은 유통업계에서도 중요해졌다. 쿠팡, 네이버, SSG 등은 유료 멤버십을 운영하면서 무료배송, 추가 할인, 적립금 혜택 등을 통해 유료 고객이 장기적으로 머무르게 만든다. 구독 경제와 팬덤 경제는 서로 연결된다. 그런데 지금 시대의 소비자들은 예전처럼 한 브랜드나 제품에 맹목적으로 충성하지 않는다. 언제든지 더 나은 경험을 위해 갈아탈 준비가 되어 있다.

미묘한 팬심을 아는 자, 비즈니스를 움직인다

요즘 소비재 기업의 마케팅 메시지에 주목하라. 그들이 소비자를 팬덤으로 대하고 있는지 단순 구매자로만 보는지. 혹은 물건을 사주는 사람으로만 보고 있는지. 이제 소비자와 어울리고 소통하며, 경험을 함께 나누는 마케팅 활동이 필수가 된 것은 팬덤 소비가 보편화되었기 때문이다.

자영업자도 마찬가지다. 욕쟁이 할머니의 '욕'은 유니크한 콘텐츠이며 '정'은 관계를 형성하는 도구다. 이 두 가지가 소비자에게 만족을 줄 때 팬이 생기고, 이 팬들이 서로 연결되어 가게를 홍보하며 우호적인 메시지를 확산시킨다면 이것이 하나의 팬덤이 된다. 물론 욕쟁이 할머니가 파는 음식과 술이 맛있어야 한다는 건 기본이다.

상품이 좋고 서비스가 훌륭하다고 해서 소비자가 먼저 알아보고 찾아오는 시대는 아니다. 자영업의 폐업률이 높아지는 이유는 경기 침체나 소비 부진도 있지만 그보다 자영업자의 수가 너무 많기 때문이다. 모두가 다 살아남을 수는 없다. 경쟁력이 부족하거나 시대에 뒤처진 업장은 안타깝게도 사라질 수밖에 없을 것이다.

분명한 것은 자신이 좋아하고 꽂힌 대상에 훨씬 적극적으로 지갑을 여는 팬덤 소비가 점점 더 확장될 것이라는 점이다. 그만큼 소비자의 말과 연대를 민감하게 읽어야 한다. 팬덤 소비가 폭발적으로 확산될 수 있었던 배경에는 소셜미디어라는 기반이 있다. 소셜미디어는 모든 분야에서 실시간으로 팬덤이 형성되고 영향력을 발휘할 수 있는 조건을 마련해주었다. 그러니 기회를 얻고 싶다면 사람들이 지금 가장 많이 이야기 나누고 있는 곳이 어디인지 주목해야 한다.

시대 정신이 된 '셀렉티브 인텐션'

셀렉티브 인텐션Selective Intention이란 수많은 선택지 사이에서 특정 대상을 선별해 집중하는 행위를 뜻한다. 이는 마케팅 맥락에서 소비 욕망을 설명하는 개념이기도 하지만, 지금의 시대 정신을 대변하는 말이기도 하다.

기업이 운영하는 사업에서도 '선택과 집중'은 계속 강조되고 있다. 다시 말해 구조조정에 대한 요구가 거세졌다. 수년간 미국의 빅테크를 필두로 글로벌 기업들은 쇠퇴하는 사업은 과감히 정리하고, 조직의 인력 구조도 과감히 재편해왔다. 모든 영역을 끌고 가기엔 무리가 있는 시대다. 냉정하지만 '무엇을 살리고 무엇을 버릴 것인가'를 결정할 수밖에 없는 것이다.

사람과의 관계에서도 셀렉티브 인텐션이 중요해졌다. 많은 인맥을 지향하던 한국 사회는 이제 '최적 인맥' 또는 '최소 인맥'에 눈을 떴다. 한때는 휴대폰에 저장된 연락처 수가 곧 그 사람의 사회적 가치를 말해준다고 여겨졌지만 이제는 과잉 인맥이 시간과 에너지, 감정의 낭비라고 보는 시각이 커졌다.

소비에서도 셀렉티브 인텐션은 점점 더 강한 욕망이 되고 있다. 무언가에 집중하기 위해서는 반대로 어떤 것은 과감히 덜어내야 한다. 불필요한 지출을 줄이고 꼭 필요한 것에만 지출하는 '요노YONO, You Only Need One' 트렌드 역시 셀렉티브 인텐션이다. 무작정 소비를 줄이고 저축만 하자는 것이 아니다. 요노는 짠돌이나 짠테크와는 결이 다르다. 무언가를 아끼는 이유는 자신이 집중한 분야에 더 아낌없이 쓰기 위해서다. 의식주에서 일상적인 소비는 절제하고 저렴한 것으로 줄여나가며, 여행이나 취미 같은 경험에 투자할 여력을 확보하는 것이다.

앞서 다룬 '경험 사치'는 경험 중심 시대의 최상위 소비 욕망인데, 이는 부자들만의 것이 아니다. 부자가 아니어도 종종 특별한 분야에서만큼은 경험 사치를 누리려는 이들이 늘고 있다. 이것이 셀렉티브 인텐션이며 이런 소비를 실현하기 위해선 일상 소비부터 달라져야 한다.

다이소와 코스맥스의 약진

셀렉티브 인텐션의 대표적인 수혜자는 다이소다. 다이소의 2025년 매출은 4조 원을 넘어설 것으로 예상된다. 2024년 매출이 전년 대비 14.7% 증가했고, 영업이익은 무려 41.8%나 늘었다. 영업이익률은 9.35%로, 이는 유통업계 평균보다 높을 뿐만 아니라 대기업 백화점이나 대형마트 업계보다도 높은 수준이다.

가성비의 대명사 다이소는 천 원짜리 물건들을 팔면서도 어떻게 이런 성과를 낼 수 있었을까? 그간의 매출 흐름을 보면, 2014년 1조 원이었던 매출이 10년 만에 거의 4조 원에 이르렀다. 매출 1조 원에서 2조 원까지 도달하는 데는 2014년부터 2019년까지 5년이 걸렸지만 2조 원에서 4조 원이 되기까지는 2020년부터 2024년까지 5년밖에 걸리지 않았다. 꾸준하면서도 가파른 성장세다. 이런 흐름이라면 2026년에는 5조 원에 근접할 수도 있다.

다이소는 경기 침체와 불황의 수혜자라는 수식어가 늘 함께 언급되는데 이 성장의 이면에는 달라진 소비 욕망, 즉 '셀렉티브 인텐션'이 자리하고 있다. 자신에게 중요한 무언가에 투자하려는 소비자들이 많아질수록 다이소 같은 곳이 더욱 강력한 선택지로 부상하는 것이다.

2030대에게 다이소는 합리적인 소비처다. 이들은 생필품만 사러 가는 것이 아니라 옷이나 건강기능식품, 화장품을 사기 위

다이소의 매출액과 영업 이익

해서도 다이소를 찾는다. 특히 화장품은 이제 올리브영에 필적할 정도다. 2024년 기준 화장품 매출은 전년 대비 144% 성장했으며, 해외 카드 결제 금액도 2022년에 전년 대비 300% 성장한 이후 2023년에는 120%, 2024년에는 50%의 높은 성장률을 기록하며 지속적으로 상승 중이다. 과거 면세점이 차지하던 역할을 이제 다이소와 올리브영이 나눠 맡고 있는 셈이다.

 다이소는 다른 유통업체와 달리, 자체 기획 및 소싱으로 제품을 유통하는 구조에서 차별성을 가진다. 2025년 3월 서울 및 수도권 지역에서 휴일 배송을 시작한 데 이어, 4월 말부터는 이를 전국으로 확대했고 다이소몰 앱을 통한 당일 배송 서비스도 강남

3구에서 테스트했다. 오프라인 중심에서 전방위로 사업을 확장하고 있는 것이다. 사실 박리다매는 가장 어려운 마케팅 전략 중 하나다. 그런데 다이소가 안정적인 상품 공급과 획기적인 비용 절감을 동시에 달성할 수 있던 배경에는 다이소 허브센터를 중심으로 한 물류 혁신이 있다.

화장품 기업 코스맥스 역시 셀렉티브 인텐션의 수혜자다. 경험 소비에 상대적으로 더 적극적인 2030대 여성에게 화장품은 일상적으로 필요한 품목이다. 2030대 남성도 주요 소비자층으로 부상하고 있다. 지금의 화장품 시장은 더 이상 대기업과 유명 브랜드가 주도하는 구조가 아니다. 개성과 접근성을 중시하는 소비자들이 늘면서 가성비 좋은 인디 브랜드가 주목받는 시대가 되었다. 2010년대까지만 해도 대기업 2곳이 90%를 점유하던 화장품 수출 시장에서 현재는 인디 브랜드를 보유한 중소기업의 비중이 70%에 이른다. 올리브영 등 드럭스토어의 부상과 소셜미디어를 통한 글로벌 마케팅, 비非중국 시장 공략 등이 이 같은 변화를 이끌었다. 대기업들도 인디 브랜드를 인수하며 이러한 트렌드에 발빠르게 대응 중이다. 인디 브랜드 시대의 최대 수혜자는 제조업자가 설계하고 생산을 주도하는 ODM 기업이며, 그중 1위가 바로 코스맥스다.

코스맥스와 거래 중인 국내외 고객사는 약 4500개에 이르는데 이 중 절반은 해외 고객사다. 고객사 수는 꾸준히 증가하는 추세다. 코스맥스의 주요 고객은 중소 화장품 회사들로 이들은 보통 제품의 연구 및 개발과 기획 역량은 갖추고 있지만, 자체 생산 공장을 보유하고 있지 않은 것이 특징이다. 따라서 제조업자 개발 생산ODM을 전문으로 하는 코스맥스와 같은 파트너가 필요한 것이다. 코스맥스는 전체 직원 약 500명 중 30%에 해당하는 인력이 R&I 센터에서 근무하며 R&D를 담당하고 있다. 인디 브랜드에 특화된 전담 조직도 신설했으며 해외 각국의 규제 및 인증에 대응하는 조직도 함께 운영 중이다. 현재 코스맥스는 중국, 미국, 인도네시아, 태국 등 전 세계 19개 생산 거점에서 만들어 34개국에 수출 중이다. 코스맥스의 고객사를 통해 유통되는 국가는 100개국 이상에 달한다. 또한 코스맥스는 글로벌 30개국 1300여 개

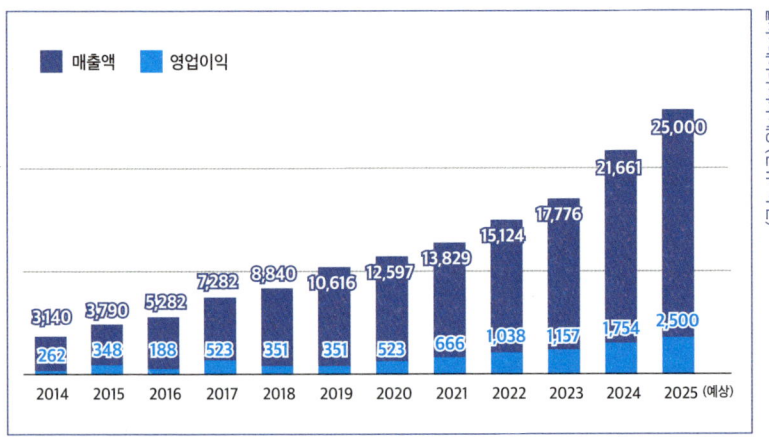

코스맥스의 매출액과 영업 이익

업체로부터 원료와 부자재를 안정적으로 공급받고 있다.

코스맥스의 진정한 경쟁력은 공급망 관리와 물류 혁신에 있다. 앞서 언급한 다이소의 사례와도 유사하다. 불황형 소비, K-뷰티 확산, 셀렉티브 인텐션 같은 소비 트렌드는 많은 기업에 영향을 미치지만 이 가운데에서도 압도적인 성과를 내는 제조기업은 결국 기본이 탄탄한 곳이다. 즉 공급망 관리, 물류, 생산성, 그리고 R&D의 내실이 경쟁력을 만든다.

중요한 것은 셀렉티브 인텐션에 기반한 소비 욕망은 앞으로도 계속될 것이며, ==일상 소비재, 뷰티, 패션, 식품 등 의식주 전반의 소비 영역에서 선택과 집중을 하는 소비자를 만나게 될 것==이라는 점이다. 선택받는 것만큼이나 과감하게 쥐고 있던 것을 버리고 구조조정할 수 있는 판단력도 중요해졌다.

정체성에 투자하는 부자들

주식이나 코인 투자, 스타트업 등으로 새롭게 부자가 된 영앤리치에게서 셀렉티브 VIP 마인드가 확산된다. 돈은 충분히 많지만 그렇다고 비싼 것에 전부 관심을 두고 사는 것은 아니다. 일부러 기성세대가 좋아하는 럭셔리 브랜드를 외면하기도 한다. 이는 돈의 문제가 아니라 정체성의 문제다. 자신들에게 맞는, 새롭게 등장한 럭셔리 브랜드를 직접 써보고 검증되었을 때만 충성하겠다는 태도다.

프리미엄 소비재 브랜드, 백화점 같은 유통 브랜드에서도 이런 셀렉티브 VIP를 주목하고 있다. 기성세대 눈에는 낯설고 있는지도 몰랐던 새로운 브랜드들이 계속 백화점에서 팝업을 열고 주목받는 것도 이 때문이다. 전통 있고 오래된 브랜드로서는 변신이 필요하고, 새로운 브랜드로서는 과감히 승부를 걸어볼 환경이 만들어지는 것이다.

또한 모든 것을 화려하고 사치스럽게 하는 것이 아니라 불필요한 것을 제거한 린 럭셔리Lean Luxury도 부각된다. 하이엔드 호텔만 봐도 특정 콘셉트와 목적에 집중된 럭셔리, 즉 누군가는 공간 디자인에 집중하고, 누군가는 미식에 집중하고, 누군가는 전통에 집중한다. 럭셔리마저도 선택과 집중을 한다. 소비자가 똑똑해지면서 모든 것을 다 만족시키기란 어려워졌다. 그리고 모든 것에 힘을 쏟으려면 비용이 무한히 들어간다. 럭셔리 소비에서도 가성비를 따진다. 이는 절대적으로 싼 가격을 말하는 것이 아니다. 비싸더라도 그 속에서 제값을 하는지를 따지는 것이다.

셀렉티브 VIP는 더 똑똑하고 단호하게 자신이 원하는 것을 아는 소비자들이다. 시장은 '누가 많이 가졌는가'가 아니라 '누가 잘 고르는가'로 판이 바뀌었다. 앞으로는 선택받기 위해 얼마나 진정성 있게 자신을 증명할 수 있는지가 기회를 가를 것이다.

자존감의 상징, 슬로우 모닝과 루틴 관리

한동안 미라클 모닝Miracle Morning이 열풍이었다. 미라클 모닝을 위해선 새벽 4~6시에 일어나 운동, 독서, 공부 등 자기계발을 위한 시간을 가지며 하루를 일찍 시작해야 한다. 빅테크를 비롯한 글로벌 기업 CEO 중에도 미라클 모닝을 실천하는 이들이 많다. 사실 '미라클 모닝'이라는 용어가 생기기 전부터 창업자나 경영자들 사이에서는 이미 널리 실천되던 루틴이었다. 2018~2019년, 미라클 모닝은 전 세계로 확산되었고 팬데믹 기간에는 열풍이 더 가속화됐다.

그런데 지금은 '슬로우 모닝Slow Morning'이 뜨겁다. 아침 시간을 중시하는 생활 습관이라는 점에서는 미라클 모닝과 비슷하지만, 슬로우 모닝의 핵심은 여유롭게 자신을 돌보는 데 있다.

미라클 모닝과 슬로우 모닝은 방향성이 다르다. 슬로우 모닝의 목적은 자기계발이 아니라 웰니스Wellness, 즉 신체적, 정신적, 사회적 건강의 조화를 지향한다. 그래서 아침을 활용해 운동, 독서, 명상 등을 하며 심리적 안정을 추구한다. 바쁜 직장인은 미라클 모닝, 중장년이나 은퇴자는 슬로우 모닝이라는 식으로 구분하기도 하지만, 슬로우 모닝은 2030대에게도 필요하다. 바쁜 일상에서 잠시 멈춰 오늘 무엇을 할지 생각해보는 것만으로도 우리는 삶의 주도권을 되찾을 수 있다. 시간, 일, 돈에 쫓기며 남과 경쟁하고 비교하고 뒤따라가기만 하는 삶에서 슬로우 모닝은 일상의 방향성과 주도권을 되찾는 루틴이 된다.

슬로우 모닝과 떼어놓을 수 없는 것이 바로 명상이다. 마음챙김Mindfulness, 알아차림Awareness에 대한 관심은 꾸준히 증가하고 있으며 슬로우 모닝은 이와 자연스럽게 결합된다. 최근 한국에서도 기업과 대학에서 마음챙김과 명상 프로그램이 증가했고 명상 앱이나 디지털 멘탈 헬스 분야도 성장세다. 정신 건강과 스트레스 수준이 세계적으로도 가장 위험 수준에 가까울 정도로, 한국 사회는 치열한 경쟁과 과도한 비교 속에서 살아가고 있다. 마인드풀니스와 명상 산업은 전 세계적으로 성장세가 아주 높은데, 한국은 그 어느 나라보다 더 큰 성장 가능성을 가진 환경에 속한다.

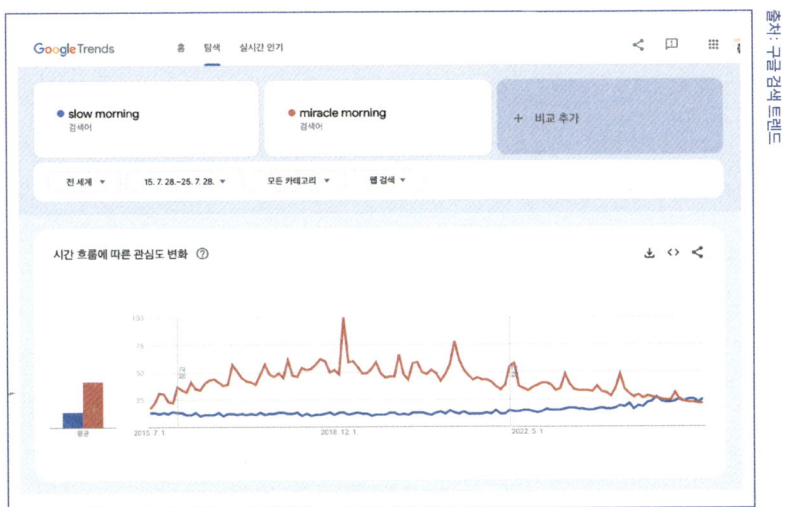

지난 10년간 미라클 모닝과 슬로우 모닝의 검색량 추이

　슬로우 모닝을 실천하는 모습을 보려면 SNS만 한 것이 없다. 2025년 8월 기준 인스타그램에서 #slowmorning은 약 37만 개, #slowmornings는 약 20만 개의 게시물이 나온다. 두 해시태그를 합치면 약 57만 개에 이른다. 반면 #miraclemorning은 약 57만 개, #miraclemornings는 약 2만 개로, 도합 약 59만 개다. 인스타그램에서는 두 키워드에 대한 관심도가 거의 비슷해졌다고 볼 수 있다.

　구글 트렌드에서 최근 10년간 '슬로우 모닝'과 '미라클 모닝'의 검색량 추이를 살펴보면, 압도적으로 높았던 미라클 모닝의 검색량이 엔데믹 이후 하락세를 보였고 2024년에 크게 줄어들었다. 반면 슬로우 모닝은 꾸준한 상승세를 이어오다가 2024년 들어 처음으로 미라클 모닝을 앞서기 시작했고, 2025년 들어서는 확실히 역전되었다. 갑자기 관심이 폭발했다가 식은 미라클 모닝과 조금씩 꾸준히 관심을 끌어올린 슬로우 모닝이라는 구도다.

현재에 집중하려는 심리를 공략하라

자기계발이 목적인 미라클 모닝은 '오늘'보다 '더 나은 미래'가 중요하다. 반면 웰니스를 지향하는 슬로우 모닝은 미래가 아니라 바로 오늘, 현재가 중요하다. 오늘과 일상에 집중하지 않은 채 너무 빠르게 살아가다 보면, 삶의 주도권을 잃고 생각 없이 관성적으로 일하며 살아가게 될 수 있다. 슬로우 모닝은 바로 그렇게 되지 않기 위해 실천하는 루틴이다.

보통의 직장인이 슬로우 모닝을 실천하고자 아침을 여유롭게 보내려면 결국 일찍 일어나야 한다. 이런 생활 패턴은 자연스럽게 수면 시장, 루틴 앱 시장과도 연결된다. 슬로우 모닝이라는 하나의 트렌드 속에는 마인드풀니스와 명상, 슬립 테크 및 슬리포노믹스, 루틴 관리, 멘탈 헬스, 웰니스 등 다양한 트렌드 이슈들이 녹아있다. 명상 센터에 다니고, 명상 앱과 루틴 관리 앱을 사용하고, 스마트워치를 구매하고, 프리미엄 침구를 고르고, 멜라토닌

이 함유된 건강기능식품을 섭취하고, 신경정신과에서 상담을 받고, 맞춤형 건강식을 구독해 먹고, 비싼 러닝화를 사서 러닝 크루와 함께 달린다. 욕망은 그렇게 하나씩 소비로 이어진다.

루틴과 리추얼, 일상의 새로운 중심

그런데 왜 사람들은 아침에 주목하는 걸까? 미라클 모닝 이전에는 '아침형 인간'이라는 개념이 있었고 지금은 슬로우 모닝이 있다. 여기에 기상 후 30분 또는 1시간 동안 스마트폰을 사용하지 않기, 가벼운 스트레칭, 콜드 플런지(찬물 목욕), 오전 명상이나 요가 등 다양한 아침 루틴도 존재한다. 아침은 하루의 시작이기 때문에 동서양을 막론하고 자기계발과 웰니스 영역에서 아침 루틴, 아침 리추얼이 언제나 주목받아왔다. 아침에 루틴 관리가 잘 되면 하루 전체의 루틴도 잘 이어질 수 있기에 더욱 그렇다.

지금의 2030대에게 루틴 관리는 자존감의 요소이기도 하다. 이들은 다양한 루틴 앱을 적극 활용하며 자신만의 루틴을 만든다. 루틴Routine은 효율성과 반복을 중심으로 한 습관이고, 비슷해 보이는 리추얼Ritual은 자신에게 의미와 가치를 부여한 의식적인 활동이다. 두 가지 모두 반복적으로 한다는 점은 같지만 본질은 다르다. 매일 저녁마다 라면을 먹는 것이 루틴이라면, 퇴근 후 매운 라면을 먹으며 스트레스를 날리겠다는 마음으로 먹는다면 그것은 리추얼이다.

기업들도 수년 전부터 리추얼 마케팅에 적극적이다. 루틴 관리를 중시하는 사람들, 특히 2030대의 마음속엔 이미 리추얼이 깊게 자리하고 있다. 그래서 기업이 제공하는 상품이나 서비스에도 일상의 리추얼을 부여할 필요가 있다. 중요한 것은 지금 소비자들에게 일상의 습관 관리는 실행을 넘어 '중심 욕망'이 되었다는 사실이다.

건강 관리도 자기계발인 사회

2030대에게 건강관리는 곧 자기계발이다. 신체적 건강과 정신적 건강은 물론, 건강에서 비롯된 신체적 매력까지 모두 포함된다. 근력 운동과 다이어트가 선택이 아닌 필수다. 하지만 혼자만의 의지로 운동과 다이어트를 꾸준히 해내기란 쉽지 않다. 그래서 이들은 소셜미디어나 커뮤니티를 활용한다. 자신의 운동 루틴과 식단을 기록하고 공유하며 동기부여를 얻는다. 또, 루틴을 지키는 일상의 과정을 챌린지 형식으로 나누며 성취감을 함께 나눈다. 이런 흐름이 수년간 이어지면서 자기 투자에 익숙한 2030세대는 운동, 건강기능식품, 식단, 스마트워치, 다이어트 시장의 핵심 소비층으로 자리 잡았다.

이들은 그냥 '열심히' 하기보다 '정확히' 제대로 하고 싶어 한다. 그래서 '퀀티파이드 셀프 Quantified Self'가 중요해졌다. 퀀티파이드 셀프는 숫자와 데이터를 통한 자기 이해가 핵심인데 그래서 수면 시간, 심박 수, 걸음 수 같은 데이터를 비롯해, 감정과 기분까지 수치화해 스스로를 객관화하고 이에 맞는 개인 맞춤형 솔루션을 찾고자 한다.

이렇다 보니 루틴 관리 앱이 점점 필수가 되었고, 루틴 관리 비즈니스 시장은 고속 성장세다. 분명한 것은 지금 당신은 '어제보다 나은 나'를 만들기 위해 시간과 돈을 아끼지 않는다는 점이다. 이보다 좋은 비즈니스 기회가 어디 있을까?

폭염 소비 그리고 쿨케이션

 기후학자들은 입을 모아 말한다. "올해가 당신이 살면서 겪게 될 해 중에서 가장 시원한 해일 것이다." 여름마다 반복되는 폭염에 이 말이 와닿지 않을 수도 있지만 해가 갈수록 기온이 더 올라갈 것이라는 경고다. 지금의 폭염은 끝이 아니라 미래의 시작이다. 다음 그래프를 살펴보자. 첫 번째는 지구 대기 온도의 평균 변화, 두 번째는 해수 온도의 평균 변화 추이다. 매년 지구의 평균 기온을 담은 것인데, 2023년부터 2025년까지의 온도 상승이 눈에 띄게 두드러진다.

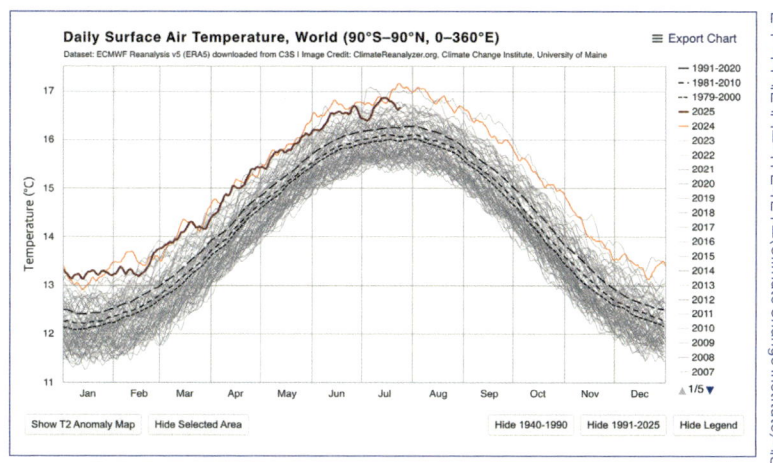

전 세계 지구 대기 온도의 평균 변화

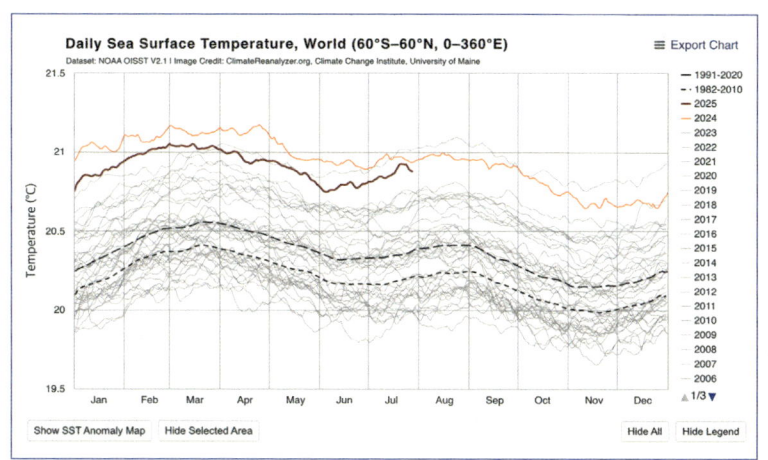

전 세계 해수 온도의 평균 변화

이유는 모두가 짐작한 대로다. 기후 위기는 이미 현실이고 단기간에 해소되기 어렵다. 전 세계 각국에서 기후 변화에 대응하기 위해 막대한 예산을 투입해야 하지만, 구호만 요란할 뿐 실질적 행동은 소극적이다. 정치는 단기적인 성과를 중시하는 속성이 있기에, 수십 년 뒤를 위한 투자보다 당장의 민심을 달래는 예산 집행이 우선된다. 인류는 심각한 타격을 입고 나서야 비로소 움직일 텐데 쉽지 않다. 기후 위기는 단지 더워진다는 차원의 문제가 아니다. 삶의 기본 요소인 의식주 전반이 흔들리는 것이다.

이미 식량 문제는 현실화되고 있으며 밥상 물가 또한 덩달아 치솟고 있다. 앞의 그래프에서 보았듯 대기 온도의 상승은 해수 온도에도 영향을 미치는데, 이는 곧 양식업을 포함한 수산업에 타격을 준다. 동시에 태풍의 빈도와 강도를 키우며 농업과 해운업, 글로벌 공급망에도 영향을 미친다. 산업 전반이 기후 변화의 영향을 받게 되는 것이다.

결국 기후 위기 대응은 수많은 산업과 직결되고 그만큼 수혜자도 있을 수밖에 없다. 유럽과 미국이 선제적으로 기후 대응과 ESG 투자를 확대하며 이슈를 선점한 일도, 환경 보호를 넘어 비즈니스 기회 창출이라는 관점에서 읽을 수도 있다. 환경은 하나의 경제 영역이 되었다. 지구의 위기도 곧 돈이다. 자본의 흐름을 바꾸는 강력한 동력이며 살면서 겪어 볼 가장 큰 경제적 기회의 하나로 부상하고 있다. 다만 이 기회는 정치적, 지정학적 변수에 따라 속도와 방향이 좌우되기 때문에 예측 가능성이 제한된다. 분명한 것은 우리의 의식주와 직결되는 '폭염 소비'가 매년 더 커질 수밖에 없다는 점이다. 기후 위기의 강도는 해가 갈수록 심화될 것이기 때문이다.

2025년 6월 하순, 영국에서는 초여름 폭염으로 약 600명이 사망했다. 다소 많은 수치로 보일 수 있지만, 영국 보건안전청UKHSA에 따르면 2020년부터 2024년까지 여름철 폭염으로 인한 사망자는 1만 명이 넘는다. 보험회사 스위스 리Swiss Re의 통계를 보면 매년 전 세계적으로 약 50만 명이 폭염으로 사망한다는 사실을 알 수 있다. 폭염은 불편한 날씨를 넘어 생명에 직접적인 위협이 되는 재난이다. 특히 사망자의 대부분은 65세 이상 고령층으로, 무

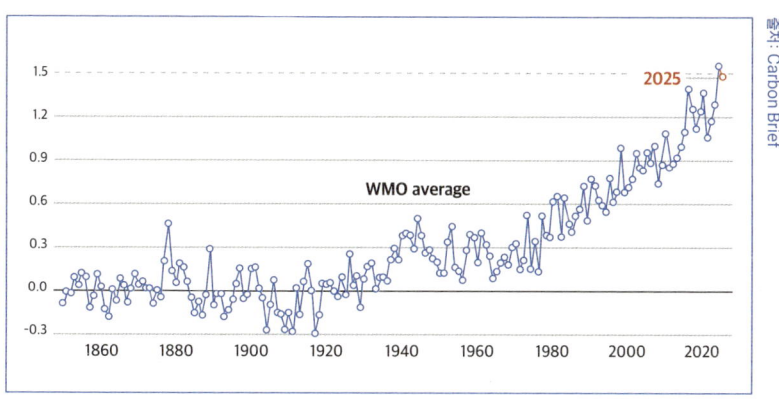

1850~2025년 상반기 지구 평균기온 변화 추이

더운 여름철 우리 사회에서도 고령자의 건강 관리가 매우 중요한 과제가 되고 있다.

폭염은 소비 패턴에도 강한 영향을 미친다. 6월 하순 영국에서는 아이스크림과 냉동 간식 판매량이 급증했고, 로제 와인 역시 판매가 증가했다. 선풍기, 냉각 장치, 어린이용 풀장과 스프링클러도 동시다발적으로 판매가 늘었다. 흥미로운 점은 도심 지역 마트의 방문객 수는 약 10% 감소한 반면, 해안 도시의 매장 방문객 수는 10%가량 증가했다는 점이다. 이런 숫자들이 무엇을 의미할까? 폭염은 사람들의 소비와 이동 경로를 바꾼다. 어떤 상품의 수요가 늘고, 어떤 지역으로 사람들이 이동하는지를 통해 폭염과 소비의 관계를 명확히 확인할 수 있다. 단지 영국만의 이야기가 아니라 우리에게도 다가온 현실이다.

폭염이 바꾸는 소비 지형도

미국에서는 자외선 차단 양산이 유행하고 있다. 한국을 비롯한 일본, 중국, 태국 등 아시아권에서는 여름철 자외선 차단용 양산이 오래전부터 보편적인데 미국은 달랐다. 과거 미국에서도 양산을 쓰는 일은 있었지만, 자외선 차단제와 모자, 기능성 의류가 보급되면서 양산 문화는 사라졌다. 그런데 날씨가 한층 더워지고 자외선이 강해지면서 다시 양산이라는 선택지가 떠오르고 있다.

이처럼 폭염은 단지 소비 트렌드일 뿐 아니라 장소와 문화를 넘나들며 영향을 준다.

한국도 마찬가지다. 몇 년째 폭염이 심각해지면서 자외선 차단 양산, 냉감 의류, 아이스크림, 아이스 아메리카노, 얼음컵 등 관련 상품들은 매해 판매량이 급증하고 있다. 특히 한국인의 아이스커피 사랑은 유별나다. '얼어 죽어도 아이스 아메리카노', 이른바 '얼죽아'를 영어 발음 그대로 'Eoljukah'라고 표기한 기사가 AFP통신을 통해 소개되기도 했다. K-Pop 스타들도 즐겨 마신다는 점에서, 해외 언론은 한국의 아이스 아메리카노 문화를 흥미로운 현상으로 꾸준히 다뤄왔다.

한국인이 아이스커피를 유독 좋아하게 된 데에는 무더운 여름 날씨뿐 아니라 '빨리빨리'로 대표되는 일상의 속도감도 한몫했을 것이다. 우리는 오랜 시간 대화를 나누며 천천히 커피를 음미하는 문화보다 짧은 시간에 커피를 마시고 빠르게 용건을 끝내는 방식에 익숙하다. 커피믹스와 인스턴트 커피로 시작한 커피 문화도 아이스커피에 대한 진입 장벽을 낮췄다고 볼 수 있다.

아이스커피는 전통적인 커피 문화권에선 다소 이질적인 존재였다. 특히 유럽에서는 에스프레소 중심의 뜨거운 커피를 음미하는 문화가 오래도록 지배적이었기에 커피에 얼음을 넣는 발상은 낯설고 비주류적인 것으로 여겨졌다. 미국은 브루잉 기반의 커피 문화라 아이스커피나 콜드브루 형태로 차가운 커피가 자리 잡긴

했지만 지금 같은 정도는 아니었다.

그러나 이제 아이스 아메리카노는 전 세계에서 마신다. 세대 변화와 함께 유럽에서도 Z세대를 중심으로 확산되고 있으며, 미국에서도 선호도가 높아지고 있다. 스타벅스의 매출 중 차가운 음료의 매출이 뜨거운 음료를 앞질렀다. 수년 사이에 역전된 것이다. 이는 단순히 계절 때문만이 아니라 실용성을 중시하는 현대 소비자들, 그것도 Z세대의 라이프 스타일 변화와 맞닿아있다. 기성세대가 오래된 문화와 전통을 따랐다면 Z세대는 커피가 반드시 뜨거울 필요는 없다고 여긴다. 여기에 K-Pop과 K-푸드의 세계적 확산 역시 차가운 커피 문화의 확장에 영향을 미쳤다.

새로운 휴양지에 대한 욕망

폭염으로 쿨케이션Cool+Vacation 수요도 증가하고 있다. 전통적인 휴양지가 아닌 새로운 휴양지가 필요해진 것이다. 수십, 수백 년간 사랑받아 온 전통 휴양지 중에서도 기후 위기로 인해 덥고 습해진 지역이 많아졌다. 이를 피해서 시원하고 쾌적한 곳으로 휴가를 가는 것을 쿨케이션이라고 한다. 여름철에 남반구의 겨울을 찾아 뉴질랜드나 호주로 떠나거나, 고지대의 시원한 몽골을 찾는 여행객이 증가하고 있다. 여름이면 관성적으로 동남아 휴양지로 떠난 사람들이 폭염 시대를 맞아 목적지를 바꾸고 있다.

한국의 여름은 외국인 관광객에게도 힘든 시간이다. 기온과 습도가 모두 높아 체감상 다른 나라의 폭염보다 훨씬 더
고역일 수 있다. 유럽이나 미국에서는 40도에 가까운 기온이 기록되더라도 습도가 낮아 나무 그늘이나 실내에서는 견딜만 한 반면, 한국은 실내에서도 푹푹 찐다. K-관광에서 여름은 명백한 핸디캡이 된다. 한국인조차 예전보다 더 폭염에 지친다고 말할 정도니 말이다. 그래서 국내 여행도 남해나 동해 해변보다 강원도의 태백이나 대관령처럼 시원한 고지대를 찾는 이들이 많아졌다. 해발 900m에 있는 태백은 지난 10년간 열대야가 발생하지 않았다는 고원 도시다. 이에 태백시는 열대야, 에어컨, 모기가 없는 '3무無 도시'를 내세우며 여름 관광객 유치에 나서고 있다.

한강 조망권 이후 집을 선택하는 기준은 더위?

같은 서울 안에서도 산과 가까운 동네는 기온이 낮다. 예를 들어, 서울 인왕산 아래의 부암동은 도심인 광화문과 불과 2km 남짓 떨어졌는데 1~2도 정도 차이가 나며, 해발고도 100~200m 정도에 자리한 주택들도 꽤 많다. 산에서 불어오는 계곡 바람의 영향으로 체감 온도는 2~3도 이상 낮을 수 있다.

서울 도심에서 산과 붙어있는 동네는 성북동, 평창동, 구기동, 정릉동 등이 있다. 폭염이 일시적 현상이 아니라 매년 반복되고 심화될 것이기 때문에 주거지 선택 기준도 '강'보다 '산'에 대한 관심도 늘고 있다.

한강을 끼고 있는 한강 뷰 아파트는 프리미엄의 상징이다. 하지만 폭염이 일상이 된 지금, 한강이 주는 뷰 이상의 불편함도 존재한다. 강에서 발생하는 습도, 수면에 반사되는 햇빛, 강변도로에서 발생하는 열기와 차량 열기 등은 여름철 불쾌지수를 높이고 냉방 비용을 증가시킨다. 수십 년 동안 한강 조망권이 최고의 자산이었는데 그 프리미엄이 미래에도 유효할지 지켜볼 일이다.

분명한 사실은 폭염이 우리의 의식주와 소비 욕망, 그리고 삶의 방식까지 바꾸고 있다는 점이다. 폭염이 바꾸는 소비의 지형, 기후 위기가 바꾸는 라이프 스타일과 비즈니스 기회는 모두가 주목해야 할 키워드다. 2026년에만 한시적으로 주목할 일이 아니다. 앞으로 우리가 살아가는 동안 꾸준히 관찰하고 대응해야 할 변화다. 그 안에는 수많은 새로운 기회가 숨어 있다. 돈은 언제나 변화가 많고 새로운 기회가 되는 분야에 가까이 있다.

트렌드 분석가로서 오랫동안 사회와 산업, 기술의 변화, 그리고 사람들의 소비 욕망을 관찰하고 연구해왔다. 매년 새로운 변화의 신호를 먼저 포착하는 것을 업으로 삼아 바라본 2026년은 기대와 두려움이 교차하는 시기다. 그만큼 크고 빠른 변화가 예상되기 때문이다.

2025년 한국은 정치, 경제, 사회 전반에서 유례없는 격변기를 겪었다. 2026년에는 이보다 더 큰 변화가 찾아올 것이다. 트럼프의 행보로 글로벌 무역 질서가 요동치는 것보다, 여러 지역에서 전쟁이 벌어지는 지정학적 위기보다, AI가 산업적 구조조정을 가속화시키는 것보다 우리가 더 피부로 실감하는 변화는 한국 사회 내부의 구조적 재편일 것이다. 변화가 두려운 이들, 변화로 인해 손해를 입는 이들에게는 힘든 시기일 수 있다. 하지만 트렌드를 연구하는 관점에서 보자면 지금은 산업과 경제, 소비 전반에서 새로운 기회가 열리는 순간이다.

이토록 다채롭고 동시다발적인 변화가 펼쳐지는 시기는 흔치 않다. 《머니 트렌드 2026》을 비롯해 필자가 다른 트렌드 이슈도 제시한 《라이프 트렌드 2026》을 통해 복잡한 흐름 속에서 2026년을 관통하는 인사이트를 발견하길 바란다. 거센 변화의 파도 위에서 균형을 잡고 서핑하고 있을 당신을 응원한다.

──── 필진: 김용섭

Money Trend 2026

5장

새로운 자산이 된 암호화폐의 미래

Digital Asset Revolution

2026년,
암호화폐 소비 대국을 넘다

 2025년 한국의 암호화폐 시장은 단순한 호황을 넘어 역대 최고 수준의 거래 규모와 사용자 참여율을 동시에 달성한 중대한 전환점의 해였다.

 2025년 5월 20일 금융위원회 금융정보분석원FIU이 발표한 '하반기 가상자산사업자 실태조사 결과'에 따르면, 2024년 말 기준으로 고객 확인 의무를 완료한 국내 개인 및 법인 이용자는 중복 포함 약 970만 명으로 집계됐다. 이는 2023년 6월 말 기준 778만 명 대비 25% 증가한 수치다. 연령대별로는 30대 비중이 29%로 가장 높았고, 이어 40대 27%, 20대 이하 19%, 50대 18%, 60대 이상 7% 순이었다.

전체 이용자 중에서 66%는 50만 원 미만의 소액 암호화폐를 보유하고 있었고, 1000만 원 이상을 보유한 투자자는 12% 121만 명, 1억 원 이상 초고액 투자자는 2.3%인 22만 명으로 나타나, 대중성과 자산 집중 현상이 공존하는 양상을 보였다. 암호화폐 시장 활성화와 함께 하루 평균 거래 규모도 2024년 6월 말 6조 원에서 2025년 5월 현재 7조 3000억 원으로 약 22% 증가했다.

한편, 2025년 3월 김현정 더불어민주당 의원이 공개한 자료에 따르면, 2025년 2월 말 기준 국내 5대 암호화폐 거래소의 누적 투자 계좌 수는 1000만 9377개로 국내 최초 암호화폐 거래소가 등장한 지 12년 만에 1000만 계좌를 돌파했다. 이는 국내 주식 시장 계좌의 약 8분의 1 수준에 달하는 규모로, 디지털 자산이 하나의 투자 시장으로 정착했음을 의미한다.

암호화폐의 폭발적인 성장은 글로벌 정책 환경과 거시경제 변수의 영향을 받은 덕분이다. 미국의 비트코인 현물 ETF 승인, 미국 연방준비제도Fed의 기조 변화로 인한 금리 안정, 그리고 미·중 디커플링 속 대체 자산에 대한 수요 증가는 한국 투자자들의 관심을 암호화폐로 이끌었고, 국내 시장은 이에 발 빠르게 반응했다. 여기에 한국은행과 금융위원회가 암호화폐를 제도권 금융의 일부로 포섭하려는 움직임을 보이며 암호화폐는 점차 투기 자산에서 제도권 투자 대안으로의 전환 가능성을 보였다. 이러한 흐름은 기관투자가와 고액 자산가의 유입으로도 이어지며 시장의 무게중심을 변화시키고 있다.

2026년 암호화폐 시장은 어떻게 변화할까

2026년은 이러한 변화가 더 정제되고 구조화되는 해가 될 것으로 기대된다. 2025년이 암호화폐 소비 대국으로서의 위상을 확립한 해였다면, 2026년은 그 소비를 바탕으로 '디지털 자산 인프라를 설계하고 제도화를 마무리하는 시기'가 되어야 한다. 한국은 이제 단순히 많은 사람이 코인을 사고파는 나라를 넘어 암호화폐 생태계를 설계하고 글로벌로 수출하는 디지털 자산 강국으로 도약할 수 있는 기로에 서 있다.

이제 중요한 것은 속도보다 방향이다. 암호화폐 시장의 양적 성장에만 안주하지 않고 이를 지속 가능한 금융 혁신과 실물경제 연계 전략으로 발전시킬 수 있는 통찰이 절실한 시점이다. 이러한 가능성은 암호화폐의 본질에 대해 정확하게 이해할 때 비로소 실현될 수 있다. 투명한 정보, 책임 있는 투자 문화, 그리고 균형 있는 규제 체계가 함께 어우러질 때, 암호화폐는 한국 경제의 새로운 성장 동력으로 자리 잡을 수 있을 것이다.

화폐 전쟁의 서막, 스테이블코인 vs CBDC

앞으로의 화폐 경쟁은 '무엇이 국제 표준이 될 것인가'로 수렴한다. 그 중심에는 스테이블코인과 CBDC가 있다. 이를 알기 위해 화폐와 금융 시스템이 어떻게 진화해 왔는지부터 보자. 금과 은 같은 귀금속을 기반으로 한 실물 화폐인 경화Hard Money는 점차 국가의 신용을 담보로 하는 법정 화폐인 연화Soft Money로 전환됐다. 은행 시스템 또한 민간이 자유롭게 화폐를 발행하던 자유은행제Free Banking에서 국가가 화폐 발행과 은행을 직접 통제하는 중앙은행제Central Banking로, 다시 중앙은행과 민간 상업은행이 분업하는 이중은행체계로 발전했다.

그런데 최근 등장한 비트코인, 스테이블코인, CBDC 같은 디지털 화폐들은 이러한 진화와는 반대로 과거의 형태를 일부 되돌리는 듯한 인상을 준다. 비트코인은 총 발행량이 2100만 개로 한정되어 금처럼 희소성에 기반한 경화를 지향한다. 또한 중앙은행이나 정부의 개입 없이 사용자들끼리 합의하는 알고리즘으로 운영된다는 점은 19세기 미국과 스코틀랜드의 자유은행제를 떠올리게 한다.

경제학 교수 사이페딘 아모스 같은 긍정론자들은 비트코인이 무분별한 발권과 인플레이션에 시달려온 기존 법정통화를 대체할 가치 저장 수단이 될 수 있다고 본다. 국경과 은행의 장벽 없이 송금과 보관을 할 수 있다는 점은 정치적 검열이나 독재를 겪는 국가에서 특히 의미가 있다. 반면 부정론자들은 발행량 고정이 오히려 약점이라고 지적한다. 통화량 조절이 불가능해 실물경제 변화에 대응하기 어렵고 가격 변동성과 결제 지연, 확장성 한계 등 과거 금본위제의 문제를 반복할 수 있는 고위험 투기 자산에 불과하다는 것이다.

스테이블코인의 등장

비트코인의 변동성을 보완하고자 2014년 등장한 것이 스테이블코인이다. '안정적'이라는 뜻의 'Stable'과 화폐를 뜻하는 'Coin'

의 합성어인데, 달러 등 실물자산을 담보로 하는 '담보형'과 별도의 담보 없이 알고리즘으로 가격을 안정화하는 '무담보형(알고리즘형)'으로 나뉜다.

담보형 스테이블코인은 발행사가 예치한 달러, 국채, 암호화폐 등에 가치를 연동(페깅)해 가격을 유지한다. 대표적으로 USDT, USDC, DAI가 있다. 사용자는 1:1 상환을 요청할 수 있으며 발행사는 담보 자산에서 수익을 창출한다. 예를 들어 발행량이 1000억 달러라면 이 돈을 단기 미국 국채 등에 투자해 연 4~5%의 수익을 올린다. 미국 기준금리가 높을수록 발행사의 수익도 늘어나며 환전 수수료 등을 통해 추가 수익을 얻을 수도 있다. 일부 발행사는 보유자에게 이자를 배당 형식으로 지급하기도 한다. USDC 발행사 서클과 코인베이스는 2024년 말, USDC 보유 개인에게 연 4.7%의 이자 제공 계획을 발표한 바 있다. 이와 같은 방식을 택하는 이유는 발행사가 직접 이자를 지급할 경우 미국 법상 해당 스테이블코인이 '증권'으로 간주될 가능성이 있기 때문이다. 이러한 맥락에서 원화 스테이블코인의 경쟁력을 확보하기 위해 발행사의 이자 지급을 허용해야 한다는 주장도 제기되고 있다.

스테이블코인의 장단점

긍정론자들은 스테이블코인을 디지털 달러라고 부르며 암호자산과 실물경제를 잇는 가교로 평가한다. 리플처럼 해외 송금과 글로벌 결제에서도 빠르고 저렴한 수단이 될 수 있다는 것이다. 트럼프 행정부의 재집권 이후, '달러 연동 스테이블코인'을 육성하는 정책 기조와 '지니어스 법안 Genius Act' 등의 규제 명문화는 스테이블코인의 제도권 편입을 가속화하고 있다.

반면 부정론자들은 불황이 닥치면 과거 민간 화폐가 대규모 뱅크런과 연쇄 파산으로 무너졌듯, 스테이블코인도 담보나 준비금이 충분하지 않으면 신뢰가 깨질 수 있다고 경고한다. 담보 부족, 투명성 결여, 운영 부실로 1달러 페그가 붕괴된 테라-루나 사태가 대표적이다. 또한 스테이블코인을 '그림자 은행 Shadow Banking'에 비유하며 중앙은행 안전망 밖에서 발행되는 만큼 위기일 때 사용자에게 피해가 전가될 위험을 지적한다. 결국 스테이블코인 성공 여부는 디지털 자유은행으로서의 신뢰와 담보 투명성 확보에 달려있다.

CBDC는 기회인가 위험인가

중앙은행 디지털 화폐인 CBDC Central Bank Digital Currency는 정반대다. CBDC는 중앙은행이 직접 발행하며 개인이 중앙은행에 계좌를 보유하는 구조로, '100% 지급준비제' 또는 내로 뱅킹 Narrow Banking과 유사하다. 은행이 예금을 100% 안전 자산에만 투자하고 대출 기능은 최소화하는 모델로, 현재의 '부분지급준비제 Fractional

Reserve Banking'와 대비된다.

CBDC의 목표는 민간은행의 과도한 신용 창출 억제, 시스템 리스크 완화, 통화정책 효과 증대다. 실시간 결제, 낮은 송금 수수료, 금융 포용성 확대, 디지털 지급 인프라 고도화 등의 장점이 있다. 현금 대체로 탈세와 불법 금융을 차단하고 은행 계좌가 없는 금융소외층에도 접근성을 제공할 수 있다.

하지만 반대론자들은 기술적 가능성만으로 새로운 화폐를 만들겠다는 CBDC의 도입 목적이 불분명하다고 본다. 모든 거래가 중앙은행 장부에 기록돼 프라이버시 침해 우려가 크고 민간은행 예금 기반 약화로 대출 여력이 줄어 금융중개 기능이 흔들릴 수 있다는 것이다. 또한 과거에 내로 뱅킹에 대한 시도가 있었지만 화폐 공급 부족 문제를 초래했던 점도 지적된다.

일부는 절충안을 제시한다. 대규모 결제나 통화정책 집행에는 CBDC를, 소액 결제와 금융 혁신 분야에는 스테이블코인을 활용하자는 것이다. 이는 프라이버시, 효율성, 기술적 현실성을 동시에 고려한 접근이다.

결국 비트코인, 스테이블코인, CBDC는 철학과 구조가 다르지만 모두 현재 통화 시스템의 취약성을 인식하고 과거 안정성 모델을 기술적으로 복원하려는 시도라는 점에서 맞닿아있다. 긍정론자들은 기술과 탈중앙화 네트워크가 금융의 효율성과 투명성을 높일 수 있다고 믿지만, 비판론자들은 화폐의 신뢰는 결국 법, 제도, 국가의 안전망에서 비롯된다고 본다. 기술은 빠르게 진화하지만 신뢰는 오랜 시간에 걸쳐 쌓인다.

선택의 기로에 서 있다면 이렇게 질문해보자. 화폐를 누가, 어떻게 책임질 것인가? 그 책임을 믿을 수 있는가? 통화의 안전성과 자유 중 무엇을 더 중시할 것인가? 이 물음에 대한 각국의 해법은 명확하게 갈라지고 있다.

화폐 전쟁의 비밀병기, 스테이블코인

세계에서는 중앙은행 디지털 화폐인 CBDC 실험에 속도를 내고 있다. 중국은 디지털 위안화를 발행해 시범 운영 중이고 러시아도 디지털 루블화를 공식화했다. 한국 역시 디지털 원화를 실험 중이다. 그러나 세계 기축통화국인 미국은 오히려 '중앙은행 디지털 화폐를 통한 정부 감시 방지법Anti-CBDC Surveillance State Act'을 만들어 연준 주도의 CBDC 발행은 선을 긋고, '지니어스 법안'으로 민간이 발행하는 달러 연동 스테이블코인을 제도권 안으로 편입하는 방향을 선택했다. 이 외에도 '클레러티 법안Clarity Act'이 있다. 암호화폐가 자산의 성격이면 증권거래위원회SEC가, 상품 성격이면 상품거래선물위원회CFTC가 규제하도록 한다. 여기서 비트코인과 이더리움은 디지털 상품으로 분류한다.

지니어스 법안을 추진한 트럼프 정부

중국과 러시아의 전략

중국은 2014년부터 인민은행 주도로 디지털 위안화를 연구했고, 2020년부터 대규모 시범 유통을 시작했다. 2022년 베이징 동계올림픽 개막식 때는 디지털 위안화 결제액이 비자카드 사용액을 웃돌았다고 알려졌다. 중국이 CBDC에 적극적인 이유는 명확하다. 첫째, 민간 빅테크 결제망에 대한 견제다. 알리페이, 위챗페이는 중국인 결제의 90% 이상을 장악하고 있었다. 민간 빅테크 결제망이 장악한 결제 데이터를 다시 중앙으로 회수해 금융주권과 데이터 통제권을 가져오려는 것이다. 둘째, 현금을 통한 탈세 및 불법 자금 차단과 세원 확보다. '조건부 익명성'을 적용해 소액 거래만 익명성을 인정하고 고액 거래는 추적할 수 있게 설계했다. 또한 시진핑의 일대일로-带-路 구상과 맞물려, 중국-중앙아시아-유럽을 잇는 육상, 해상 실크로드에서 미국 중심의 달러 결제망 일부를 대체하려는 의도도 깔려 있다.

러시아도 2023년 7월 푸틴 대통령의 서명으로 CBDC 발행을 공식화했다. 우크라이나 전쟁 이후 미국과 EU의 금융 제재로 스위프트SWIFT망에서 사실상 퇴출당해 달러 결제망에 의존할 수 없게 되자, 디지털 루블화로 외화 흐름을 통제하고 우방국과 직접 결제망을 구축해 서방의 제재를 우회하려는 것이다. 중국과의 디지털 통화 연계, 브릭스BRICS(브라질, 러시아, 인도, 중국, 남아공) 차원의 블록 CBDC 논의도 같은 맥락이다. 또, 현금 의존도가 높았던 자국 경제를 디지털화해 재정 투명성도 높이려 한다.

미국의 승부수

달러는 여전히 기축통화지만 미국 민주당 계열 싱크탱크인 브루킹스연구소에 따르면 달러 비중은 서서히 하락 중이다. 러시아 및 그 동맹국에 대한 제재로 인한 탈달러 움직임, 미국의 누적 부채, 결제 기술의 발전, CBDC 확산이 달러의 국제적 위상을 위협하는 요인이다.

그런데 미국은 CBDC 발행 대신 스테이블코인을 활용해 '디지털 달러'를 전 세계로 퍼뜨리고 있다. USDT, USDC 등 달러 연동 스테이블코인은 이미 암호화폐 결제와 거래의 기본 단위가 되었고, 담보의 대부분이 미국 국채와 현금성 자산이다. 전 세계가 디지털 달러를 쓰는 만큼 미국 국채 수요가 생기고 이는 달러 위상 유지와 국채 시장 안정으로 이어진다.

2025년 6월 기준 스테이블코인 시가총액은 2550억 달러다. 테더USDT가 약 1550억 달러, 서클Circle의 USDC가 600억 달러로 상위 2종만 합쳐도 전체의 85%를 차지한다. 유로 기반 스테이블코인 시총은 달러의 1%에도 미치지 못한다. 특히 신흥국에서 자국 통화 대신 달러 연동 스테이블코인 사용이 늘고 있는데, 미국이 규제만 잘 마련하면 연준에서 CBDC를 발행하지 않고도 전 세계 블록체인 결제망에 달러를 심을 수 있다.

트럼프가 스테이블코인을 추구하는 이유

미국 정부, 특히 트럼프 행정부에는 이런 구조가 유리하다. 금리 상승은 국채 이자 부담을 키우는 치명적인 변수인데, 스테이블코인 발행량이 늘면 국채 수요가 증가하고 이는 국채 가격 상승과 금리 하락으로 이어져 재정 부담을 덜 수 있다. 반면 CBDC는 본질적으로 중앙은행이 직접 국민에게 디지털 화폐 지갑을 열어주는 구조다. 이렇게 되면 사람들이 시중은행에 맡긴 예금을 중앙은행으로 옮기게 되고 민간 상업은행은 예금 기반이 줄어든다. 결국 대출 여력이 약해져 금융 중개 기능을 위축시킬 수 있다. 또한 미국 정치권에서는 CBDC를 '빅브라더 머니'라고 부르며, 정부가 모든 거래를 실시간으로 감시할 수 있다는 점을 문제 삼기도 했다.

트럼프 진영이 지지한 지니어스 법안은 중요한 신호다. 이 법안은 발권 주권과 최종 대부자 역할은 중앙은행이 유지하되, 발행과 기술 혁신은 민간이 맡는 미국식 공공-민간 파트너십 모델을 제시한다. 디지털 화폐 대신 스테이블코인을 공식 금융상품으로 규정하고 제도권 안에 편입하는 방향이다. 트럼프 대통령은 1기 때와 달리, 중국이 2021년 암호화폐 거래 및 채굴을 전면 금지하자 주도권이 미국으로 왔다고 판단, 2024년 대선에서는 암호화폐를 옹호하는 입장으로 선회했고 바이든 정부의 규제를 '산업을 죽이는 정책'이라 비판했다.

페이팔의 PYUSD처럼 미국 달러와 1:1로 연동되고 국채, 현금성 자산으로 100% 담보되는 스테이블코인 사례는 계속 늘고 있다. 국제결제은행BIS에 따르면 활성화된 스테이블코인 수는 2024년 중반 약 60개에서 2025년 170개 이상으로 증가했다.

결국 중국과 러시아가 CBDC로 '통제'를 택했다면, 미국은 스테이블코인을 통한 '민간 확산'으로 달러 패권을 지키려는 셈이다. 이런 흐름은 스테이블코인이 글로벌 결제, 송금, 자산 이전의 표준으로 자리 잡을 가능성을 보여준다. 규제 환경, 발행사의 신뢰도, 담보 투명성은 앞으로 스테이블코인 투자에서 염두에 두어야 할 핵심이다.

덧붙이자면 스테이블코인에 대한 미국의 빠른 행보가 중국을 자극하고 있는 것은 부인하기 어려운 사실로 보인다. 최근 중국에서는 위안화 기반 스테이블코인을 본격적으로 도입하고 활용해야 한다는 목소리가 정책 자문가와 경제학자들 사이에서 점차 힘을 얻고 있다.

블룸버그 보도에 따르면, 중국 인민은행 판궁성Pan Gongsheng 총재는 2025년 6월 열린 한 포럼에서 스테이블코인이 기존의 국제 금융 시스템을 뒤흔들 잠재력을 지니고 있다고 강조했다. 아울러 전 인민은행 총재인 저우샤오촨Zhou Xiaochuan도 달러 연동 스테이블코인이 달러화의 글로벌 확산을 가속할 수 있다는 점을 지적했다고 한다.

다만 제도화 과정에서 스테이블코인이 일정 부분 중앙화될 수밖에 없다면 기술은 이를 다시 분산시키는 방향으로 진화할 것이다. 영지식 증명 기반의 준비금 공개ZK-PoR, 온체인 실시간 회계 감사, 스마트 계약 기반 담보 관리 같은 기술은 중앙집중 요소를 줄이는 유력한 도구들이다. 향후 이런 기술을 선제적으로 도입하는 것이 장기적으로 경쟁력을 확보할 가능성이 크다. 규제 변화와 기술적 진화까지 이뤄지는 상황에서, 앞으로 누가 통화 주권을 가질 것인지 주목하자.

 돈을 불러오는 Tip

원화 스테이블코인에 관하여

최근 한국에서도 스테이블코인을 둘러싼 움직임이 감지된다. 국내 IT 기업들이 '원화 스테이블코인'을 만들겠다는 것이다. 원화 스테이블코인이란 1코인=1000원처럼 한국의 원화 가치에 맞춰 가격이 고정된 디지털 화폐다. 네이버나 카카오 같은 기업들이 만들면 결제나 포인트 정산에 써먹을 수 있고, 장기적으로는 자체 금융 생태계도 구축할 수 있다는 전망이다. 얼핏 보면 흥미롭고 혁신적이다.

특히 미국 아마존이나 월마트 같은 세계적인 기업에서 달러 스테이블코인을 검토하고 있다는 소식이 전해지면서 한국도 뒤처지지 말아야 한다는 분위기가 생겨나고 있다. 미국 언론은 "이들이 자체 스테이블코인을 만들거나 기존 코인을 받아들이면, 비자와 마스터카드에 내던 결제 수수료를 대폭 줄일 수 있다"라고 보도했다. 연매출 수천억 달러에 달하는 기업엔 이는 곧 수십억 달러를 아낄 수 있다는 뜻이다. 월마트가 스테이블 코인 도입으로 결제 수수료를 크게 줄이면 수익성을 최대 60%까지 개선할 수 있다는 분석도 있다.

하지만 한국 기업들은 신중해야 한다. 스테이블코인의 진짜 강점은 국제 송금이나 복잡한 금융 거래처럼 절차가 복잡하고 중간 비용이 많은 분야에서 드러나기 때문이다. 리플XRP은 전 세계 은행 송금망인 SWIFT를 대체하며 속도와 비용을 획기적으로 줄여 주목받았다. 그런데 네이버나 카카오는 다르다. 국내 중심의 사업 구조이기 때문에 해외 거래나 복잡한 결제망이 적다. 이미 간편결제, 실시간 송금, 카드 결제가 잘 구축되어있어 블록체인 도입 필요성이 크지 않다. 즉, 스테이블코인이 해결해야 할 문제 자체가 없는 것이다.

또한 비기축통화인 원화 스테이블코인이 국제 결제 수단으로 자리 잡을지도 미지수다. 미국의 지니어스 법안은 발행액만큼의 예치금을 1:1로 확보하도록 규정하고, 예치 자산을 현금, 단기 국채, 미국 연방예금보험공사FDIC 보장 예금, 머니마켓펀드 등으로 한정한다. 그런데 카카오페이와 네이버페이 같은 국내 간편 결제사의 '선불충전금'은 이 요건에 포함되지 않는다.

규제도 큰 장벽이다. 원화와 1:1로 연동된 코인은 사실상 화폐 발행이기 때문에 원화와 관련된 디지털 자산에 엄격한 한국에서는 금융 당국, 한국은행, 국세청까지 관여하는 문제가 될 수 있다. 잘못 사용되면 불법 자금 이동이나 외환 통제를 회피하는 수단으로 악용될 가능성도 있다.

또 하나 간과하기 쉬운 부분이 있다. 요즘 기업에서 스테이블코인을 포인트나 마일리지와 연결하려는 시도를 많이 한다. 고객이 쌓은 포인트를 코인처럼 만들어 자유롭게 쓰게 하겠다는 것이다. 이론적으로는 멋져 보여도 현실적으로는 조심해야 한다. 지금까지의 포인트는 특정 기업 안에서만 쓸 수 있었고 가치도 제한적이었지만, 스테이블코인과 결합되면 돈처럼 유통되기 시작하면서 규제도 받고 리스크도 커질 수 있다.

아마존과 월마트는 글로벌 판매망과 수많은 공급망을 관리하기에 스테이블코인 도입의 실익이 분명하다. 하지만 내수 중심의 한국 기업이 같은 모델을 적용하기엔 사업 구조와 필요성이 다르다.

==스테이블코인의 필요성보다 중요한 것은 도입의 타이밍을 판단하는 일이다.== 기술은 목적이 아니라 문제 해결의 수단이 되어야 한다. 지금은 디지털 화폐가 실제로 쓰일 환경과 생태계를 먼저 만드는 것이 우선이다. 성급한 혁신은 오히려 실패를 부르는 법. 기술 자체보다 언제 시장이 이를 받아들일 준비가 되었는지 살펴야 한다.

양자컴퓨터, 어떻게 코인 시장을 흔드는가

암호화폐의 미래를 가르는 것은 발행 주체나 규제만이 아니다. 기술의 진보가 가져올 새로운 위협도 있다. 대표적인 예가 양자컴퓨터다. 최근 구글, IBM, 인텔 등 글로벌 IT 기업들이 양자컴퓨터 상용화 경쟁에 본격적으로 뛰어들고 있다. 특히 구글은 2024년 12월 '윌로우Willow'라는 차세대 양자컴퓨터 칩을 발표해 주목받았다. 윌로우는 기존 칩보다 더 많은 큐비트를 탑재하고 오류율을 낮춰 양자우위 달성 가능성을 한층 높였다는 평가를 받는다. 양자우위Quantum Supremacy란 양자컴퓨터가 고전 컴퓨터 성능을 결정적으로 뛰어넘는 순간을 뜻한다. 문제는 이 기술이 비트코인 같은 암호화폐의 보안 기반을 무너뜨릴 가능성이다. 양자컴퓨터의 핵심 알고리즘 중 하나인 쇼어 알고리즘은 현재 비트코인이 사용하는 전자서명 방식인 ECDSA를 무력화할 수 있다. 이는 개인키가 노출될 경우 지갑 속의 코인이 단시간에 탈취될 수 있다는 의미다.

비트코인 개발자인 사토시 나카모토Satoshi Nakamoto가 초기에 보유했을 것으로 추정되는 약 100만 개 규모의 비트코인도 양자컴퓨터 공격에 노출될 수 있다는 우려가 제기된다. 이를 방지하기 위해 일부에서는 해당 코인들을 강제로 양자내성 전자서명 방식으로 전환하거나, 극단적으로는 블랙리스트로 지정해 거래 자체를 막자는 주장까지 나온다.

양자내성 전자서명Post-Quantum Signature은 양자컴퓨터로도 풀기 어려운 새로운 수학 구조를 이용해 기존 서명 방식의 취약점을 보완한 기술이다. 미국 국립표준기술연구소NIST는 이미 '양자내성 암호 전환PQC Migration' 프로젝트를 추진 중이다. 격자 기반, 해시 기반 서명 방식 등이 후보로 선정돼 표준 채택을 앞두고 있으며 각국 정부와 글로벌 기업들이 이를 기반으로 미래 암호 인프라를 준비하고 있다.

하지만 이런 방안은 블록체인의 핵심 가치인 불변성과 검열저항성, 즉 탈중앙성에 정면으로 배치된다. 한 번 기록된 거래와 잔고를 누구도 임의로 수정하거나 제한할 수 없다는 것이 블록체인의 신뢰 기반인데, 특정 코인을 예외적으로 무효화하거나 제약한다면 위험한 선례가 될 수 있다.

양자컴퓨터 시대가 온다면

그렇다면 양자컴퓨터란 무엇이고, 어떻게 이런 위협이 가능할까? 양자컴퓨터는 1982년 미국의 이론물리학자 리처드 파인먼이 처음 개념을 제안했고, 1985년 영국 옥스퍼드대학교 물리학자 데이비드 도이치가 체계화한 연산 장치다. 양자역학의 고유한 성질인 중첩Superposition과 얽힘Entanglement을 활용하면 기존 컴퓨터로는 풀기 어려운 문제를 훨씬 효율적으로 해결할 수 있다는 점이 입증됐다. 1994년, 벨연구소의 피터 쇼어가 큰 정수를 빠르게 소인수분해하는 쇼어 알고리즘을 발표하면서 기존 공개키 암호(RSA 등)를 무력화할 가능성이 현실적으로 제시됐다.

다만 양자컴퓨터는 원자나 전자처럼 극도로 작은 입자를 정보 단위인 큐비트Qubit로 사용하기 때문에 외부 환경의 미세한 진동이나 온도 변화에도 쉽게 오류가 발생한다. 이런 노이즈 문제를 해결하고 수십~수백 개 큐비트를 안정적으로 제어하기까지 수십 년의 연구와 시행착오를 거쳤다. 지금도 오류 교정과 대규모 확장성은 상용화의 가장 큰 과제다.

결국 양자컴퓨터 시대가 오면 암호화폐 생태계는 보안 인프라를 전면 재설계해야 할 것이다. 안전한 암호 체계와 블록체인의 불변성을 함께 지켜내는 것이 암호화폐 기술 혁신이 신뢰로 이어지는 최소 조건이다. 양자컴퓨터 리스크에 대비한 기술 전환을 선제적으로 준비하는 코인과 프로젝트를 주목하는 것이 향후 시장에서의 생존력과 성장 가능성을 가늠하는 중요한 기준이 될 수 있다.

넥스트 코인 강자는 누구?

초기 블록체인 시장의 절대 강자는 비트코인과 이더리움이었다. 비트코인이 '디지털 금'이라면, 이더리움은 금융, 예술, 게임 등 다양한 분야의 '분산형 응용 프로그램'을 만들어온 플랫폼 코인이다. 그런데 최근 솔라나Solana가 이더리움의 아성을 위협하고 있다.

솔라나는 이더리움을 대체할 수 있을까?

솔라나의 가장 큰 무기는 빠른 거래 속도와 저렴한 수수료다.

코인 데이터 플랫폼 Coingecko와 Ycharts에 따르면 2025년 1월 31일 기준 솔라나는 초당 4893건의 거래를 처리한다. 이는 초당 약 15건에 그치는 이더리움보다 압도적으로 빠르다. 수수료 또한 사실상 무료에 가깝다. 솔라나에서 거래 한 건을 처리하는 데 드는 비용은 0.00025달러에 불과한데, 이더리움의 평균 수수료는 0.65달러 수준이다. 이러한 특성 덕분에 솔라나는 소액 결제, 게임, NFT 등 거래 빈도가 높은 서비스 분야에서 높은 인기를 얻고 있다.

CoinGecko의 최신 보고서에서는 솔라나의 월 평균 거래량이 2024년 1244억 달러에서 2025년 1560억 달러로 전년 대비 25.4% 증가했다고 한다. 이더리움의 월 평균 거래량은 같은 기간 9.7% 증가해 2024년 6030억 달러에서 2025년 6618억 달러로 늘어났다. 이는 솔라나가 거래량 증가에서 이더리움을 앞지르고 있지만, 수치는 여전히 이더리움이 우세하다는 것을 보여준다.

이더리움은 샤딩Sharding 기술을 통해 네트워크를 여러 조각으로 나눠 거래를 병렬 처리한다. 샤딩은 은행 창구를 여러 개로 나눠 동시에 고객을 받는 것과 비슷하다. 블록체인 데이터를 작은 단위(샤드)로 분할해 각 샤드에서 거래를 검증하고 그 결과를 합쳐 전체 네트워크 상태를 유지하는 방식이다. 반면 솔라나는 하나의 글로벌 체인을 유지하기 때문에 개발자 입장에서는 애플리케이션 설계가 단순하다는 장점이 있다.

이더리움 킬러라는 별명답게 솔라나가 빠른 성장세를 보이고 있는데 단점도 뚜렷하다. 보안성과 안정성이다. 솔라나의 핵심 기술 중 하나인 '역사증명PoH, Proof of History'에 대해 암호학자 빅터 슈프Victor Shoup는 "보편적 시계를 대체하기에는 구조적 취약점이 많고, PoH 덕분에 블록 생성 속도가 빨라진다는 명확한 이론적 근거도 부족하다"라고 지적했다.

또한 초고속 거래를 위해 검증자 노드(컴퓨터)가 고성능 서버를 요구한다는 점은 네트워크의 탈중앙성을 약화시킬 수 있다. 검증자가 소수에 집중되면 일부 세력이 네트워크 운영에 과도한 영향력을 행사할 위험이 있기 때문이다. 솔라나는 이미 과거에 여러 차례 네트워크 정지 사태를 겪은 바 있다.

이더리움은 보안성과 탈중앙성을 중시하는 보수적 노선을 걷는다. 그리고 솔라나는 속도와 사용자 경험을 우선한다. 두 플랫폼의 철학이 근본적으로 다르기 때문에 당분간 솔라나가 이더리움을 완전히 대체하기는 어려울 것이다. 다만 시장은 용도별로 선택이 갈릴 가능성이 높다. 소액 거래나 게임처럼 빠르고 저렴한 거래가 중요한 분야에서는 솔라나가 매력적인 대안이 될 수 있다. 반대로 대규모 자산이 오가는 금융 서비스나 국가 인프라급 프로젝트에서는 더 오랜 기간 검증된 이더리움의 안정성을 선호할 가능성이 높다.

결국 두 플랫폼은 경쟁하면서도 서로의 강점을 보완하며 공존할 가능성이 크다. 블록체인의 미래는 속도와 비용, 보안과 탈중앙성이라는 상충된 가치 사이의 균형을 어떻게 맞추느냐에 달려 있다. 향후 기술 업그레이드와 규제 환경 변화에 따라 두 코인의 위치와 비중이 달라질 수 있다는 점은 기억해둘 만하다.

금융 송금의 혁명, 리플

플랫폼 측면에서 솔라나가 떠오르고 있다면 송금 측면에서도 차세대 주자가 있다. 우선 블록체인의 장점 중 하나는 사용자 간 직거래P2P를 통해 중개 단계를 줄여 수수료를 절감하는 것이다. 기존 금융 시스템에서는 송금, 결제, 정산, 신원 확인 등 거의 모든 과정에서 은행, 카드사, 결제망, 정산소 같은 중개 기관이 개입하며 각 단계에서 수수료가 발생한다. 블록체인은 거래 기록과 검증을 네트워크 참여자가 직접 수행하기 때문에 중개자의 수를 줄이고 그만큼 비용을 낮출 수 있다.

리플XRP은 이 개념을 국제 송금 분야에 집중적으로 적용한 대표 사례다. 리플 외에도 스테이블코인 기반 송금, 디파이DeFi 결제, CBDC 같은 다양한 사례 또한 같은 맥락에서 계속 등장하고 있다.

기존의 국제 송금은 주로 스위프트SWIFT망을 통해 이뤄진다. 전 세계 1만 1000개 이상의 은행이 연결된 이 네트워크는 글로벌 송금의 표준이지만 실제 송금 과정은 생각보다 복잡하다. 국내 은행과 수취은행이 직접 연결되지 않은 경우 코레스폰던트 뱅크 Correspondent Bank라고 불리는 중간 은행을 거친다. 경우에 따라 두세 곳의 중간 은행이 더 추가되기도 하는데 각 은행은 수수료를 차감한다. 송금이 완료되기까지 며칠이 걸리고 주말이나 공휴일에는 처리가 지연되기도 한다. 송금 경로도 실시간으로 추적하기 어렵다. 실제로 세계 은행은 미국에서 멕시코(세계 최대 송금 경로)로 200달러를 보낼 때 평균 9.61달러의 비용이 든다고 분석했다.

리플넷RippleNet은 기존 송금 시스템의 불편을 블록체인으로 해결한다. 송금 시 원화가 암호화폐 XRP로 전환되어 네트워크를 통해 전송되고, 수취국에서는 XRP가 해당 국가의 통화로 자동 변환된다. 중간 은행이 사라지므로 처리 속도는 수 초~1분 수준으로 단축되고 수수료 부담도 줄어든다. 예를 들어, 한국에 사는 김 씨가 미국 친구 존에게 1만 달러를 보낼 경우 SWIFT망을 이용하면 여러 중간 은행을 거쳐 며칠이 걸리고 수수료가 누적되지만, 리플넷을 이용하면 바로 환전, 전송, 입금까지 처리된다.

리플 같은 구조는 은행뿐만 아니라 결제 및 송금 스타트업, 글로벌 금융 기관에도 매력적이다. 리플넷은 단일 암호화폐XRP를 글로벌 송금의 브리지 통화로 활용함으로써 환전과 송금을 동시에 처리하는 시장을 만든다. 특히 신흥국 송금 시장이나 해외 노동자 송금처럼 전통 금융망의 수수료 부담이 큰 영역에서 경쟁력이 높다.

다만 넘어야 할 장벽도 있다. XRP가 증권인지, 화폐인지에 대한 법적 규제 논란이 일부 국가에서 여전히 진행 중이다. SWIFT망이 오랜 기간 국제 금융의 핵심 인프라로 자리 잡은 만큼 대형 은행들이 하루아침에 전환하기도 쉽지 않다. 그러나 더 빠르고, 저렴하며, 투명한 송금망에 대한 글로벌 수요는 분명하다.

최근 리플은 스테이블코인 발행에서 은행 설립 계획에 이르기까지 사업 영역을 급격히 넓히고 있다. 과거 송금 네트워크라는 단일 정체성에 머물던 리플이 결제 인프라, 금융 서비스, 디지털 자산 관리 등으로 확장하는 모습은 주목할 만하다.

다만 이러한 변화 속에서 XRP의 가격을 단순히 리플넷 채택률과 결부해 해석하는 것은 다소 위험하다. 가격 변동 요인은 사업 다각화, 규제 환경, 거시적인 정치 상황 등이 복합적으로 얽혀 있기 때문이다.

특히 미국 증권거래위원회SEC와의 소송 결과보다 중요한 변수는 세계 정세의 변화다. 미·중, 미·러 간 신냉전 구도가 장기화되고 트럼프 행정부의 강경하고 예측 불가능한 정치 행보가 이어진다면 미국의 영향력에서 벗어나려는 국가들의 움직임은 더 뚜렷해질 것이다. 중국과 러시아를 비롯한 일부 국가들은 이미 미국 의존도를 줄이기 위한 대체 결제망 확보에 관심을 보이고 있다.

이런 흐름은 리플넷과 같은 글로벌 결제 네트워크에 새로운 기회를 제공할 수 있다. 결국 리플넷의 확산 여부는 기술적 우위나 가격 경쟁력만이 아니라 국제 정치 질서와 금융 패권의 재편 속에서 결정될 가능성이 크다. 지금의 복잡한 세계 정세는 리플에겐 위기이자 기회다. 냉전 구도가 심화될수록 글로벌 결제 인프라의 '비非미국화'를 원하는 국가와 기관들은 리플넷을 하나의 대안으로 바라볼 것이며 이는 향후 XRP 생태계 전반에 구조적인 변화를 불러올 수 있다.

디지털 금의 자리에 오른 비트코인

코인에 투자해본 사람 중에도 비트코인을 '세계 최초의 전자화폐'로 알고 있는 경우가 적지 않다. 하지만 비트코인은 세계 최초의 전자화폐가 아니라, 40여 년간 이어진 전자화폐 실험과 실패 그리고 이를 극복한 기술 혁신 위에 세워진 최초의 성공적인 '암호화폐'다.

1980~1990년대, 현금 없는 사회를 꿈꾸며 전자화폐를 실현하려는 다양한 시도가 있었다. 미국 암호학자 데이비드 차움 David Chaum은 현실에서는 누구나 현금을 통해 익명성을 보장받을 수 있지만, 인터넷 세상에서는 신용카드나 계좌이체로만 거래해야

한다는 사실에 의문을 품었다. 인터넷에서 익명성을 보장하는 디지털 현금의 필요성을 제기하며 1982년 〈추적 불가능한 결제를 위한 은닉 서명 방식Blind Signatures for Untraceable Payments〉이란 논문을 발표했다.

그가 만든 전자화폐는 은행이 은닉 서명 기술을 활용해 화폐를 발행하고 부정 거래가 발생하지 않도록 감시하는 역할을 맡는 '중앙집중형 전자화폐'였다. 이를 기반으로 '디지캐시DigiCash'라는 회사를 설립해 사업을 본격화했는데 한때 독일 도이치방크, 미국 마크 트웨인 은행이 시범 운영을 했지만 사용자 기반을 확보하지 못해 1998년 문을 닫았다.

같은 시기, 해커와 암호학자들이 주도한 사이퍼펑크Cypherpunk

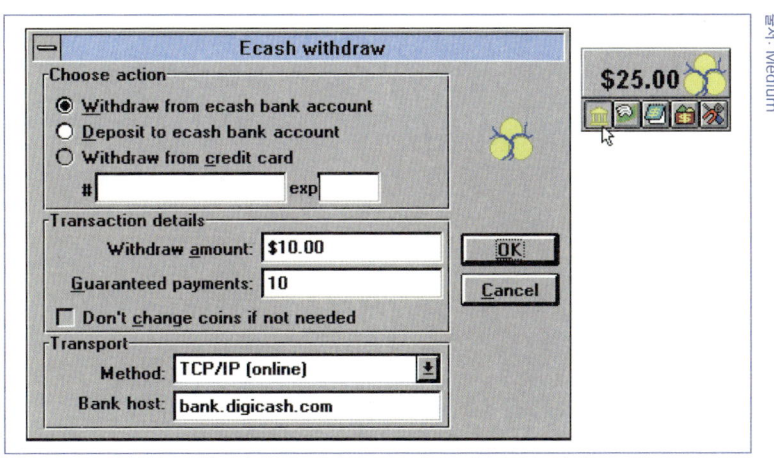

디지캐시가 만든 최초의 전자화폐 프로그램

운동에서는 은행이나 정부의 개입 없이 운영되는 탈중앙형 디지털 화폐가 구상됐다. 닉 재보의 비트 골드Bit Gold, 웨이 다이의 B-머니B-Money가 대표적이다. 그러나 합의 구조와 보상 시스템이 부재했고 기술적 완성도가 낮아 실제 확산으로 이어지지 못했다.

그리고 2008년 글로벌 금융위기 이후 사토시 나카모토는 이러한 한계를 해결한 탈중앙형 전자화폐, 비트코인을 세상에 내놓았다.

고위험 주택담보대출(서브프라임 모기지) 부실이 촉발한 세계적 금융위기를 생생하게 지켜본 그는 기존 금융 시스템에 대한 불신이 있었는데, 중앙은행과 상업은행이 만든 신용 버블을 비판하며 누구의 통제도 받지 않는 전자화폐를 목표로 하면서 이전에 닉 재보와 웨이 다이가 제안한 탈중앙형 전자화폐 모델에 주목했다. 그 해법이 바로 블록체인이었다.

암호화폐의 심장, 블록체인

은행 없이 개인 간 직접 현금을 주고받는 상황을 떠올려보자. 송금자와 수신자 모두 신뢰에 기반해 행동한다면 큰 문제가 없겠지만 현실은 그렇지 않다. 누군가는 돈을 보내지 않고도 보냈다고 주장하거나, 받고도 받지 않았다고 부인할 수 있다.

우리가 아는 계좌이체에서는 은행이 거래의 진위를 확인하고

'누가, 언제, 누구에게, 얼마를 보냈는지'를 장부인 데이터베이스에 기록한다. 하지만 계좌이체는 익명성이 없다.

그리고 비트코인에는 거래를 중개하고 기록할 은행, 즉 중앙기관이 존재하지 않는다. 대신 비트코인 사용자(노드)들이 이 역할을 한다. 마치 경찰서를 대신하는 자경단처럼 말이다.

두 사용자 간 거래가 발생하면 인터넷을 통해 지켜본 주변 사용자들이 이를 검증하고 블록Block이라는 약 1MB 크기의 파일에 기록해 전체 네트워크에 전파한다. 이 블록들은 시간순으로 차례차례 연결되어 '블록체인'을 이루며 모든 비트코인 이용자들의 컴퓨터(노드)에 동일하게 저장된다. 은행 중앙 서버에만 있던 거래 장부가 개별 사용자 컴퓨터로, 전 세계로 분산되는 것이다.

계좌이체와 비트코인의 차이

계좌이체	비트코인
• 거래 기록이 금융기관의 중앙 서버에 보관된다. • 신뢰할 만한 관리자가 서버에서 발생할 수 있는 오류를 감시하고 바로잡는다. • 서버 내부에서 어떤 일이 일어나고 어떤 데이터가 저장되어 있는지는 관리자 외에는 알 수 없다.	• 거래 기록이 개인들의 컴퓨터에 분산 저장, 관리되며 모두에게 투명하게 공개되는 탈중앙형(협동조합형) 전자화폐다. • 신뢰할 만한 중앙 서버나 관리자를 두지 않고, 전 세계의 컴퓨터(노드)들이 온라인 합의 알고리즘을 통해 오류나 부정 거래를 방지한다. 이는 협동조합에서 조합원들이 운영에 참여하고 의견이 엇갈릴 때 투표로 합의를 도출하는 방식과 유사하다. • 거래 기록을 저장하거나 합의 과정에 적극적으로 참여하도록 유도하기 위해 채굴이라는 인센티브 메커니즘을 활용한다.

만약 특정 거래에 대해 이견이 생기면 블록체인의 합의 알고리즘이 작동한다. 비트코인에서는 '최장 체인 선택 규칙Longest Chain Rule'이라는 온라인 투표 방식을 사용해 과반수 이상의 사용자가 동의한 가장 긴 체인을 정본으로 인정한다. 이때 시빌 공격Sybil Attack처럼 한 사람이 여러 ID를 만들어서 다수인 척 투표를 조작하려는 시도를 막기 위해 작업증명PoW, Proof of Work방식을 도입했다. 또한 많은 이용자의 자발적 참여를 유도하기 위해, 거래 검증 및 블록 생성 작업을 가장 정확하고 빠르게 수행한 노드에 비트코인으로 보상하는 채굴Mining 시스템을 도입했다.

이러한 구조는 사용자들이 내야 할 은행 수수료를 없애고, 위조 또는 변조가 사실상 불가능한 글로벌 결제 네트워크를 가능하게 했다. 무엇보다 중앙 서버라는 단일 실패 지점Single Point of Failure을 없앴다는 점에서, 비트코인은 규제와 검열을 피하려는 수요를 끌어들였고 네트워크에 참여하는 사람들에게 명확한 보상을 제공해 빠른 확산을 이끌었다.

비트코인의 거래는 모든 네트워크에 공개되지만, 기록에 남는 것은 일종의 통장 계좌번호라 할 수 있는 '전자지갑 주소'와 거래 내역이다. 전자지갑 주소(예: 1BvBMSEYstWetqTFn5Au4m4GFg7xJaNVN2)는 원칙적으로 실명 확인을 요구하지 않기 때문에 완전한 '익명성'이라기보다는 '가명성'을 제공한다고 할 수 있다. 지갑을 마음껏 새로 만들 수 있으므로 필요할 때마다 새 주소를 쓰면 추적을 어렵게 할 수 있다. 물론 법에 따라 실명 확인을 요구하는 거래소나 지갑 서비스도 있는데, 이는 국가마다 다르다.

이런 특성은 거래 투명성을 유지하면서도 프라이버시를 지킬 수 있어 특히 고액 자산가나 해외 투자자에게 매력적이다. 비트코인은 디지캐시가 극복하지 못한 중앙 통제 문제를 해결했고 비트 골드와 B-머니가 만들지 못한 합의 및 보상 구조를 완성했다. 오늘날 비트코인이 장기 투자자와 기관 자금을 끌어들이는 이유가 여기에 있다.

비트코인의 투자 가치

비트코인은 '디지털 금'으로도 불리며 이제 안전 자산처럼 여겨지고 더 나아가 새로운 형태의 기축통화 후보로까지 거론된다. 그렇게 비유하는 이유는 간단하다. 탈중앙화가 만들어내는 지정학적 리스크 해소 능력 때문이다.

전통적으로 금은 특정 국가나 중앙 기관이 발행하거나 부채로 삼을 수 없고, 누구도 금의 가치를 조작할 수 없는 자산이었다. 국경을 넘어 동일한 가치가 인정되며 전쟁, 금융 위기 등 불확실성 속에서도 안전 자산으로 기능해왔다. 비트코인도 이 점에선 금과 닮았다. 중앙은행이나 정부가 발행하거나 관리하지 않는다. 전 세계에 분산된 수많은 컴퓨터(노드)가 블록체인을 통해 발행량과 거래 기록을 유지, 검증한다. 누구도 임의로 발행량을 늘리거나 거래를 통제할 수 없기 때문에 특정 국가의 정치, 전쟁, 경제적 리스크에 덜 종속되며 국경을 넘어 동일한(정확히는 유사한) 가치를 가진다.

비트코인을 금과 구분 짓는 가장 큰 특징은 바로 디지털성이다. 금은 실물 자산으로서 물리적 보관과 운송에 제약이 있는데 비트코인은 인터넷만 있으면 전 세계 어디서든 즉시 전송하고 보관할 수 있다. 이 때문에 국가의 자산 통제나 금융망 차단 같은 제재를 비교적 쉽게 우회할 수 있다. 러시아-우크라이나 전쟁과 각종 경제 제재 사례는 정부가 금융 시스템이 무기화할 수 있음을 보여줬지만 비트코인은 승인 없이도 국경을 넘는다.

달러 역시 세계의 기축통화이지만 본질적으로는 미국의 신용

출처: Global Finance

러시아가 비트코인으로 국제 제재를 피해간다는 기사

에 기반하기 때문에 정치, 경제 리스크에서 완전히 자유롭지는 않다. 반면 비트코인은 특정 국가의 통제를 벗어나 있으며 블록체인 기술을 통해 발행량과 거래 기록이 공개된다. 이 점이 기존의 법정 화폐Fiat Money와 다른 새로운 '탈중앙 기축통화'로서의 가능성을 만든다.

결국 비트코인은 탈중앙화가 만들어낸 새로운 형태의 금이다. 국가나 중앙 기관이 아니라 탈중앙화된 기술에 신뢰를 의존한다는 점이 불확실성이 더욱 커지는 현재에 비트코인을 매력적인 가치 저장 수단으로 주목받게 만든다.

채굴과 반감기 메커니즘

네이버, 카카오 등 우리가 일상에서 사용하는 많은 인터넷 서비스는 여러 대의 컴퓨터가 함께 작업을 나누어 처리하는 분산처리 시스템으로 이루어졌다. 은행도 마찬가지다. 그러나 이런 시스템에는 믿을 만한 관리자가 필요하다. 누가 어떤 일을 맡았는지 감독하고, 문제가 발생하면 바로잡아야 하기 때문이다.

비트코인은 이 상식을 완전히 깨뜨렸다. 전 세계 누구나 참여할 수 있고, 서로를 전혀 모르는 컴퓨터들이 모여도 누군가 거짓 정보를 보내면 바로 들통나며 잘못된 거래는 블록체인 프로그램을 통해 노드들의 힘으로 차단한다.

하지만 중앙 관리자가 없으면 모든 거래 기록을 유지하고 검증하기 위해 자신의 컴퓨터 자원과 전기를 사용해 블록을 생성하고 유효성을 검토하며, 체인을 지속적으로 이어가고 보관해야 한다. 누구도 이를 무상으로 하려고는 하지 않을 것이다. 이를 해결하기 위해 사토시 나카모토는 공공 서비스 제공에 대한 보상 시스템을 고안했는데 이것이 채굴이다. 비트코인 초기에는 10분마다 가장 열심히 일한 참여자(컴퓨터)가 보상으로 50개의 비트코인50BTC을 받았지만, 인플레이션을 막기 위해 약 4년마다 보상이 절반으로 줄어드는 반감기Halving 제도가 설계됐다. 초기에는 50BTC → 1차 반감기 이후에는 25 BTC → 2차 반감기 후에는 12.5BTC → 3차 반감기 이후에는 6.25BTC → 현재(2024년~)는 3.125BTC(4차 반감기 이후)로 줄어드는 식이다.

반감기 이후 공급이 줄면 희소성이 높아지고 이것이 가격 상승 압력으로 작용하기 때문에 역사적으로 2012년, 2016년, 2020년 반감기 모두 일정 기간이 지나면서 큰 폭의 상승장이 있었다. 물론 반감기 직후에 즉각적으로 상승하는 것은 아니며, 거시경제 상황과 규제, 시장 심리 등 여러 변수에 따라 달라진다. 참고로 반감기가 반복되어 총 발행량인 2100만 개에 도달하면 새로운 비트코인은 더 이상 생성되지 않고 거래 수수료가 채굴자 보상의 주 수단이 된다.

가격 폭등의 촉매, 중국 신흥 부자

비트코인 개발되고 대중적으로 부상하기까지 상징적인 사건이 있다. 2010년 5월 22일, 미국의 프로그래머 라스즐로 하네크즈Laszlo Hanyecz가 비트코인 1만 개로 피자 두 판을 구매한 것이다. 2025년 7월 현재 가치로 약 1조 원에 달한다. 당시에는 '인터넷 화폐로 진짜 피자를 사 먹었다'라는 사실만으로 화제가 됐다.

소수의 개발자와 암호 기술 애호가들이 실험 삼아 주고받던 디지털 화폐 비트코인의 가격을 진짜로 끌어올린 건 중국의 신흥 부자들이었다. 2010년대 초반, 중국은 폭발적인 경제 성장으로 억만장자가 쏟아졌지만 정부에서는 자본 유출을 강력히 막았다. 국경과 금융망을 초월하고 추적이 어려운 비트코인은 자연스럽게 고액 자산가들이 자금을 해외로 옮기는 수단이 됐다. 여기에 거래소 출범과 스마트폰 확산이 맞물리며 중국에서 시작된 수요가 글로벌 투기 자본을 끌어들였다. 채굴 산업에도 막대한 자금이 흘러들어 가격이 점점 치솟고 그만큼 변동성도 커졌다.

처음엔 피자 두 판이었지만 지금은 개당 1억 5000만 원이 넘었으니 비트코인은 불과 10여 년 만에 세상에서 가장 극적인 가격 드라마를 쓴 셈이다. 중국 정부는 2021년 9월 말, 암호화폐 거래를 전면 금지했다. 세계경제포럼WEF은 이를 "자본 유출 통제를 위한 시도"로 해석했다. 그리고 엄격한 금지에도 불구하고 암호화폐 거래를 통한 자본 유출은 계속될 가능성이 높다고 전망했다.

화폐에서 자산으로

비트코인은 국가와 은행의 통제를 받지 않고 국경과 시간의 제약 없이 거래되는 화폐를 지향했지만, 가격 변동성과 처리 속도의 한계가 결제 수단으로서의 확산을 막았다. 카페에서 커피값을 비트코인으로 결제하는 사람은 거의 없는 것만 봐도 그렇다. 대신 발행량이 제한된 희소성, 위조와 변조가 불가능한 장부 구조, 중앙은행 발권 남용을 견제하는 상징성이 결합되며 디지털 금으로 자리매김했다.

게다가 2024년, 미국 증권거래위원회가 현물 비트코인 ETF를 승인하게 되면서 비트코인은 제도권 금융 자산으로 공식 편입됐다. 이제 복잡한 전자지갑 관리 없이 일반 증권계좌로 투자할 수 있게 됐고 금, 주식, 채권과 함께 포트폴리오 자산으로 취급된다. 이는 비트코인이 일상적 화폐로 인식되지 않음을 보여준다.

비트코인이 놓친 디지털 결제 화폐의 자리는 다른 기술들이 빠르게 채우고 있다. 앞서 말한 달러 연동 스테이블코인인 테더Tether의 USDT, 서클Circle의 USDC USD Coin는 국경을 넘는 송금과 디지털 결제에서 이미 사실상 디지털 달러로 통한다. 중국의 디지털 위안화e-CNY, EU와 러시아의 CBDC 개발도 마찬가지다. 하지만 비트코인은 사라지지 않는다. 커피값 결제라는 현실적 기능 대신, 글로벌 금융시장에서 금과 같은 '디지털 안전 자산'으로서 자리 잡았을 뿐이다. ETF 승인은 그 사실을 제도권이 공식적으로 확인해준 선언문이다.

플랫폼 코인 전성기, 이더리움

네이버, 카카오, 배달의민족, 유튜브 같은 중앙집중형 플랫폼 그리고 카카오뱅크나 토스 같은 인터넷 전문 은행을 탈중앙형 형태로 전환하는 것이 가능할까?

기존의 중앙집중형 전자화폐를 탈중앙화로 대체한 사토시 나카모토의 정신은 인터넷 플랫폼과 금융 시스템 전반으로 확장되었다. 그 중심에 선 인물이 2세대 암호화폐 '이더리움Ethereum'의 창시자 비탈릭 부테린Vitalik Buterin이다.

부테린은 블리자드의 MMORPG 게임 '월드 오브 워크래프트'를 즐기던 어린 시절, 좋아하는 캐릭터 워록의 능력치가 어느 날

예고 없이 하향 조정된 일을 겪고 충격을 받았다. 그는 훗날 이렇게 회상했다. "그날 밤은 울면서 잠이 들었고 중앙화된 서비스가 얼마나 끔찍할 수 있는지 깨달았다."

소스코드를 소유한 게임 회사가 사용자 동의 없이 언제든지 핵심 요소를 변경할 수 있다는 사실은 부테린에게 깊은 문제의식을 심어주었다. 이후 비트코인을 접한 그는 참여자들이 스스로 시스템을 운영하고 합의하는 구조에 매료됐다. 그러나 비트코인은 디지털 화폐에 특화돼 있어 더 다양한 프로그램을 담기에는 한계가 있었다.

이에 부테린은 19세에 스마트 계약Smart Contract을 지원하는 범용 블록체인 플랫폼 구상을 담은 일종의 설계도 '이더리움 백서Whitepaper'를 발표했다. 개발자 커뮤니티의 주목을 받은 그는 2014년 조셉 루빈, 개빈 우드, 찰스 호스킨슨, 앤서니 디 이오리오 등과 팀을 꾸려 약 3만 1천 BTC(당시 약 1830만 달러)를 모금했고, 2015년 7월 30일 이더리움의 첫 실물 버전 '이더리움 프런티어Frontier'를 출시했다.

비트코인과 이더리움의 차이

비트코인이 거래 기록만을 분산 저장한다면 이더리움은 전자화폐를 넘어 응용 프로그램 코드 자체를 블록체인에 올려 개인의 컴퓨터에서 분산 저장, 관리, 실행되도록 할 수 있다. 예를 들어, 한 인터넷 플랫폼 기업의 중앙 서버에서 1만 라인의 코드를 처리하던 것을 이더리움에서는 전 세계 이용자들이 이어달리기 방식으로 실행하고 검증한다(첫 번째 이용자는 1라인부터 100라인까지, 두 번째 이용자는 101라인부터 250라인까지, 세 번째 주자는 251라인부터 300라인까지 실행하고 결과를 공유하는 식). 참여를 유도하기 위해 작업량과 오류 발견에 따라 '가스비Gas Fee'라는 일정량의 인센티브가 이더리움으로 지급된다.

이더리움 역시 비트코인처럼 전쟁 같은 지정학적 위험에서 자유롭고 영구적으로 실행될 수 있다. 또한 단순 결제 수단이 아니라 다른 서비스가 돌아가는 인프라 역할을 한다. 이처럼 블록체인 위에서 화폐 기능뿐만 아니라 스마트 계약까지 지원하는 암호화폐를 플랫폼 코인Platform Coin이라고 부른다. 오픈소스 형태로 한 번 배포된 코드는 이용자 과반의 동의 없이는 수정할 수 없다.

스마트 계약은 예를 들어 'A가 B에게 일정 금액을 보내면, B가 자동으로 특정 파일을 전달한다' 같은 조건을 포함할 수 있고 조건이 충족되면 사람의 개입 없이 즉시 실행된다. 스마트 계약을 활용한 탈중앙 서비스는 이미 다양한 분야에서 진행되고 있는데 대표적으로 블로그 플랫폼 스팀잇Steemit, 동영상 플랫폼 디튜브D.Tube 등이 있다.

금융 업계를 바꾸는 디파이(DeFi)

금융에서는 스마트 계약을 통해 은행이나 증권사 같은 중개 기관 없이 대출, 예금, 송금, 자산 운용이 가능한 '탈중앙화 금융 DeFi, Decentralized Finance'이 빠르게 성장 중이다. 디파이는 24시간 전 세계 어디서나 이용 가능하며 중개 기관이 없어 수수료가 낮고, 모든 거래 기록이 블록체인에 공개된다. 스마트 계약으로 금융 소외 계층이나 제도 금융이 미비한 국가의 시민들도 금융 서비스를 이용할 수 있게 한 것이다.

전통 금융이 내부 전문가에 의존해 상품을 설계하고 폐쇄적으로 의사결정을 내리는 것과 달리, 디파이는 커뮤니티 구성원 누구나 상품 설계와 거버넌스에 참여할 수 있다. 대표 서비스로는 탈중앙화 거래소DEX, 대출 플랫폼 등이 있다. 스탠퍼드대학교, 캘리포니아대학교 버클리, 일리노이대학교 어배너-샘페인 캠퍼스, 임페리얼칼리지 런던 등 세계 유수 대학에서는 오래전부터 스마트 계약, 블록체인, 금융의 이론부터 실무, 글로벌 협업까지 아우르는 블록체인 금융 교육 프로그램을 공동 개설해 운영하고 있다.

부테린의 과거 발언을 되새겨보면 디파이의 잠재력을 보다 선명히 그릴 수 있다. "대부분의 기술이 노동자를 자동화해 대체하지만 블록체인은 중심부를 자동화한다. 택시 운전기사를 내쫓는 대신, 우버를 없애고 기사들이 고객과 직접 일하게 해준다."

코인 상승의 엔진,
탈중앙화

암호화폐를 제대로 알려면 '탈중앙화Decentralization'라는 키워드를 빼놓을 수 없다. 이것이 곧 비트코인과 이더리움의 존재 이유이자 가격을 지탱하는 기반이기 때문이다.

인터넷과 디지털 경제 생태계에서 탈중앙화가 다시 주목받는 첫 번째 이유는 빅테크 독점에 대한 불신이 커지고 있어서다. 인터넷은 원래 개방성과 분산을 지향했지만, 지금의 SNS와 검색엔진, 앱 마켓 등 대부분의 디지털 접점은 소수의 거대 기업이 지배한다. 과거 트위터의 CEO였던 잭 도시Jack Dorsey가 주도해 만든 '블루스카이'는 사용자 데이터와 네트워크를 특정 기업이 독점하지 못하도록 설계된 탈중앙 SNS다. 일론 머스크가 X(구 트위터)를 인수한 이후 운영 방식의 변화, 검열 논란, 계정 정지 문제 등이 불거지면서 중앙집중형 플랫폼의 위험성이 다시금 각인되며, X에서 이탈한 사용자들이 검열과 통제로부터 자유로운 대안 SNS로 블루스카이를 선택하는 이유다.

단일 기업이 콘텐츠 노출 알고리즘을 정하지 못하고, 사용자가 직접 선택할 수 있도록 한 구조는 블록체인 투자자들에게도 중요한 시사점을 준다. 중앙집중 구조의 한계가 드러날수록 분산 네트워크 기반의 프로젝트와 토큰 수요는 커질 수밖에 없다.

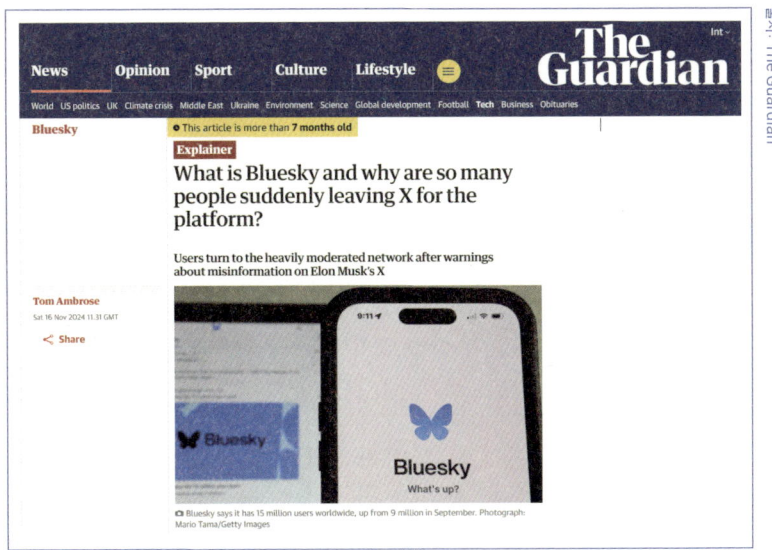

X에서 블루스카이로 옮겨가는 유저들

출처: The Guardian

두 번째 이유는 검열 저항성이다. 비트코인은 중앙 기관의 허락 없이 누구나 송금 및 거래를 할 수 있다. 정치적, 사회적 이유로 계좌가 차단되거나 자산이 동결될 수 있다는 두려움이 커질수록, 정부나 기업의 통제에 대한 경각심도 커지며 검열 저항성은 디지털 자산의 핵심 투자 매력으로 부각된다. 이는 위기 시 안전자산 대체 수요를 만들어내며 가격 지지선 역할을 한다.

세 번째 이유는 웹3Web3이라는 새로운 인터넷 패러다임의 확산이다. 인터넷의 데이터를 중앙 서버가 아닌 블록체인과 같은 분산 네트워크에 저장하고 그 소유권을 사용자에게 돌려주는 웹3는, 창작자와 이용자가 직접 플랫폼 운영과 보상 구조에 참여하는 새로운 인터넷 경제를 연다. 이는 곧 토큰 기반의 서비스, DAO(탈중앙자율조직), NFT와 같은 투자 기회를 확장시킨다.

탈중앙화의 개념은 사실 낯선 것이 아니다. 협동조합, 오픈소스 소프트웨어, ESG 경영의 분산 거버넌스, 일상에서 쿱Coop택시 수익 구조 등 이미 우리 사회 곳곳에 뿌리내린 모델이다. 다만 현재 빅테크 독점이 심화되면서 다시 '플랫폼 독과점 해법'이자 '디지털 자산 투자 근거'로 부상하고 있다.

최근에는 **AI 분야에서도 탈중앙화 흐름이 본격적으로 논의되고 있다.** 리눅스 재단과 MIT 미디어랩 등은 중앙집중형 AI가 빅테크의 독점적 데이터 수집과 권력 집중을 초래한다는 문제의식을 공유하며, '탈중앙 AI' 모델에 대한 연구와 개발을 추진하고 있다. 이는 블록체인과 결합해 AI, 데이터, 토큰을 연결하는 새로운 투자 시장을 만들 가능성이 있다.

결국, 탈중앙화는 기술적 트렌드가 아니라 투자자산의 철학이다. 중앙집중의 편리함과 탈중앙의 자유로움, 그 균형을 누가 먼저 시장에서 구현하느냐가 향후 디지털 자산 가격과 투자 기회를 좌우할 것이다.

블록체인의 미래 설계도

블록체인은 늘 한 가지 딜레마에 직면해왔다. 탈중앙성과 보안성을 지키면서 속도를 어떻게 높일 것인가. 앞서 말했듯 비트코인이 디지털 화폐의 가능성을 보여줬다면 이더리움은 스마트 계약 개념을 통해 금융, 플랫폼, 서비스 전반으로 블록체인의 활용 범위를 넓혔다. 그러나 이 탈중앙성과 스마트 계약이 속도 저하의 근본 원인이기도 했다. 참여자가 많아질수록 모두의 합의를 얻는 데 시간이 오래 걸리기 때문이다.

2026년 블록체인의 확장성 전쟁

이더리움 같은 플랫폼 코인은 거래가 몰릴수록 수수료Gas Fee가 급등하고 처리 속도도 느려진다. 대규모 사용자가 동시에 접속하는 실서비스 운영에는 치명적인 제약이 된다. 이를 해결하기 위해 등장한 것이 바로 '레이어 1L1, Layer 1'과 '레이어 2L2, Layer 2' 확장 솔루션이다.

L1은 쉽게 말해 블록체인의 '기본 뼈대'다. 비트코인, 이더리움, 솔라나 등 각 암호화폐가 사용하는 블록체인 본체가 여기에 해당한다. L1 확장 솔루션은 블록체인의 기본 데이터 구조를 개선하거나 더 효율적인 합의 방식을 도입해 성능을 높인다. 예를 들어, '가장 무거운 체인 선택 규칙Heaviest Chain Selection Rule'과 '지분증명PoS, Proof of Stake'을 결합하는 식이다. 하지만 블록체인 본체를 직접 수정하는 만큼 실패 시 위험 부담이 크고, 모든 참여자의 동의를 얻어야 한다는 현실적 어려움도 따른다.

L2는 이름 그대로 기존 L1 위에 덧붙이는 보조 층이다. 비유하자면, 막힌 고속도로L1를 넓히는 대신 옆에 새로운 우회도로L2를 만들어 일부 차량(거래)을 분산시키는 방식이다. 대표적인 기술인 '롤업Rollup'은 다수의 거래를 L2에서 먼저 묶어 처리한 뒤, 결과가 맞는지 검증할 수 있는 요약 정보만 L1에 기록한다. 이렇게 하면 L1이 모든 거래를 직접 확인할 필요가 없어져 속도는 빨라지

고 수수료 부담은 줄어든다. 예를 들어, L2에서 1000건의 결제를 처리한 뒤 '이 거래들이 모두 올바르게 처리됐다'라는 압축된 증거 데이터를 L1에 남기는 식이다.

물론 L2도 한계가 있다. 롤업의 경우 거래를 모아 처리하는 운영자가 소수에 불과해 악의적인 행동이나 중단이 발생하면 거래 순서 조작, 서비스 지연 같은 문제가 생길 수 있다. 즉, L2는 탈중앙성을 일부 희생하고 속도와 비용 효율성을 얻는 구조다. 이에 대응해 '영지식증명Zero-Knowledge Proof'과 탈중앙화 운영자 모델이 발전하며 한계를 보완하려는 시도가 이어지고 있다.

블록체인의 미래는 L1의 성능 개선과 L2의 탈중앙화 설계가 병행되는 방향이다. 속도와 신뢰성 사이에서 최적의 균형을 찾는

이더리움의 업데이트 단계별 L1 및 L2 개선 계획

업데이트 단계	핵심 목표	L1 / L2
머지(Merge)	작업증명(PoW) → 지분증명(PoS) 전환으로 에너지 절감 및 속도 향상 (2022년 9월 15일 완료)	L1
서지(Surge)	샤딩(Sharding) 기술 도입으로 블록체인 기본 처리 성능 확장	L1(샤딩)+L2 (롤업)
버지(Verge)	버클 트리(Verkle Tree) 도입으로 데이터 구조를 개선해 검증 속도 및 효율성을 향상	L1
퍼지(Purge)	오래된 데이터와 불필요한 기록을 삭제해 노드 효율화	L1
스플러지(Splurge)	위 4단계로도 못 담은 여러 소규모 개선 사항들을 묶어서 적용. 성능, UX, 개발자 경험 등을 지속적으로 개선	L1 중심 (간접적으로 L2도 보완 가능)

경쟁이 앞으로도 계속될 것이다.

암호화폐 채굴의 친환경 변신

블록체인 시장에서 확장성 전쟁이 진행되는 한편, 또 다른 축인 '합의 방식'에서도 변화가 일어나고 있다. 속도를 높이는 기술이 L1과 L2라면, 네트워크의 에너지 효율성과 보안성 그리고 장기적으로 토큰의 가치 안정성을 좌우하는 핵심 변수는 PoW와 PoS다.

암호화폐는 대표자나 중앙 관리자 없이 협동조합처럼 운영되기 때문에 보유자는 소프트웨어 업데이트, 운영 규칙 개정, 거래 검증 등 중요한 의사결정에 참여한다. 모든 결정은 합의로 이뤄지는데, 여기서 합의 구조의 효율성이 곧 네트워크 가치와 시장 신뢰로 연결된다.

그러나 온라인 합의에는 시빌 공격이라는 난제가 있다. 한 명이 여러 개의 ID를 만들어 시스템을 조작하는 방식으로 네트워크의 신뢰성과 공정성을 위협한다. 이를 막기 위해 비트코인은 '작업증명PoW' 방식을 채택했다. 원래는 대량 스팸메일을 방지하려는 기술이었지만, 사토시 나카모토가 이를 합의 메커니즘에 응용했다. PoW는 높은 보안성을 제공하는 대신 막대한 연산과 전력 소모라는 치명적인 단점을 안고 있어, ESG 트렌드 속에서 비트코인이 지속적으로 친환경성에 대한 비판을 받는 데 일조했다.

이를 극복하기 위한 대안이 '지분증명PoS'이다. 2011년 등장한 PoS는 보유한 암호화폐의 양과 기간에 따라 검증 권한을 부여하는 구조로, 대규모 연산이 필요 없어 에너지 소비를 획기적으로 줄인다. 이더리움은 2022년 '더 머지The Merge' 업그레이드로 PoW에서 PoS로 전환하며 에너지 사용량을 무려 99.95% 절감했다고 밝혔다.

물론 PoS에도 한계는 있다. 코인 보유량이 권력으로 직결돼 소수가 네트워크를 장악할 위험이 있으며 기술적 취약성 논란도 있다. 그럼에도 PoS는 친환경성과 확장성을 동시에 갖춘 유력한 대안으로 자리 잡았다. 현재 카르다노Cardano, 솔라나Solana, 알고랜드Algorand 등 주요 알트코인이 PoS를 채택하고 있다.

PoW→PoS 전환은 단순한 기술 업그레이드를 넘어, ESG라는 친환경성도 고려하게 만드는 신호다. 블록체인 생태계는 에너지 효율성, 보안성, 탈중앙성 사이의 균형점을 찾기 위한 실험을 계속하고 있으며 PoW와 PoS를 넘어서는 하이브리드 구조와 신규 알고리즘도 제안되는 중이다. 이러한 변화들에 면밀히 주목해야 할 때다.

실물 자산을 향해, NFT와 RWA

비트코인, 이더리움에 이어 블록체인의 세 번째 진화는 탈중앙화된 '소유 증명'을 가능하게 하는 대체불가능토큰 NFT Non-Fungible Token와 실물연계자산 RWA Real-World Assets이다.

NFT는 디지털 자산에 대한 '탈중앙화된 등기부등본'이다. 블록체인에 그림, 음악, 영상 등 디지털 자산의 원본 위치와 소유권을 기록하고 검증한다. 그 대상이 현실 자산이면 RWA라고 부른다. NFT는 2018년 이더리움의 ERC-721에서 시작해 아트, 게임 아이템, 메타버스 부동산 등으로 급속히 확산되었고, ERC-1155 같은 다중 토큰 표준으로 발행과 관리가 효율화됐다. 그리고 글로벌 브랜드와 예술계는 이를 주목하기 시작했다.

2021년 전 세계에 NFT 열풍이 불면서 다양한 분야에서 활용됐다. 나이키는 한정판 운동화의 진품 인증과 거래 이력 관리를 NFT로 처리하고 있고, 스타벅스는 고객 로열티 프로그램을 NFT로 전환해 혜택과 커뮤니티 참여를 강화하고 있다. NBA는 'NBA Top

Shot'을 통해 팬들이 경기 하이라이트 영상을 디지털 수집품으로 소유할 수 있도록 판매하고 있으며, 유명 미술 작가들도 작품을 NFT를 통해 발행함으로써 팬과 직접 거래한다. 여기에 루이비통, 구찌, 나이키, 코카콜라 등 글로벌 브랜드는 디지털 패션 아이템과 브랜드 굿즈를 NFT로 발행, 이를 메타버스나 게임 플랫폼과 연동해 한정판 경험을 제공하고 있다.

NFT의 잠재력은 실물 자산과 결합될 때 폭발한다. 고가의 부동산, 미술품, 희소 자산 등을 조각 단위로 NFT화하여 글로벌 투자자가 소액으로 참여할 수 있게 하고(빌딩 1동을 10만 개 NFT로 분할해 여러 투자자가 보유), 스마트 계약을 통해 관리, 배당, 소유권 이전 등을 자동화할 수 있기 때문이다. 또한 이 과정에서 중개인의 수를 줄여 중개비를 절감해 투자 진입장벽을 크게 낮춰 새로운 시장을 형성할 수 있다.

메타와 애플이 경쟁적으로 추진 중인 스마트 안경(AR 글라스) 기술이 결합된다면 파급력은 한층 더 커질 것이다. 메타는 2023년 10월 레이밴과 협력해 2세대 메타 스마트 안경을 출시한 바 있으며, 애플 또한 레이밴 스타일의 스마트 안경을 2027년 2분기에 선보일 예정이다. NFT 및 RWA와 결합될 경우 물리적 소유와 디지털 소유가 실시간으로 연결되는 경험이 가능해진다. 길거리 벽화 앞에서 해당 작품의 NFT 소유 증명을 확인, 거래하거나 신발이나 가방의 디지털 진품 인증 배지를 확인해 리셀까지 안전하게 이어지는 식이다.

스마트 안경에 비친 NFT 정보 예시

    NFT와 RWA는 블록체인 기술이 지향하는 웹3 철학을 실생활로 확장해가는 진화 단계다. 특히 앞으로는 메타나 애플의 스마트 안경 등 현실과 가상을 잇는 기기와 결합해 <u>단순한 디지털 자산 관리가 아닌 몰입형 소유 경험과 새로운 소비 시장을 창출할 것</u>으로 예상된다.

    '등기부등본이나 미술품 인증서처럼 소유권 정보는 정부, 금융

기관, 기업 서버 등에서 관리하면 충분하지 않은가? 굳이 NFT나 RWA 같은 새로운 방식을 도입해야 하는가?'라는 의문이 나올 수 있다. 하지만 중앙집중형 기록 방식은 지정학적 리스크, 해킹이나 내부자에 의한 변조, 운영 주체의 기록 조작 등 보안 위험에 노출될 수 있다. 반면, NFT, RWA는 운영 주체가 사라져도 소유권 정보가 블록체인에 남는다는 점에서 기존 방식의 한계를 보완한다.

앞으로는 기술 표준화, 규제 환경, 사회적 합의가 얼마나 빠르게 마련되는지가 대기업과 기관 투자자의 진입 속도 그리고 글로벌 시장 확장성을 좌우할 것이다. 나이키, 스타벅스 등 글로벌 기업이 이미 로열티 프로그램과 실물 연계 제품에 NFT를 적용한 만큼, RWA 역시 부동산·미술품·채권 등 전통 자산군으로의 확장이 가속화될 수 있다.

결국 실물 자산과 디지털 소유권이 연결되는 비중이 더 커지고 NFT, RWA는 데이터와 자산의 소유권을 사용자에게 직접 귀속시키는 탈중앙화 신뢰 인프라를 기반으로 24시간 전 세계 시장에서 거래 가능한 새로운 투자 생태계를 본격적으로 열어갈 것이다.

주민등록번호를 대체하는 기술, DID

오늘날 주민등록번호는 단순한 신원 확인을 넘어 개인의 삶 전반을 연결하는 디지털 열쇠다. 건강보험 기록, 납세 내역, 출입국 이력, 금융 거래, 부동산 보유 현황, 심지어 과거의 인터넷 서비스 가입 정보까지 동일한 번호로 엮인다. 이런 구조는 행정 효율성이나 서비스 통합 측면에서는 유리하지만 개인 프라이버시와 보안 측면에서는 취약하다.

가장 큰 문제는 불변성과 범용성이다. 한 번 유출되면 되돌릴 수 없고 단 하나의 번호로 병원 진료부터 소비 기록까지 모두 결합돼 개인의 삶이 그대로 드러난다. 식별성은 강해도 해킹이나 내부자 변조 등의 위험은 피할 수 없다.

이 한계를 보완하는 대안이 탈중앙 식별자DID, Decentralized Identifier다. DID는 개인이 직접 만들고 통제하는 디지털 신원 체계다. 기존 주민등록번호처럼 평생 고정된 값이 아니어서 원하면 언제든 변경할 수 있고, 병원이나 은행, 쇼핑몰 등 서비스별로 서로 다른 DID를 발급할 수 있어 정보 연결 가능성을 차단할 수 있

DID 주요 구성요소

DID	이메일이나 주민등록번호처럼 사람, 기기, 조직 등을 식별하기 위한 고유한 식별자. 예) did:example:123456789abcdefghi
검증 가능한 자격증명(VC, Verifiable Credential)	대학교 졸업장이나 운전면허증처럼 발급자에 의해 전자서명된 증명서. 어느 DID 소유자에게, 어떤 내용을, 언제 발급했는지에 대한 정보가 담겨 있다.
DID 문서 (DID Document)	DID에 대한 메타 정보를 담고 있는 문서. DID 소유자의 공개키(Public Key)와 인증 방법 등이 기술돼 있다. 블록체인 또는 IPFS와 같은 분산 저장소에 저장돼 누구나 볼 수 있다.
개인키(Private Key)	DID 문서에 기재된 공개키와 쌍을 이루는 키. 공개키는 문서를 암호화하거나 문서에 포함된 전자서명 값을 검증할 때 사용된다. 개인키는 본인만 가진 비밀 값으로, 암호화된 문서를 복호화하거나 문서에 대한 전자서명 값을 생성할 때 사용된다.
발급자(Issuer)	대학교, 정부 기관, 기업 등 VC를 발급하는 기관
소지자(Holder)	VC를 보관하고 제출하는 사용자 본인. DID 기반 디지털 지갑 안에 VC를 보관할 수 있다.
검증자(Verifier)	고용주, 은행, 공공기관 등 VC를 요구하고 그 진위를 확인하는 주체.

다. 또한 자신만 소유한 개인키를 통해 소유권을 암호학적으로 입증할 수 있어 불필요한 개인정보 노출을 막는다.

이 방식은 실제 서비스와 결합될 때 가치가 커진다. 예를 들어, 금융 서비스에서 DID는 실명 인증뿐 아니라 고객확인KYC 절차를 간소화하고, 글로벌 송금, 결제 네트워크와 바로 연결될 수 있다. 의료, 교육, 전자상거래에서도 필요한 정보만 안전하게 제시하는 인증이 가능해진다. 이런 변화는 규제 표준과 인프라만 갖춰진다면 글로벌 DID 기반 시장을 선점하려는 기업과 투자자에게 기회가 된다.

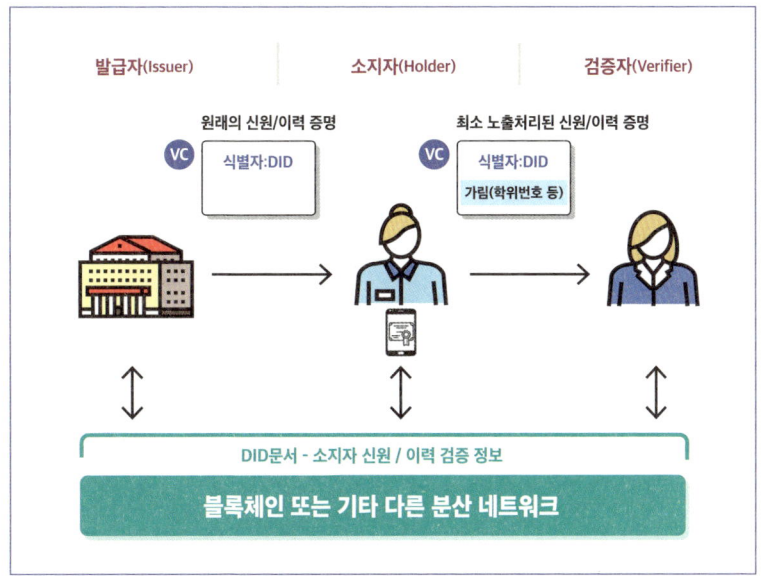

DID에 기반한 신원 인증 시스템과 동작 구조

대표 사례가 마이크로소프트의 'ION Identity Overlay Network'이다. 비트코인 기반의 DID 인프라를 통해 중앙기관 개입 없이 신원을 증명할 수 있게 했고 이는 UN, 정부, 민간이 함께하는 ID2020 프로젝트의 기반이 되었다. 난민, 무국적자, 금융 소외 계층 등 법적 신분이 없는 10억 명 이상을 포섭하려는 시도는 장기적으로 새로운 경제 참여층의 확대이자 신흥 시장 투자 기회로 이어질 수 있다.

한국 역시 주민등록증과 운전면허증의 모바일화를 추진하며 디지털 신분증 시대로 들어섰다. 다만 현재 모바일 신분증은 여전히 중앙집중식 구조라 사용자가 자율적으로 변경하거나 서비스별로 분리해 쓰기 어렵다. 국내에서 편의성은 높지만, 국제 상호운용성이 부족해 해외 진출이나 글로벌 연동 서비스에 한계가 있다. 만약 동아시아 주요국이 공동으로 사용할 수 있는 상호운용 가능한 DID 기반 신분 체계를 마련한다면 국경 간 인증, 결제, 물류 서비스의 성장 촉매가 될 수 있다.

결국 DID는 기술을 넘어 정보 주권과 프라이버시를 회복하는 철학적 전환이다. 누가 나를 식별하고, 내가 어떤 정보를 제공할지 스스로 결정하는 디지털 시대의 새로운 시민권이다. DID 표준화와 법적 기반이 마련되는 시점에 DID 플랫폼, 지갑 서비스, 글로벌 인증 솔루션 기업이 성장할 수 있다. 디지털 신원은 블록체인 기술이 대규모로 상용화되는 계기가 될 가능성이 크다.

테라-루나 붕괴가 남긴 경고

　테라와 루나는 권도형, 신현성이 설립한 테라폼랩스가 개발한 알고리즘형 스테이블코인이다. 기존의 법정화폐, 채권, 금 등 실물 담보를 기반으로 가치를 유지하는 전통적 스테이블코인과 달리, 별도의 담보 없이 수학적 알고리즘으로 수요와 공급을 조절해 가치를 유지하려는 점에서 '무담보형 스테이블코인'이라고도 불린다.

　알고리즘 스테이블코인은 보통 투 코인Two-Coin 구조로 설계된다. 하나는 가치 고정을 위해 사용되고 다른 하나는 시장 변동성을 흡수하는 역할을 맡는다. 테라와 루나 시스템은 이 구조를 극단적으로 적용했다. 1테라가 1달러의 가치를 갖도록 설계했으나 실물 담보는 없었다. 대신 테라의 가격이 떨어지면 자매 코인인 루나로 차익거래를 유도해 가치를 유지했다.

이 시스템은 루나를 소각하거나 새로 발행하는 방식으로 유통량을 조절했다. 예를 들어, 테라 가격이 1달러 아래로 떨어지면 투자자는 할인된 테라를 사서 루나로 교환해 차익을 실현한다. 반대로 테라가 1달러 이상으로 오르면 루나를 사서 테라로 바꿔 이익을 챙긴다.

겉보기에는 완벽한 것처럼 보였지만 테라와 루나의 가치가 동시에 무너질 경우 차익거래 유인이 사라져 힘을 못 썼다. 투자자들이 루나를 매수하지 않으면 테라의 가격은 반등할 수 없었고, 결국 루나의 가치는 0에 가까워졌으며 테라도 함께 증발했다. 이 구조적 취약성을 전문가들은 '죽음의 소용돌이'라고 불렀다.

테라와 루나 개발진은 '앵커 프로토콜'이라는 파생상품으로 이를 방어하려 했다. 테라를 예치하면 연 20%의 이자를 테라로 지급했는데, 당시 테라 공급량의 70% 이상이 여기에 묶였다. 그러나 연 20% 이자는 지속 가능성이 떨어졌고 결국 금리 인상에 따른 투자 심리 위축과 대규모 매도가 겹치면서 2022년 5월 9일 테라의 1달러 가치 연동(페그)이 무너졌다. 루나도 함께 폭락하며 시세 방어는 불가능해졌다.

당시 미국 재무장관 재닛 옐런은 즉각 스테이블코인 규제의 필요성을 강조했다. 테라폼랩스는 가격 방어를 위해 보유하던 비트코인을 매도했고 이 때문에 비트코인 가격까지 하락했다. 루나 재단이 보유하던 8만 개 이상의 비트코인은 열흘 만에 313개로 줄었다는 사실도 뒤늦게 밝혀졌다.

5월 13일, 세계 최대 거래소 바이낸스는 루나 거래를 중단했다. 권도형 대표는 "내 발명품이 모두에게 고통을 줘 비통하다"라고 사과했으나 이미 수많은 국내 투자자들이 막대한 손실을 본 뒤였다. 아이러니하게도 루나 폭락 이후 일부 투자자는 단기 차익을 노리고 재진입했으며 피해자로 불린 루나 보유자 28만 명 중 약 10만 명이 가격 하락 이후 진입한 투자자로 추정된다.

구조적 결함과 시장의 착시가 빚은 콜라보

폭락 사태의 첫 번째 원인은 구조적 결함이었다. 2021년 11월 라이언 클레멘츠는 이미 알고리즘 스테이블코인의 본질적 취약성을 지적하며 이들이 '미래의 시장 가치에 대한 신뢰'라는 무형의 담보에 의존하기 때문에 본질적으로 취약하다고 진단했다.

그가 지적한 주요 이유는 다음과 같다. 먼저, 이 시스템은 투자자의 지속적인 신뢰와 수요 유지에 전적으로 의존한다. 그러나 역사적으로 금융상품에 대한 신뢰는 위기 상황에서 언제든 무너졌다. 두 번째, 가격 안정은 자발적인 차익거래자의 참여에 의해 유지되지만, 법적 의무가 없는 그들의 행동에 전적으로 의존하는 설계는 현실성이 떨어진다. 세 번째, 시장의 불확실성이 커지면 정보의 투명성은 낮아지고 군중심리는 증폭된다. 이에 따라 암호화폐의 경제 설계와 인센티브 구조에 대한 신뢰가 급격히 붕괴되고 초기 투매가 연쇄적인 투매로 이어지며 알고리즘은 무력화된다. 그는 테라와 루나 시스템이 지속되려면 두 코인 모두에 대한 충분한 수요가 영구적으로 유지돼야 한다는 구조적 한계를 지적했다.

두 번째 원인은 무분별한 홍보였다. 2021년 말부터 국내 언론은 테라와 루나를 한국산 혁신으로 포장하며 권도형 대표를 테슬라 창업자 일론 머스크에 비유했다. 구조적 리스크에 대한 보도는 거의 다루지 않았고, 일부 기사에서는 권 대표가 애플과 마이크로소프트 출신 엔지니어라고 소개했지만 실제로는 두 곳에서 3개월 인턴 경험을 한 게 전부였다. 정보 비대칭이 심한 암호화폐 시장에서 언론의 경고 부재는 투자 열기를 부추기는 결과를 낳았다.

세 번째 원인은 최고경영자의 오만이었다. 권 대표는 SNS에서 투자자와 활발히 소통하며 팬덤을 형성했으나 비판에는 조롱으로 대응했다. 영국 경제학자 프랜시스 코폴라가 알고리즘 스테이블코인의 불안정성을 지적하자 "난 가난한 사람들과 논쟁하지 않는다"라고 말한 것이 대표적이다.

마지막으로 정부의 역할 부재도 있었다. 예상치 못한 위험에 대비하기 위해 손해배상 제도, 자율규제 유도, 보험과 보상 시스템, 정보 공개와 감시 장치 등을 마련할 수 있었지만 정부는 결론을 내지 못한 채 시간을 흘러보냈다.

결국 테라-루나 사태는 개발진의 오만, 언론의 무책임, 투자자의 탐욕, 정부의 안이함이 복합적으로 빚어낸 전형적인 '인재'였다. 이런 사건은 언제든 재발할 수 있으며 암호화폐에 대한 관심이 그 어느 때보다 높은 지금, 투자자들에게 깊은 교훈을 남긴다. 암호화폐 시장은 신뢰와 구조적 안정성을 기반으로 살아남는다. 같은 실수를 반복하지 않기 위해선 단기 수익보다 위기 대응 능력과 장기 지속 가능성에 주목해야 한다.

좋은 암호화폐를 고르는 법

비트코인 ETF 승인, 중앙은행 디지털 화폐CBDC 논의, 국내외 규제 강화 등으로 암호화폐 시장이 주목받으며 요동치고 있다. 수많은 암호화폐가 나타났다가 사라지는 혼돈 속에서 과연 좋은 암호화폐는 어떻게 가려낼 수 있을까? 많은 투자자가 가격 그래프와 시세에만 주목하지만, 진짜 중요한 것은 가격이 아니라 그 코인을 지탱하는 기술적 신뢰성과 혁신성, 커뮤니티의 규모와 활성도, 글로벌 확장성, 그리고 규제 리스크다.

먼저 기술적 신뢰성과 혁신성이다. 아무리 그럴듯한 아이디어라도 보안이 취약하거나 운영체계가 불안정하면 결국 무너진다. 비트코인이 지금까지 살아남을 수 있었던 것은 누구도 임의로 조작할 수 없도록 설계된 강력한 블록체인 구조 덕분이다. 이더리움은 한 걸음 더 나아가 스마트 계약 기술을 통해 중앙 서버가 수행하던 프로그램을 탈중앙 방식으로 자동 실행하게 했다.

새로운 암호화폐에 투자할 때는 어떤 기술적 혁신이 담겨 있는

지, 그 기술이 안전한지 반드시 살펴봐야 한다. 기술주에 투자하듯 장기적 관점이 필요하다. 현실에서는 복잡한 용어로 포장되어 있고 실질적인 기술 성과는 없는 경우가 많다. 전문가들이 "해당 기술이 국제 학술대회나 논문을 통해 객관적으로 검증됐는지 확인하라"고 조언하는 이유도 여기에 있다.

두 번째는 커뮤니티의 규모와 활성화 정도다. 훌륭한 기술도 이를 지키고 발전시킬 사람들이 없다면 의미가 없다. 앞서 말했듯 비트코인은 세계 최초의 전자화폐라기보다 기술적으로 완성된 최초의 탈중앙형 전자화폐다. 사실 탈중앙화 개념 자체는 새롭지 않다. 협동조합이나 오픈소스 등 이미 일상에 자리 잡은 형태였다. 비트코인은 이를 디지털 화폐로 확장한 결과물이다.

이 협동조합과 오픈소스를 성립시키는 핵심 동력은 활성화된 커뮤니티라고 본다. 한국에서는 아직 오픈소스를 단순히 무료 소프트웨어로 오해하는 경우가 있지만 본질은 집단지성을 통한 혁신의 가속화다. 전 세계 개발자와 사용자가 참여해 오류를 찾고, 기능을 제안하며, 코드를 개선할 때 소프트웨어는 지속적으로 성장한다.

비트코인도 마찬가지다. 디지털 화폐를 넘어 하나의 운동이자 문화가 된 것도 거대한 글로벌 커뮤니티 덕분이다. 사용자, 개발자, 채굴자, 투자자들이 취약점을 공개적으로 논의하고, 보안 기능을 제안하며, 네트워크의 안전성과 투명성을 지켜왔다. 초기의 보안 위협과 기술 결함을 극복할 수 있었던 것도 집단지성의 힘이었다.

이 원리는 알트코인(비트코인을 제외한 모든 암호화폐를 통칭)에도 동일하게 적용된다. 특히 이더리움은 스마트 계약을 현실화해 단순한 암호화폐를 넘어 탈중앙화 애플리케이션 플랫폼으로 발전했다. 이더리움 성장의 배경에도 전 세계 개발자들이 만든 스마트 계약과 지속적인 개선 활동이 있었다. 탈중앙화 시스템은 기술만으로 완성되지 않고 유지하고 진화시키는 사람들의 집단 참여가 필수다.

세 번째 기준은 글로벌 확장성이다. 좋은 암호화폐일수록 국경을 넘는 글로벌 서비스를 지향한다. 단순한 시장 확장 전략이 아니라 블록체인이 본질적으로 국가 간 시스템 간극을 메우는 중간 표준이 될 수 있기 때문이다. 블록체인의 진가는 복잡한 국제 금융, 무역 시스템에서 발휘된다. 중개 비용과 신뢰 확보 비용을 줄이고 글로벌 거래 투명성을 높일 수 있다.

또한 글로벌 사용자가 많을수록 네트워크 효과가 커지고, 이는 코인의 유동성과 신뢰성을 강화한다. 암호화폐는 기술적으로도, 경제적으로도 글로벌을 지향할 수밖에 없는 구조를 가진다.

마지막으로 규제 리스크를 살펴야 한다. 증권으로 분류되어 소송에 휘말리거나 정부 규제로 거래가 차단될 가능성은 없는지, 친환경성 기준을 충족하는지도 중요하다. 미국 증권거래위원회가 주요 코인을 증권으로 간주할지 여부만으로도 시장이 출렁인다. 또, 막대한 전력을 소모하는 블록체인은 탄소 배출 규제나 ESG 기준을 중시하는 투자자들에게 외면받을 수 있다.

결국 좋은 암호화폐를 고르는 기준은 단순하다. "기술이 뛰어난가? 커뮤니티가 활발한가? 글로벌 경쟁력이 있는가? 규제 리스크가 낮은가?" 이 네 가지 질문에 대부분 "그렇다"라고 답할 수 있다면 맹목적인 투기보다 합리적인 선택에 더 가까워질 것이다.

———— 필진: 김승주

Money Trend 2026

6장

AI 리셋, 세상의 룰이 바뀐다

The Great Rebuild

MONEY TREND 2026

기술이 바꾸는 부의 지도

테크 부문에서 2025년 한국 경제는 한마디로 AI 시대의 개막이었다. AI가 폭발적으로 성장하며 단순한 도구에서 행위자로 진화함에 따라 점차 시장의 설계자로 자리를 잡아가고 있다. 기술이 질서를 재편해 나아가는 때에 테크 시장의 우선순위와 돈의 흐름은 어떻게 달라질까? 2026년에 우리가 주목해야 할 포인트는 AI 에이전트 서비스, AI 기반의 헬스케어 시장, 그리고 피지컬 AI 시장의 확대다.

※ 이 글은 방대한 자료와 최신 데이터를 AI 도구로 정리, 분석한 뒤 필자의 시각으로 재구성한 것입니다.

AI 에이전트 서비스 중에서도 최근 가장 주목받는 형태는 에이전틱 AI_{Agentic AI} 즉, 자율 에이전트형 AI다. 이전에는 AI가 사용자의 명령을 보조하는 역할에 머물렀다면, 이제는 스스로 자료를 분석하고 판단을 내려 인간의 역할 일부를 대신하는 행위자가 되고 있다. 이런 서비스가 확대되면 일자리 환경이 많이 바뀔 뿐 아니라 기업의 형태와 산업 생태계도 큰 변화를 맞이하게 될 것이다.

이미 자본은 이런 혁명적 변화를 눈치채고 AI 관련 기업에 엄청난 투자를 아끼지 않고 있다. 시가총액 20위권 이내에 포진한 10대 AI 기업(엔비디아, 마이크로소프트, 애플, 구글, 아마존, 메타, 브로드컴, TSMC, 테슬라, 텐센트)의 시총 합계만 보더라도 이미 3경 원을 훌쩍 넘겼고, 엔비디아는 사상 최초로 시총 4조 달러를 돌파하는 기업이 되었다. 이 외에도 새롭게 급성장하는 기업들 대부분이 AI 관련 기업들이다. 2026년에도 자본은 AI에 대해 더 깊은 애정을 보일 것으로 예상된다. 2025년에는 실제 매출이 크지 않았음에도 이런 투자가 몰린 반면 2026년부터는 매출까지 발생하면서 투자 강도는 더욱 높아질 것으로 보인다.

산업 생태계의 세대교체는 시작되었다

또 하나 주목할 것은 AI 에이전트의 활용으로 효율성이 극대화되는 기업들의 등장이다. 구글의 데미스 허사비스가 만든 알파폴드AlphaFold가 신약 개발 기간을 혁명적으로 단축시킴으로써 제약 업계가 큰 충격에 빠졌다. 이런 시기에는 기존에 있던 최고 기업과 신생 기업 간의 자리 교체가 빈번하게 발생하게 된다. 큰 변화가 없을 것으로 예상되던 산업 생태계에 거대한 세대교체가 발생하는 것이다. 물론 자본이 이 기회를 놓칠 리가 없다. 그럼 이제 어떤 분야가 영향을 가장 많이 받을 것인가 하는 문제가 남는데 앞서 지목한 세 분야가 가장 파괴력이 클 것으로 예상된다.

먼저 AI 에이전트 서비스의 도입은 인건비 절감을 불러온다. 기존의 기업들과 AI 기업 간의 격차가 분명하게 드러나게 되는 것이다. 두 번째는 헬스케어 분야다. 알파폴드의 사례에서 확인할 수 있듯이 헬스케어 분야는 AI를 통한 획기적 변화가 기대되는 영역이다. 특히 그동안 축적해 놓은 데이터가 많고 연구 인력이 풍부할 뿐 아니라 애초에 산업 수요가 많은 영역이라 큰 변화가 예상되는 영역이다.

마지막은 피지컬 AI 분야다. 기존의 소프트웨어 중심 인공지능에서 벗어나 물리적 기기에 AI가 탑재되는 이 기술은 지금까지 자율주행차와 휴머노이드 노동 로봇 분야에서 두드러진 성과를 보여주었는데, 그동안 관련 부품 산업이 크게 성장한 만큼 다양한 영역으로 확대될 가능성이 크다. 더구나 과거에는 불가능할 것으로 여겨졌던 영역인 까닭에 성공만 한다면 성장 가능성이 엄청난 분야이기도 하다. 물론 그만큼 리스크도 큰 영역이라고 볼 수 있다.

2025년 돈의 흐름을 보아도 역시 AI 에이전트 대표 기업들에 관심이 높은 것을 알 수 있다. 이미 많은 사람이 사용하고 있고 실현 가능성도 높기 때문이다. 헬스케어 분야에도 많은 투자가 이뤄지고 있지만 국가별로 규제가 강력하기 때문에 조금 조심스러운 부분이 있다.

2025년 가장 많은 신규 투자가 일어난 분야는 피지컬 AI가 아닐까 싶다. 다만 현재 매출이 높지 않은 상황에서 다른 분야에 비해 엄청난 투자가 선행되어야 한다는 점이 약점이 될 수 있다. 젠슨 황이나 일론 머스크의 말대로만 된다면 역사상 가장 강력한 제품들이 나오게 되겠지만 언제가 될 것인지는 불확실하다. 업계에서 2030년 정도로 예상하는 만큼 2026년은 매출보다는 엄청난 투자가 필요한 시점이다. 열매를 따 먹기에는 아직 먼 길이지만 적어도 투자 자금을 모으기에는 어려움이 없을 것이다.

AI 빅매치와 스타트업 돌풍

2025년 가장 많은 관심을 끈 분야는 초거대 AI 시스템을 기반으로 하는 대형 언어 모델 LLM의 경쟁이다. 2025년 1월 중국의 스타트업 딥시크DeepSeek가 오픈 AI의 4o와 o1을 능가하는 AI를 선보여 세계를 충격에 빠뜨렸다. 이에 미국이 맞불을 놓으면서, 2월 xAI의 Grok-3를 발표하며 훨씬 더 좋은 성능을 보여주었다.

구글에서도 제미나이를 업그레이드하며 세계 최고의 성능을 자랑했다. 물론 중국도 반격을 멈추지 않았다. 3월이 되자 또 다른 스타트업 마누스Manus가 등장하며 빼어난 성능을 과시하였고, 문샷 AIMoonshot AI라는 기업에서는 KIMI-K2라는 AI를 내놓았는데 무려 1조 개의 파라미터를 사용해 세계 최대 파라미터를 기록했다. 중국의 대표 플랫폼 알리바바는 Qwen-3의 업데이트 버전을 내놓으며 역시 세계적인 수준에 올라섰다. 이런 흐름 속에서 현재 대부분의 중국 대기업은 저마다 AI를 쏟아내고 있다.

지금까지는 여전히 미국이 앞서가고 있다. 7월 10일에는 xAI에서 Grok-4를 출시했는데, 출시 후 테스트를 통해 최고의 성능으로 인정받았으며 무려 20만 장의 GPU를 사용했다고 발표했다. 이를 보면 과연 미국과 중국 간의 AI 전쟁이라고 부를 만하다. 한편 유럽에서는 프랑스의 미스트랄Mistral이 눈에 띄었고, 한국에서는 스타트업 업스테이지가 개발한 솔라-2가 세계 12위에 오르며 일론 머스크로부터 찬사를 받기도 했다. 작은 사이즈로 훌륭한 성능을 구현한 케이스로 인정받았는데, LLM의 성능이 AI의 역량을 결정하는 만큼 더 우수한 LLM 개발을 위한 전쟁은 2026년에도 계속 이어질 것이 분명하다.

LLM 엔진 개발에 주력하는 기업들은 AI 에이전트 분야도 계속해서 확대 중이다. 기술도 중요하지만 결국은 서비스의 만족도가 기업의 성패를 결정하기 때문이다. 가장 앞서가는 곳은 역시 구글인데, 이미 전 세계를 장악한 크롬을 기반으로 제미나이, 노트북LM 등 다양한 서비스를 제공하며 고객 편의성을 확대하고 있다. 대규모 멀티모달 모델LMM, Large Multimodal Model 분야에서도 영상 제작용 VEO3와 영상 편집용 FLOW를 선보이며 앞선 기술력을 증명했다. 마이크로소프트와 아마존 웹 서비스AWS도 기업별 에이전트 서비스를 강화하고 있다.

한편 눈부시게 성장 중인 스타트업도 눈여겨보아야 한다. 중국의 바이두 전 임원들이 캘리포니아에서 설립한 AI 검색 스타트업인 젠스파크Genspark도 뛰어난 성능으로 AI 에이전트 분야에서 크게 주목받고 있다. 중국의 스타트업 마누스도 AI 에이전트 분야에서는 서비스 편의성이 우수한 것으로 평가받고 있으며, 2026년에는 더욱 많은 기업이 뛰어난 AI 에이전트 서비스를 선보일 것으로 기대된다. 이 외에도 많은 저가형 LLM이 등장하면서 마치 전쟁을 방불케 하고 있다.

2025년 8월 8일에는 모두가 기대하던 오픈 AI의 GPT-5가 출시되었는데 많은 사람이 AGI에 가까운 기능을 기대했지만, 아직 특별히 개선된 성능을 보이지는 못했다. 사용 비용을 많이 낮췄고 코딩과 보고서 작성에 좀 더 완벽한 기능을 보인 것으로 만족해야 했다. 물론 거짓말을 하는 환각hallucination을 크게 줄였다는 것은 큰 개선점이다. GPT-5가 AGIArtificial General Intelligence에 도전했다가 큰 진전이 없자 업계에서는 분야별 성능을 강화하는 버티컬 AI를 개발해 매출을 확보하는 데 주력하는 쪽으로 개발 방향을 전환하기 시작했다. 이렇게 되면 대형 LLM이 싹쓸이할 가능성은 낮아지고 가성비 높은 LLM이 전문 분야별로 등장해 시장을 나눠 가질 가능성이 높아진다. 2026년은 버티컬 AI의 등장과 이들이 전문적 시장을 두고 치열하게 경쟁하는 모습 또한 두드러질 것으로 전망된다.

딥시크 화제성을 등에 업은 중국

'딥시크'의 등장은 AI 업계를 놀라게 한 하나의 사건이었다. 1985년생인 량원펑이 창업 후 1년 반 만에 내놓은 딥시크는 각종 벤치마크 테스트에서 오픈 AI의 성능보다 우수한 것으로 나타나 세계를 경악하게 만들었다. 특히 딥시크는 한정된 예산(약 80억 원)과 저사양 엔비디아 H800 칩 약 2000대만으로 챗GPT와 제미나이 등과 맞먹는 성능의 모델을 개발하는 데 성공했다고 밝혀 엔비디아의 주가를 17%까지 폭락시키기도 했다. 딥시크는 MoE Mixture-of-Experts 아키텍처를 활용해 필요할 때만 부분 전문가를 활성화해 연산 효율성을 극대화하는 것이 특징이다.

딥시크의 등장은 미국의 칩 수출 제한 속에서도 중국이 스스로의 컴퓨팅 한계를 데이터 최적화와 구조 혁신으로 극복할 수 있음을 보여주었다. 러닝 과정에서 주요 미국 기업(LLaMA 등)이 1만 6000여 GPU를 사용하는 데 비해 딥시크는 2048개의 GPU로 비슷한 모델을 완성해 업계에 충격을 주었다. 딥시크 등장으로 한국 정치권에선 비로소 AI에 큰 관심을 보였다. 중국의 저가 모델에서 가능성을 확인하자 한국 기업들도 충분히 경쟁력이 있을 것으로 판단하게 되었고, 이후 대선 공약에도 AI 분야에 100~200조 원 규모의 투자가 포함되었다. 비록 늦은 감은 있지만 다행스러운 일이다.

대표적인 중국 AI 모델

모델/플랫폼	개발사	특징/분야
딥시크(DeepSeek)	딥시크	저비용·고성능 MoE 기반, 오픈소스 일부 공개
통의천문(Qwen)	알리바바	자연어 처리/데이터 분석 특화, 2023 출시
성화대모형(SparkDesk)	아이플라이텍	교육특화/맞춤형 학습, 음성인식 기능 포함
반고대모형(PanguLM)	화웨이	산업특화(금융·의료·기상예측 등)
더우바오(Doubao)	바이트댄스	다기능 챗봇, 텍스트·이미지·코드 생성
혼원대모형(HunyuanLM)	텐센트	멀티모달(텍스트·이미지·음성 통합)
어니봇(Ernie Bot)	바이두	영어·중국어 등 다국어, 다양한 LLM 활용

대부분의 기업이 오픈소스 전략과 API 무료 또는 저가 배포 정책을 취하고 있다. 덕분에 산업계 전반에서 빠른 확산이 이뤄지고 있으며, 실제 적용성 검증도 속도감 있게 진행되고 있다. 중국 정부는 대규모 자금(2025년 기준 980억 달러 예상)과 인프라 투자를 추진하고 있으며 AI+ 정책을 통해 경제, 과학, 금융, 공공 등 다른 산업과의 융합을 장려하고 있다. 중국 경제가 어려운 와중에도 AI에 대한 투자를 아끼지 않고 있고 인재 양성은 마치 인해전술을 펼치는 느낌이다.

미국 빅테크 AI와의 차별점

미국은 여전히 모든 연구 분야에서 앞서가는 프런티어임이 확실하다. 딥시크도 미국에서 발표한 다양한 테크니컬 리포트, 논문, 오픈소스를 참조했다고 밝힌 바 있다. 그러니 앞으로도 미국의 연구력을 바탕으로 한 AI 발전을 의심하는 사람은 없을 것이며, 미국의 AI 패권은 오랫동안 견고할 것으로 예상된다. 다만 중국의 행보도 여전히 눈여겨봐야 한다. 공공 서비스 대중 감시 자율주행 등은 물론이고 제조업 전반에도 엄청난 지원을 퍼붓고 있다. 이를 권장하는 자금 지원도 엄청나다. 산업계 혁신을 AI로 완수하겠다는 중국 정부의 강력한 의지가 담겨 있는 것으로 판단된다. 그만큼 산업 생태계의 AX(AI 전환)에는 중국이 강점을 보일 것이다. 이는 한국 산업계가 긴장해야 할 이유이기도 하다.

중국 AI와 미국 빅테크(AI)의 주요 차별점

구분	중국 AI(딥시크 등)	미국 빅테크(오픈 AI·구글·메타 등)
전략	정부 주도, '가성비/접근성' 집중, 빠른 보급	민간 주도, 대규모 자본, 고성능·글로벌 확장성
모델	전문가 혼합(MoE) 중심, 저비용·고효율 강화	초대형 단일 모델, R&D·인프라 투자 최대치
확산성	오픈소스·무료API, 현지화·다분야 융합 강조	API 상용, 영어 데이터 기반, 산업·API 통합
규제/윤리	국가 검열·통제 일부, 내수 기반 성장	글로벌 규제 체계, 윤리·개인정보 보호 강조
기술특화	중국어·현지 언어·감시/음성/공공분야 강점	영어·오픈소스 생태계·벤처 환경 강점
인재/생태계	공공투자, 특허·R&D 집중	스타트업·글로벌 인재/인프라 집중

주목해야 할 신흥 유니콘

구글, 마이크로소프트, 오픈 AI 등 빅테크 외에도 2026년에 주목해야 할 AI 유니콘 기업과 스타트업은 무수히 많이 있다. 그 중 몇 개를 분야별로 정리하면 다음과 같다. 먼저 AI 에이전트 기반의 신흥 유니콘이 부상하고 있는데 가장 주목받는 기업은 역시 xAI다. 일론 머스크가 2023년 창업한 xAI는 최첨단 Grok-4 멀티모달, 최고 수준의 추론 설정 LLM을 앞세워 X(구 트위터)와 실시간으로 데이터를 연동해 차별화된 질의응답과 실시간 정보 생성 AI 플랫폼을 제공한다. 그 결과 2025년 기준 약 80억 달러(약 11조 원) 가치의 유니콘으로 평가되고 있다.

xAI는 공격적인 투자와 독자적인 슈퍼컴퓨터 오픈 플랫폼 정책으로 글로벌 시장의 주목을 받고 있다. 특히 Grok-4는 2025년 8월 기준 세계 최고 수준의 LLM으로 평가된다.

'AI 에이전트' 시대를 대표하는 빔 AI Beam AI는 다수의 AI가 자동으로 협업하며 업무를 처리하는 에이전트 OS 구조를 기반으로 한다. 이를 통해 기업 비즈니스 시스템에 AI를 모듈형으로 통합하는 SaaS 플랫폼을 제공한다. 운영 효율, 자동화, 업무 지능화 등에서 독자적 경쟁력을 확보하고 있으며 대규모 팀이 없어도 고도화된 서비스 운영이 가능한 솔루션을 제공하고 있어 업계에 '원맨 유니콘' 창업 트렌드까지 일어나게 하고 있다. 2026년 AI 에이전트 시대에 기대되는 스타트업 중 하나다.

한편 남미 최대의 법률 검색 플랫폼인 JusBrasil은 AI를 활용해 법률 문서를 검색하고 해석할 수 있게 했다. 또한 변호사 연결과 법률 뉴스 큐레이션까지 가능한 서비스를 개발해 브라질 법률 시장에 혁신을 일으키며 유니콘 기업으로 성장했다. 완전히 비구조적이고 복잡한 법률 문서를 AI가 실시간으로 분석, 요약, 연결하게 한 것이 차별점이다. 법률 분야의 혁신 아이콘이 될 것으로 기대된다.

AI 스타트업의 성장

2025년 AI 시장 규모는 약 3910억 달러에 달했고 2030년까지는 연평균 35.9%의 초고속 성장이 전망되며 약 1조 8100억 달러에 이를 것으로 예상된다. 전 세계적으로 4만 6000개 이상의 AI 스타트업이 활동 중인데 1년에 120만 명 이상의 신규 AI 전문가가 채용되고 있을 정도다. 그만큼 유망한 스타트업도 많고 옥석을 가리는 일도 쉽지 않아 주요 기술별로 살펴보고자 한다.

먼저 작업자의 명령 없이 스스로 업무를 처리하고 조직 내 다른 시스템과 연동해서 솔루션을 제공하는 자율 에이전트형 AI[Agentic AI]가 있다. 기업 업무 처리에서는 업무 효율, 자동화를 주목적으로 하고 소비자 인터페이스에서는 일정, 구매 등 일상 자동화에 활용할 수 있다. 빅테크 기업 대부분이 서비스를 지원하며 스타트업 중에서는 Beam AI, Notion AI(생산성), Perplexity AI(검색), Cohere(언어 모델) 등이 있다. 또 텍스트, 이미지, 코드, 영상 등 콘텐츠를 자동으로 생성하고 활용하게 해주는 생성형 AI와 LLM 및 LMM 연계 서비스의 대표 주자로는 구글, xAI, 오픈 AI, 미스트랄 AI 등이 있다. 스타트업으로는 ElevenLabs(음성 합성), Synthesia(영상), Codeium(코드), 젠스파크(융합) 등이 있다.

스마트폰과 스마트워치, 블루투스 이어폰 등의 디바이스에서 실시간 데이터 처리를 하는 엣지 AI와 초소형 모델도 있다. AI가 기기 안에서 직접 돌아가며 사용자의 정보를 기기 안에서 처리하기 때문에 개인정보 보호와 속도 향상이 핵심이며 이 분야를 전문으로 하는 하드웨어, 소프트웨어 스타트업이 주목받고 있다. 대표 주자로는 삼성전자와 애플이 있으며 온디바이스 AI 솔루션을 제공하는 스타트업 Sakak도 주목할 만하다.

산업 맞춤형 AI 솔루션에 도전하는 도메인 특화 AI와 버티컬 AI Vertical AI 스타트업들도 대거 등장하고 있는데 JusBrasil(법률), AiShelter(보험), SIHA AI(헬스), Inspectral AI(식품)가 대표적이다. 마지막으로 AI 비용과 에너지를 최적화하고 투명한 데이터 관리와 신뢰성, 윤리성 강화를 중점에 둔 기업들도 성장 중이다. Databricks(데이터 인텔리전스), Frame AI(고객 분석), Morphos AI(데이터 인텔리전스) 등이 있다.

AI 기업이 놀라움을 주는 것은 이제 당연한 일이 되었다. 기존의 프로세스를 자동화하는 정도가 아니라 AI 시대에 맞춰 문제를 재정의하고 복잡한 산업 분야에 특화시킬 수 있으며, 이를 통해 실질적 비용 절감과 성능 최적화를 달성하는 기업이 유망한 기업으로 평가받고 있다.

AI 트렌드가 워낙 속도감 있게 발전하다 보니 멀티모달 에이전트, 생성형 LMM, 엣지컴퓨팅, 보안, 데이터 거버넌스 등 분야별로 빠르게 최신 기술을 적용하는 기업에 주목해야 한다. 또한 IP(특허) 확보, 글로벌 펀딩 및 실제 시장 트랙션(고객 증가, 수익화 등)은 여전히 고려해야 할 중요 포인트다. 무엇보다 시장의 성장성이 크다는 점과 이로 인해 뛰어난 인재들이 대거 몰린다는 점에서 향후 성장 가능성이 매우 큰 분야다.

변화를 맞이하는 우리의 대처법

AI 시장을 이해하고 돈의 흐름을 파악하기 위해서는 AI에 대한 지속적인 학습과 기술 탐색이 필수다. AI 로우코드, 노코드, 사물인터넷(IoT), 퀀텀 컴퓨팅, 엣지 AI 등의 신기술 트렌드를 꾸준히 공부해야만 전환기에 뒤처지지 않을 수 있기 때문이다. 테크 분야가 워낙 빠르게 발전하는 만큼 하루도 빠뜨리지 않고 살펴보는 습관이 필요하다. AI 자동화와 맞춤화가 모든 비즈니스 및 개인 활동에 깊이 관여하는 시대가 점차 가까워지고 있다. 그러니 단순한 활용을 넘어 직접 생활에 적용하며 나만의 'AI 활용법'을 만드는 것이 필요하다. 아직 기술이 미흡한 부분도 있지만 적극적으로 신기술 활용에 도전해야 도태되지 않을 수 있다. 그렇다고 해서 최신 기술을 무분별하게 도입하고 무비판적으로 수용하는 것은 비용 낭비와 혼란을 초래할 수 있다. 충분히 학습하고 도전해야 한다.

한편 AI와 자동화의 변화 속에서 '윤리'와 '가치'가 충돌하는 상황도 발생할 수 있다. 효율화에만 치중한 나머지 개인정보 보호나 공정한 알고리즘, 사회적 책임 등의 가치를 후순위로 미루어서는 안 된다. 무엇보다도 제품과 서비스를 이용하는 고객 보호를 우선에 두어야 장기적인 성과를 이룰 수 있을 것이다. 지금의 AI 버블도 언젠가는 꺼질 수 있다. 과거에 닷컴 버블과 함께 사라졌던 기업들도 기술이 부족한 것은 아니었다. 오히려 고객의 선택을 받지 못한 기업들이 훨씬 더 많았다. 이처럼 AI도 결국 소비자의 선택이 기업의 성패를 좌우할 것이고, 단순한 고객을 넘어 '팬덤'을 가진 기업이 AI 시대에도 승승장구할 것이다. 기술뿐만 아니라 고객을 한데 모아 '팬덤'을 만드는 기업에 집중해야 하는 이유다.

미국과 중국의 피지컬 AI 각축전

앞서 2026년에 주목받을 분야로 꼽은 피지컬 AI에 대해 살펴보자. 대표 산업은 자율주행차와 휴머노이드 로봇이다. 예전에는 자율주행도, 휴머노이드도 별도 산업이었는데 이제 이들을 통칭해 피지컬 AI라고 부른다. 그 이유는 큰 진전을 이룬 LLM이 자율주행과 휴머노이드 작동의 핵심적인 기술로 적용되었기 때문이다.

이제 자동차는 주행 영상을 학습해 스스로 자율주행을 위한 프로그램을 코딩한다. 로봇도 사람의 동작을 보고 그것을 분석해서 스스로 학습한 다음, 따라 할 수 있도록 그 동작을 코딩한다. LLM이 가장 잘하는 영역이 바로 코딩이다. 그래서 자율주행차와 휴머노이드 로봇은 가장 혁신적이고 규모까지 엄청난 신산업으로 떠오르고 있다. LLM과 피지컬 AI 학습 능력이 향상된다면 자율주행과 휴머노이드도 빠르게 상용화할 가능성이 크다.

LLM에서 앞서가는 미국과 중국이 이 두 분야에서도 치열하게 경쟁 중이다. 문제는 엄청난 자본이다. 수백조 원의 자본 투입이 필요한데 미국 시장에는 이미 거대한 자본이 AI에 몰려있는 만큼 산업화 속도가 빠를 것으로 예상된다. 중국은 공산주의 정권답게 인해전술식으로 자본과 인재를 투입 중이다. 미국과 중국의 사생결단식 대결은 2026년에도 치열할 것으로 보인다.

끊임없이 놀라움을 주는 자율주행

구글의 웨이모는 사용 고객 수가 1000만 명을 돌파했고, 테슬라도 완전자율주행 서비스 FSD를 성공리에 정착시키고 있으며 이를 기반으로 무인 택시 서비스인 로보택시를 런칭한 바 있다. 또 2025년 6월에는 세계 최초로 자동차 무인 배송FSD, Full Self Delivery을 성공시켰다. 이는 공장에서 고객에게 무인으로 배송을 완료한 첫 번째 케이스다. 테슬라는 이로써 배송 비용을 1대당 1300달러씩 절감할 수 있다고 밝혔는데 향후 이러한 서비스가 시장에 빠르게 확산될 것으로 기대된다.

이 외에도 자동 주차, 수출용 자동차 선적 등 다양한 영역에서 무인 운송 서비스가 도입되고 있다. 특히 아마존은 2025년 물류센터의 로봇 가동 대수가 100만 대를 넘어섰다고 밝혔는데 앞으로 더 늘어날 것으로 보인다. 물류센터에 휴머노이드 로봇까지 안착되면 AI 활용이 더욱 획기적으로 늘어날 것이다.

중국의 자율주행도 무섭게 성장 중이다. 바이두에서 개발한 무인 택시 서비스는 이미 우한이라는 도시에서 500대가 서비스 중인데, 우한 택시의 1.7%에 불과한 숫자라지만 이미 일반 택시의 수입에 큰 타격을 주고 있다고 한다. 조금 느리더라도 절반 이하의 요금을 내는 만큼 가격 측면에서 매력적이고, 승차 거부가 없다는 장점이 있어 고객의 편익성이 커지기 때문이다. 반대로 택시 기사의 어려움은 커지는 형국이다. 이로 인한 엄청난 사회적 충격이 예상되지만 그럼에도 중국은 멈출 생각이 없어 보인다.

바이두 집계에 따르면 무인 택시의 사고 비율은 일반 택시의 14분의 1에 지나지 않아 안전도 또한 상당히 높은 편이다. 난폭운전, 과속, 운전 미숙, 졸음운전, 조작 실수 등 인간의 한계를 자율주행이라는 신기술로 극복할 수 있다는 기대감이 커질 수밖에 없는 것이다. 반면 한국은 관련 산업이 지난 10년간 올스톱 상태다. 우버가 불법인 나라에서 무인 택시가 허용될 리가 없다는 사회 분위기로 인해 연구 개발도 주춤하고 있어 안타까운 일이다.

산업 현장에서 대세가 된 휴머노이드 로봇

휴머노이드 로봇 분야도 큰 변화가 있었다. 테슬라는 옵티머스 2에 이어 옵티머스 GEN 3를 준비하고 있다고 발표했고, 눈에 띄는 하드웨어, 소프트웨어 업그레이드를 보여주었다. 로봇 스타트업 기업인 피규어 AI도 휴머노이드 로봇 Figure 02를 미국 BMW 공장 작업에 투입해 로봇이 20시간 연속으로 시트 메탈 부품을 특정 고정 장치에 끼우는 영상을 릴스로 올리기도 했다. 두 회사는 공장 투입에서 상당한 자신감을 얻어 양산 공장을 착공했다.

현대모터스 그룹이 인수한 보스턴 다이내믹스도 선전 중이다. 이들이 선보인 올 뉴 아틀라스All New Atlas는 실험실 테스트를 마무

휴머노이드 옵티머스

리하고, 2025년 10월 미국 조지아주의 메타플랜트 아메리카에서 업무에 투입되어 실전 테스트에 들어간다고 알려졌다. 보스턴 다이내믹스는 아틀라스가 입력된 부품의 모양과 위치의 데이터를 바탕으로 스스로 작업할 수 있도록 학습시키는 데 심혈을 기울이고 있다.

2025년 1월 라스베이거스에서 열린 CES에서는 중국의 기업 유니트리가 G1이라는 로봇을 선보였다. 키는 128센티미터, 몸무게 25킬로그램의 이 로봇은 스스로 잘 걸어 다닐 뿐 아니라 관객들과 악수도 하고 인사도 나누었는데, 놀라운 것은 불과 1만 6000달러라고 붙은 가격표였다. 이미 중국의 제조 공장에는 유니트리의 로봇들이 투입되어 조립 업무를 수행하고 있다. 이렇게 가격을 낮출 수 있었던 것은 로봇 부품 산업 육성을 위한 중국 정부의 장기적인 투자 덕분이다. 중국은 이미 100조 원 이상을 투입해 로봇 부품 회사들이 경쟁하는 산업 생태계를 형성했다. 휴머노이드 노동 로봇 제조사만도 100여 곳이 넘는데, 중국 정부는 2027년까지 휴머노이드 노동 로봇 3500만 대를 보급하고 가격도 1만 달러 이하로 낮추겠다는 목표를 내세우고 있다.

중국은 제조업과 서비스업의 혁신을 휴머노이드 로봇을 통해 이루겠다는 목표를 분명히 하고 있다. 비록 내수 산업에서 어려움을 겪고 있지만 미국과의 휴머노이드 개발 전쟁에서 결코 물러설 수 없다는 의지를 분명히 하는 것이다. 유니트리는 7월에 800

만 원대 로봇을 출시했고, 주식시장에 상장을 추진하겠다고 밝혔다. 이미 이들이 개발한 로봇 개는 중국의 전투 로봇으로 개조되어 실제 훈련 장면에 등장하기도 했다. 유니트리는 추후 방산 기업으로도 성장이 예상되며, 전투 로봇이 향후 미·중 패권 대결의 핵심 분야가 될 것으로 보인다.

중국의 급성장에는 도전을 지속할 사회적 분위기가 뒷받침되었다. 중국은 2025년 4월 19일 베이징에서 세계 최초로 로봇 마라톤 대회를 개최했는데, 21킬로미터 하프 마라톤 대회를 2시간 40분에 주파한 로봇이 대회에서 우승을 차지했다. 6월 29일에는 휴머노이드 로봇 축구 대회도 개최했으나 수준은 사실 그렇게 높지 않았다. 한국 언론들은 그 부분만을 강조해 보도했지만 정작 한국의 로봇 개발자들은 그런 시도와 관심에 부러움을 표하는 실정이다. 나아가 8월에는 세계 휴머노이드 로봇 올림픽을 개최했는데 육상, 복싱, 축구 등 다양한 분야에서 많은 국가가 참여해 실력을 겨뤘다.

국내에서도 많은 로봇 기업이 주식시장에서 주목을 받고 있다. 레인보우로보틱스는 기술력을 인정받아 삼성전자의 자회사로 편입되며 스타 기업이 되었고 유진로봇, 뉴로메카, 로보티즈 등의 기업들이 뛰어난 기술력으로 주목받고 있다. 하지만 솔직히 말하자면 아직 휴머노이드 분야는 미국이나 중국에 비해 기술력이나 생태계 구축에서 크게 떨어져 있다. 중국은 로봇 산업 생태계를 세계 최고 수준으로 만들더니 이제는 세계 표준까지 제안하고 있고, 미국은 테슬라와 피규어, 보스턴 다이내믹스 등의 기업이 최고의 리더십을 구축하고 있다. 미·중 경쟁 구도에서 우리만의 특화된 기술력을 바탕으로 성과를 보여주는 것이 숙제인데 쉬운 일은 아니다. 그래도 각 산업 분야별로 생산성 향상에 기여하는 솔루션을 꾸준히 내놓고 있다. 2026년 휴머노이드 시장이 열릴 때 우리 기업들이 어떤 협력 체계를 구축하는지 주목할 필요가 있다.

사람처럼 일하는 로봇이 온다

최근까지 다양한 산업 분야에서 로봇화가 빠르게 진전되고 있다. 샤오미는 무인화로 조명이 필요 없는 '다크 팩토리'를 구현했다. 전자 제조 분야에서는 작은 부품을 다루는 고정밀 조립과 검사에서 사람을 대신해 빠르고 정밀하게 작업할 수 있는 로봇이 빠르게 확산되고 있다.

물류와 유통 분야에서도 변화가 두드러진다. 자율주행 로봇 AMR과 창고 자동화 로봇이 물류센터에서 물류 이동, 분류, 재고 관리, 포장 등의 업무를 자동화하며, 이커머스와 유통업계의 효율성을 높이고 있다.

제조업 전반과 산업 현장에서는 스마트 팩토리 구현, 자동차와 전자 부품 조립, 용접, 검사 등 반복적이고 정밀한 작업에 산업용 로봇이 대규모로 배치되고 있다. 특히 자동차 분야는 전체 산업용 로봇 판매의 30% 이상을 차지하면서, 생산성 향상과 오류 감소 효과가 두드러지고 있다.

의료와 헬스케어 분야에서는 AI 기반 정밀 수술, 재활 치료, 환자 모니터링, 약물 전달, 노인 케어 등 로봇을 활용한 솔루션이 의료 현장에 도입되고 있다.

산업 로봇의 발전과 함께 범용 휴머노이드 로봇이 주목받고 있다. 범용 휴머노이드는 사람과 유사한 형태와 기능(팔, 다리, 손, 센서 등)을 갖추고 AI를 통해 다양한 환경과 작업에 적응할 수 있는 로봇이다. 최근 기술 발전으로 '1작업 1로봇'의 한계를 넘어, 하나의 로봇이 여러 작업을 수행할 수 있게 되었다. 기존 산업용 로봇과 달리, 사람이 사용하던 도구와 설비를 그대로 활용할 수 있어 생산, 조립, 품질 검사, 물류 적재 및 운반 등 여러 공정에 투입할 수 있다.

이로써 구인난이 심각한 산업군의 인력 공백을 메우고 교대 근무 부담을 완화하며, 자동화의 범위를 크게 확장할 수 있게 되었다. 또한 안내, 공공장소 청소, 배달 등 서비스 영역에서도 범용 휴머노이드의 테스트가 진행 중인데 복잡한 고객 응대와 공공 안전 유지 등 그 역할이 점차 확대될 것으로 보인다. 중국 유니트리가 선보인 G1 로봇은 이미 컨벤션 등에서 안내 로봇으로 활약하고 있다.

범용 휴머노이드로 확장되는 대표적 산업

산업 분야	대체/확장 작업
제조·물류	반복적 조립, 품질 검사, 창고 이동·적재, 자율 설비 운용
서비스	안내, 청소, 배달, 접수, 간단한 수리, 안전 순찰
의료·헬스케어	환자 모니터링, 돌봄, 약물 배달, 건강 정보 안내
교육·연구	교육 보조, 실험 실습, 멘토링, 실시간 피드백

특화 목적의 산업용 로봇이 생산성과 효율의 혁신을 이끌었다면, AI와 결합된 범용 휴머노이드는 그 영역을 서비스와 헬스케어, 일상 작업 등 인력 중심의 분야로까지 확장하고 있다. 이로 인해 산업 전체의 인력 구조가 변화하고 생산성이 향상되었으며 인간과 로봇의 협업 체계가 빠르게 자리 잡고 있다. 이미 미국의 테슬라와 피규어사가 휴머노이드 양산 공장을 착공한 만큼 2026년은 휴머노이드 로봇의 적용성이 확장되는 시작점이 될 것으로 예상된다.

미래 의료를 지배하는 인공지능의 힘

　헬스케어 분야는 가장 많은 변화가 가시화된 영역 중 하나다. AI를 통해 진단 정확도 향상, 환자 맞춤 치료, 임상 문서 자동화, 예약 관리 등 의료 현장의 효율화와 환자 경험 개선이 적극적으로 이루어지고 있다. 팔란티어를 비롯한 많은 기업이 헬스케어 산업 분야의 에이전트 개발에서 큰 성과를 보였는데, 이 중에서 AI가 큰 영향을 미치고 있는 영역은 신약 개발 분야다. 대규모 투자를 기반으로 신약 개발, 임상시험 자동화 등에서도 AI의 활용이 본격화되고 있는 추세다.

AI가 바이오 붐을 다시 일으키다?

신약, 정밀 의료, 유전체학 등의 부문에서 AI 융합으로 인한 바이오가 다시 주목받고 있다. 그중 AI 신약 개발이 성과를 보이고 있는데, 앞서 말했듯 구글 딥마인드의 알파폴드는 개발자 데미스 허사비스가 2024년 노벨화학상을 받았을 만큼 업계에 엄청난 충격을 준 바 있다. 그 파장이 이제 신약 개발 분야에 본격적으로 확산되는 중이다.

AI를 접목한 신약 개발이 기존 대비 시간과 비용을 절반 이상 줄일 수 있다는 성공 사례가 늘고 있다. 과거에는 평균 10~15년, 수천억~1조 원 이상이 필요했던 신약 개발 프로세스가 AI 덕분에 6년, 1조 원 이하로 대폭 단축될 수 있게 되었다. 이에 글로벌 빅테크 기업들이 대규모 투자를 지속하며 기술의 고도화가 빠르게 이루어지고 있다. 실제로 AI는 단백질 3차원 구조를 예측하고 표적 치료제를 설계하는가 하면, 빅데이터를 기반으로 신약 후보 발굴에도 사용되고 있다. 일부 후보 물질은 임상 2상에서 탁월한 결과를 발표해 임상 3상 및 신약 출시도 가시권에 들어서고 있다. 엔비디아가 투자한 제약사의 신약 후보 물질 REC-994의 경우, 고용량 복용자의 증상이 50% 감소된 효과를 보이면서 AI 신약 개발의 가능성을 입증한 사례로 손꼽힌다.

이런 성과를 나타내자 AI 기반의 신약 개발 시장은 2022년 기준 약 8000억 원에서 매년 45.7%씩 성장했고, 2027년에 5조 원 대의 시장이 될 것으로 예측되고 있다. 이미 알파폴드, 로제타폴드RoseTTAFold 등이 성공 사례로 떠오르고 있다. 또한 구글, 엔비디아 외에도 LG AI 연구원, 국내 제약사, 바이오·IT 기업이 협력해 AI 신약 개발 플랫폼의 상용화와 원천 기술 확보에 많은 투자를 하고 있는 상황이다.

정밀 의료와 유전체학 역시 AI와 결합해 암 진단과 맞춤형 치료, 새로운 바이오 마커 발굴, 예후 예측 등의 발전을 이루고 있다. 다만 글로벌 투자 규모와 산업 파급력, 상용화 임상 성과 면에서는 신약 개발이 한 발 더 앞서 있고 2026년에도 이러한 상황이 이어질 것으로 예상된다.

AI 과학자의 현실화

과학 연구에서 AI가 실험 설계, 시뮬레이션, 결과 해석까지 수행하는 'AI 과학자' 시대가 현실이 되고 있다. 이미 문헌 검색, 가설 수립, 실험 설계, 시뮬레이션 실행, 결과 해석, 논문 작성에 이르기까지 과학적 발견의 전 과정이 자동화되고 있으며, AI는 많은 분야에서 과학자의 동료이자 역할을 대신하는 존재로 자리 잡고 있다. 특히 팬데믹 시기에 치료제 개발과 백신 설계 연구에 크게 기여했고, 단백질 구조 예측 AI의 개발은 신약 개발에 새로운 지평을 열었다.

AI 기반의 약물 재창출은 팬데믹 초기에 치료제 검토와 개발에 핵심적인 역할을 했다. 예를 들어 베네볼런트 AI Benevolent AI는 류마티스 관절염 치료제인 바리시티닙 Baricitinib이 코비드-19의 치료제로 쓰일 수 있음을 예측했고, 임상에서 효능이 검증되어 세계적으로 채택되었다. 리커전 파마슈티컬스와 엘릭스 Elix 등은 AI 플랫폼으로, 기존에 승인된 약물의 항바이러스 효과를 신속히 검토하고 추천해, 임상시험에서 예측의 상당수가 옳다는 점(9개 예측 중 8개 효능 검증)도 확인했다. 분초를 다투는 팬데믹 초기 대응에 AI 과학자가 큰 공적을 세운 셈이다.

또한 딥마인드의 알파폴드는 아미노산 서열만으로 정밀한 단백질 3D 구조를 자동으로 예측할 수 있다는 점을 입증했다. 동일한 문제에 도전한 워싱턴대학교의 로제타폴드도 주요 학술 대회 CASP14에서 뛰어난 성능을 입증하면서 구조 생물학, 신약 개발, 유전체학 등 다양한 분야에 표준 도구로 자리 잡고 있다. 이 AI의 결과는 PDB에 2억여 구조 데이터로 공개되어 전 세계 과학자가 활용하고 있다.

이 외에도 생명과학 및 정밀 의료 분야에서 다양한 질환(암, 신경질환 등)의 치료와 표적 규명, 맞춤형 신약 개발 연구의 가능성이 확대되고 있다. 많은 연구자가 엄청난 노력을 경주하고 있는 현장에 AI가 도입됨으로써 시간 단축과 더불어 획기적인 아이디어도 많이 도출될 것으로 기대된다. 물론 AI로 연구를 수행하더라도 신뢰도, 투명성, 인간과 기계가 협업할 때 역할 분담, 실험 오류 검증 등에서 인간의 최종적 책임과 전문성이 여전히 중요하게 요구된다. 자동화 기술을 연구 현장에 도입할 때엔 초기 인프라 투자와 '실증' 과정을 반드시 거쳐야 하며, 물리 실험과 AI 기반 가상 실험 결과에 검증 절차가 필요하다는 점도 강조되고 있다. 그럼에도 결국 AI를 기반으로 하는 융합형 과학 연구 프로세스가 향후 과학 연구의 표준으로 자리 잡을 것은 분명해 보인다.

바이오의 패러다임이 바뀐다

이처럼 AI와 생명과학의 융합은 바이오 헬스케어 산업의 패러다임을 근본적으로 바꾸고 있다. 최근 이슈와 전망, 각 기술 분야별 돌파구, 그리고 주요 기업들의 진입 전략을 종합적으로 살펴보면, 가장 큰 기대를 받는 분야는 정밀 의료다. 개인의 유전체 정보, 건강 데이터, 생활 습관 등을 기반으로 예측, 예방, 맞춤 치료까지 포괄하는 정밀 의료는 바이오 헬스 혁신의 핵심으로 꼽힌다. 유전자 패널 분석, 차세대 염기서열 분석NGS 등 첨단 진단 기술과 AI가 결합되어 암과 같은 난치성, 유전성 질환을 조기 예측하고 예방과 치료까지 가능하도록 만드는 것이다. 의료비 절감과 의료 격차 해소, 환자 참여 확대라는 장점도 있어 미래 의료 체계의 근간으로 평가받고 있다.

AI 발전으로 유전체 해독과 변이 해석 기술 또한 빠르게 발전하고 있다. 기존의 단일 유전자 검사 방식보다 훨씬 빠르고 방대한 데이터 분석이 가능해지면서, 암과 뇌 질환 등 극미량의 유전자 돌연변이까지 탐지하는 기술이 실용화되고 있다.

AI 기반 딥러닝과 생성형 모델이 부상하며 기존의 실험과 도킹 방식을 넘어 단백질 구조 예측, 신약 후보 발굴, 맞춤형 치료제 개발에도 혁신이 이뤄지고 있다. AI는 기존의 항체 라이브러리에 의존하지 않고 완전히 새로운 단백질(드노보 단백질)을 설계할 수 있게 되었다. 덕분에 연구의 효율성이 크게 향상되었으며 신약 개발 속도도 눈에 띄게 빨라졌다.

디지털 임상에서도 전자 데이터 캡처EDC, ePRO(전자 환자 보고), 분산형 임상시험, AI 기반 임상시험 관리 시스템 등 임상 R&D의 디지털 전환이 빠르게 진행 중이다. 임상 데이터 신뢰성 향상, 비용과 기간 단축, 비대면과 멀티센터 환경 지원 등이 이루어지면서 신약 개발의 효율성이 극대화될 것이라고 기대할 수 있다.

바이오 분야에서 현재 가장 큰 산업적 기대를 모으고 있는 것은 정밀 의료와 유전자 분석이며, 단백질 설계와 디지털 임상 역시 시장 성장과 혁신의 주축으로 평가받고 있다. 이에 따라 글로벌 제약과 바이오 기업들도 다양한 진입 전략을 구사하고 있는데, 자체 AI 플랫폼을 개발하거나 빅테크 및 스타트업과 협력을 확대하여 유전체 분석과 예측, 설계 역량을 키우고자 연구 개발에 힘쓰고 있다. 기술 기반의 벤처와 스타트업 역시 머신 러닝과 딥러닝을 접목한 신약 후보 발굴, 임상시험 솔루션, AI 기반 시뮬레이션과 데이터 해석 서비스 등에 집중하고 있다. 디지털 헬스케어 기업의 경우 원격 진단과 24시간 AI 상담사, 환자 데이터 기반 맞춤형 서비스에 특화해 투자 유치와 글로벌 시장 진출을 모색하는 추세다.

나의 정신건강도 인공지능에게

AI 치료사 기술은 최근 빠른 성장세를 보인다. 2025년 기준 AI 기반의 정신건강 시장 규모는 약 10~18억 달러 수준으로 연평균 20~32%의 성장률을 보이고 있다. 2034년에 이르면 100~250억 달러의 수준까지 성장할 것으로 전망된다. 또 정신건강 챗봇 시장도 2024년 14.6억 달러에서 2034년 101.6억 달러로 연평균 21%의 성장이 예상된다. 감정 AI, AI 아바타와의 융합도 가파른 성장세다.

AI 치료 시장의 성장 요인은 단연 정신건강 이슈의 급증(팬데믹 이후 불안, 우울감 25% 증가)과 디지털 치료에 대한 인식의 변화, 그리고 저렴한 비용과 접근 용이성이다. 정부의 정책 변화와 투자 확대도 복합적 요인으로 작용했다.

최근에는 AI로 이용자의 정서를 인식하고 치료까지 지원할 수 있게 되었다. 음성, 표정, 텍스트 등 멀티모달 데이터를 통해 감정을 분석하고, 사용자의 심리 상태에 맞는 과제를 제안하는 등 개인 맞춤형 기능을 상당히 잘 구현하고 있다. 여기에 실시간으로 감정을 모니터링하는 웨어러블 기기와 연동해 위험을 일찍 탐지하는 기능도 확산 중이다. 목소리의 톤과 표정 변화를 분석해 우울 증세 악화와 불안 리스크를 사전에 포착하는 기능도 개발되고 있다.

이러한 AI 치료의 등장은 인간을 완전히 대체하는 것이 아닌, 인간 치료사와 AI가 협업하는 흐름으로 전개되고 있다. AI가 대화와 상담, 진행 상황 분석, 문서화, 초기 위험 탐지 등의 반복 업무를 맡는 한편, 인간 치료사가 심화하고 공감하면서 의사결정에 집중하는 구조로 자리 잡고 있는 것이다.

가상 치료 기술은 LLM과 음성 합성, 이모션 AI가 결합되어 점차 자연스러운 대화가 가능해지고 있다. AI 챗봇은 24시간 즉각적인 지원이 가능해 지리적, 시간적 제약을 극복할 수 있는 데다, 정신건강 분야의 의료 공백이 우려되는 지역이나 병원 진입이 어려운 사용자에게도 실질적인 도움을 제공할 수 있다. 비대면으로 익명성을 유지한다는 특성 역시 심리적 진입 장벽을 낮추는 요인으로 작용한다. 과거의 전통적인 치료와 비교할 때 비용이 저렴하고 인력 부족의 문제를 해결할 수 있다는 점에서 상업적 수익성도 높다고 평가되고 있으며, 이에 따라 투자와 M&A도 지속적으로 이루어지고 있다.

 이미 독일Clare&me, 영국Limbic Care 등에서는 교육, 직장, 의료 현장에 상용 솔루션이 도입되고 있으며, 미국에서도 국립보건원 등의 정부 연구 지원과 민간 벤처 투자도 높은 수준이다. 하지만 아직은 AI 치료사의 정서 공감 한계와 데이터 윤리 문제, 의료 인증 및 책임 소재와 같은 보완점도 존재한다. 따라서 AI로 전면 대체하는 것이 아닌, 점진적인 발전과 하이브리드형 서비스를 통해 정신건강 치료의 질을 높이고 확장시켜야 한다는 것이 전문가들의 전망이다.

돈을 불러오는 Tip — 6G를 주도할 빅 플레이어를 찾아라

6G는 5G를 잇는 차세대 이동통신 기술로, 2030년 상용화를 목표로 전 세계적으로 기술 개발이 진행되고 있다. 인공지능AI, 사물인터넷IoT, 홀로그램, 디지털 트윈 등과 결합해 미래 혁신 기술 구현의 핵심 인프라로 평가받는다. 이 기술은 기존의 5G보다 최대 50배 이상 빠른 전송 속도(최대 1Tbps)와 극한의 초저지연, 초고신뢰성을 구현하는 것을 목표로 하는데, 이는 훨씬 더 많은 기기가 동시에 끊김 없이 연결되는 초연결 사회를 가능케 할 것으로 예측된다. 또한 6G는 저궤도 위성통신, 초밀집 네트워크, 초정밀 위치 인식, 에너지 효율 향상 등의 첨단 기술을 요구한다. 그렇기 때문에 이를 뒷받침할 장비와 반도체, 소프트웨어 등 관련 산업 전반에서 시장의 관심과 투자가 집중되고 있다.

6G 인프라 투자는 물리적 네트워크 구축을 넘어 AI 기반의 네트워크 자동화, 저탄소·고효율 기술, 디지털 트윈, 스마트시티, 미래 교통망(V2X, 자율주행), 스마트 팩토리 등 신산업 분야로 확대되고 있

다. 이를 위해 스마트 인프라(도로, 교량, 터널 등)에 통합 센서와 디지털 트윈을 적용해 실시간 트래픽 관리와 에너지 최적화를 추진하고 있다. 또한 위성과 지상을 결합한 통신망으로 도서, 산간, 해양 등 취약 지역의 서비스 범위를 넓히고 재난 대응 역량도 강화할 것으로 기대된다.

<u>6G 시대를 여는 글로벌 강자들에 주목하자</u>. 유럽, 미국, 한국, 일본, 중국 등 주요국은 초국가적 6G 컨소시엄과 연구 프로젝트에 대규모 자금과 인력을 투입하여 네트워크 장비를 넘어 지속 가능성, 보안, 인공지능, 머신 러닝 융합 등 차세대 기술 개발을 본격화하고 있다. 이에 따라 글로벌 주요 기업들도 각자의 강점을 살린 전략으로 시장 선점을 노리고 있다.

먼저 통신 장비 제조사를 살펴보면 노키아가 6G 국제 표준화 기구인 3GPP 21 릴리즈와 유럽 주도의 Hexa-X 프로젝트를 이끌며, 유럽연합 집행위원회 플래그십 과제에서도 핵심 역할을 수행하고 있다. 이를 통해 차세대 6G 표준 정의와 기술 방향 설정에 직접 관여하며 유럽 내 기술 주도권 확보에 나서고 있는 모습이다. 에릭슨은 AI 기반 네트워크 자동화, 에너지 효율 최적화, 신경망형 네트워크 구조 등 차세대 통신 기술 개발에 주력한다. 특히 영국에 신규 연구소를 설립해 유럽 내 6G 핵심 기술의 연구 역량을 강화하고 있다.

화웨이는 AI, 센서, 통신 융합 기술을 기반으로 분산형 뉴럴 네트워크 개발과 6G 백홀(기지국 간 연결망) 연구 개발에 투자하고 있다.

또한 자사의 통신 장비 생태계를 활용해 중국 중심의 6G 네트워크 표준화를 추진하는 중이다.

반도체와 부품 부문에서는 삼성전자가 차세대 반도체, RF(무선 주파수) 부품, 장비, 위성통신과 초고주파 부품 등 6G 하드웨어 전반을 공급할 수 있는 역량을 바탕으로, 한국 정부와의 긴밀한 협력 아래 6G 글로벌 주도권을 확보하기 위해 달리고 있다. 퀄컴의 경우 고주파 칩셋, 소형 내장형 모바일 네트워크 모듈 등 차세대 기기용 통신 칩 개발에 집중하고 있다. 북미에서 차세대 무선통신 기술 개발을 주도하기 위해 만든 산업 컨소시엄 'Next G Alliance'에서 6G 기술 로드맵을 주도하며 북미 시장 중심의 기술 확산을 꾀하는 중이다.

다음 대형 통신사들도 주목할 만하다. 미국의 글로벌 통신사 AT&T와 버라이즌은 미국과 캐나다를 중심으로 6G 기술 개발을 주도하기 위한 협력 프로그램인 '북미 6G 이니셔티브'를 주도하고 있으며 대학 및 기업과 연계한 6G 연구 개발뿐 아니라 자율주행과 사물인터넷 등 차세대 응용 서비스 인프라 구축에도 힘을 쏟고 있다. 릴라이언스 지오와 보더폰은 각각 인도와 유럽의 대형 통신사로, 글로벌 6G 특화 실증 프로젝트에 참여하고 있다. 이들은 디지털 포용 확대를 위해 6G 네트워크를 저비용이면서도 광범위하게 보급하는 전략을 추진하고 있다. 일본의 NTT 도코모의 경우 일본의 6G 연구 개발을 주도하고, 노키아를 비롯한 해외 기업과의 파트너십을 통해 공동 연구를 진행하고 있다. 한편 한국의 SK텔레콤과 일본의

KDDI는 6G 인프라 실증 프로젝트를 공동으로 수행하고 있으며, 엣지 컴퓨팅과 지능형 망 기술을 함께 연구하며 6G 상용화를 위한 협력 모델을 구축하고 있다.

    이처럼 6G 인프라 경쟁은 기존 네트워크 장비 경쟁을 넘어 AI, 반도체, 위성통신, 지능형 망 등 다양한 기술 영역을 아우른다. 각 기업이 자국의 산업 전략과 연계해 차세대 통신 주도권을 확보하려는 양상으로 전개되고 있다.

자율 에이전트의 시대

앞서 언급했듯 일반적인 AI 서비스는 인간의 업무를 지원하고 인간의 판단에 도움을 주는 기능을 한다. 여기서 더 나아간 자율 에이전트(에이전틱 AI)는 자료를 해석하고 판단을 내림으로써 인간이 해오던 역할을 일부 대신한다. 클라우드 서비스 분야의 시장 점유율이 높은 빅테크 기업들이 이 분야에서 선도적 역할을 하고 있는데, 자율 에이전트는 실제 비즈니스 프로세스 효율 향상에 기여할 뿐 아니라 인력 대체, 업무 자동화 등 경영 혁신에 가장 중요한 요소로 주목받고 있다.

빅테크 기업들은 클라우드 서비스를 기반으로 시장을 선점하기 위해 치열하게 경쟁한다. AI 도입을 검토하는 모든 기업은 인력 투입을 줄이고 업무 프로세스를 자동화해 경영 효율화를 실현하는 것이 궁극적인 목적이다. 그만큼 자율 에이전트가 작동만 된다면 충분한 돈을 지불할 준비도 되어있다. 결국 2026년 AI 매출에 가장 중요한 핵심 기술이 자율 에이전트일 것으로 보인다.

자율 에이전트: 업무 파트너의 진화

실무에서 보편적으로 사용되는 자율 에이전트는 구글의 제미나이와 오픈 AI의 GPT-4o와 GPT-5, 앤스로픽의 클로드 3 등이 있다. 기술적 자율성과 차별성 측면에서 살펴보면, 제미나이 2.5 프로의 경우 'Agent Mode'를 통해 복잡한 업무를 스스로 기획하고 실행하며, 연속된 목표를 설정해서 처리하는 자율성을 갖추고 있다. 사용자가 시연한 업무를 반복 수행하는 'Teach & Repeat' 기능과 최대 10개의 작업을 동시에 처리하는 멀티태스킹 능력도 제공한다.

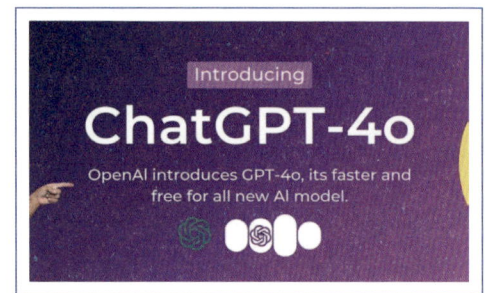

오픈 AI의 챗GPT-4o

'Deep Think Mode'를 활용하면 다중 가설 검증을 거쳐 신뢰도 높은 추론과 의사결정을 수행할 수도 있으며 텍스트, 코드, 이미지, 영상, 오디오를 모두 처리하는 네이티브 멀티모달 구조를 지원한다. 최대 200만 토큰의 초장문맥으로 방대한 데이터를 다룰 수 있고, 구글 클라우드, CLI, 모바일, 엔터프라이즈 환경을 아우르는 연계성과 오픈소스 에이전트 생태계 확장 전략이 강점이다. 대표 활용처는 자동 일정 관리, 문서 분석, 연속 업무 자동화, 맞춤형 실시간 분석 등이다.

GPT-4o는 완전한 멀티모달 AI다. 음성, 텍스트, 이미지, 영상, 코드까지 다섯 가지 형태의 데이터를 한 번에 이해하고 실시간 대화까지 가능하다. 안에는 오토-GPT(스스로 계획하고 실행하는 자동 작업 AI)와 Assistant API(GPT를 다른 서비스나 앱에 붙여서 맞춤형 AI 비서로 만드는 개발 도구)가 통합돼 있다. 그 때문에 브라우저를 열어 검색하고, 데이터베이스에서 정보를 가져오며 코드를 실행하거나, 외부 도구(엑셀, 슬랙, 캘린더 등)와 연결해 작업하는 것이 자유롭다. 또 플러그인을 불러오거나 함수를 실행하고 세션별 장기 기억을 유지하며 스스로 답을 검토하고 수정하는 '자기반성'과 여러 AI가 역할을 나눠 협력하는 '다중 에이전트 협동 구조'까지 지원한다. 이로써 단일 질문에 답하는 수준을 넘어 복잡한 업무 전체를 처음부터 끝까지 자동으로 처리하는 사례가 빠르게 늘고 있다.

또한 오픈 AI는 'Operator'라는 새로운 에이전트 기능과 차세대 모델 GPT-5를 결합해, 하나의 시스템 안에서 여러 AI 에이전트를 자동 조율하는 '네이티브 에이전트 오케스트레이션'을 구현하겠다고 발표하기도 했다.

클로드 3는 '헌법형 AI' 설계로 안전성, 일관성, 규범 준수라는 강점이 있다. Opus 모델 기준 최대 20~30만 토큰의 문맥 처리가 가능하고, 텍스트와 이미지 멀티모달 지원에 고차 추론, 장기 메모리, 고도화된 에이전트식 도구 사용과 자동화를 제공한다. 오픈 API와 콘솔을 기반으로 만들어져서, 웹사이트나 구글 워크스페이스(문서, 시트, 메일 등)와 쉽게 연동할 수 있으며, 그 덕분에 여러 AI 에이전트가 함께 협업하고 작업 내용을 관리하기가 편리하다. 실제로도 고객 상담 자동화와 코드 변환 및 수정, 문서 검토, 데이터 분석 등의 다양한 일을 처리할 수 있어, 업무 현장에서 유능한 동

글로벌 기업의 에이전트 플랫폼 전략

구분	구조적 차별점	성장 전략 및 강점
세일즈포스	• CRM + 에이전트(Agentforce) 통합 • 데이터 클라우드 기반 • 산업별 특화 솔루션	• 산업 특화, 보안·신뢰성 강화 • 강력한 파트너·앱 생태계
마이크로소프트	• 애저(Azure) 기반 에이전트 생태계 • 코파일럿(Copilot) 확장 • 오픈 AI 기술 연계	• 오픈 AI·자사 AI 통합 • 엔터프라이즈 중심 유연성
구글	• 워크스페이스(Workspace) 전반에 AI 통합 • 제미나이 기반 멀티모달·다중 작업 지원 • 검색·클라우드 연계	• 클라우드·정보검색·생산성 융합 • 개발자 지원 강화

대표 AI 어시스턴트(모델)의 기술 특징

구분	제미나이2.5	GPT-4o	클로드3
멀티모달	• 텍스트·음성·영상·코드·이미지 완전 멀티모달 지원	• 텍스트·음성·이미지·영상·코드 완전 멀티모달 • 실시간 대화	• 텍스트·이미지 멀티모달 (추가 모달 확장 준비 중)
자율성	• Agent Mode로 복잡한 작업 기획·실행 • Teach&Repeat로 반복 작업 학습 • Deep Think Mode로 다중 가설 검증 및 의사결정	• Tool Use·Function Call • 플러그인/API 연동 • 세션별 장기 메모리 • 자기반성(Self-Reflection)으로 고도 자동화	• 헌법형 AI 설계로 안전성·일관성 확보 • 장기 메모리 • 규정 준수형 고차 추론
문맥 길이	• 최대 200만 토큰(대규모 데이터·보고서 처리 가능)	• 128~200만 토큰(멀티모달 입력 포함)	• 20~30만 토큰(법률·문서 분석에 최적)
생태계	• 구글 클라우드·워크스페이스(Gmail, Docs, Sheets 등)·모바일·엔터프라이즈 네이티브 연계 • 오픈소스 에이전트 생태계 확장	• 오토-GPT • Assistant API • 브라우저·DB·슬랙·캘린더 등 서드파티 앱 연동	• API·콘솔 기반 • 구글 워크스페이·노션·슬랙 연계 • 멀티에이전트 리서치 협업
기술적 특징	• Deep Think • Teach&Repeat • 자동 일정관리 • 멀티앱 워크플로 자동화	• 실시간 멀티모달 처리 • 외부 도구 호출 • 모듈·함수 분할 • 다중 에이전트 협업	• 규범 준수형 추론 • 개인정보 비저장 • 복잡한 문서·규정 분석·안전성 강화
대표 활용처	• 자동화 개인비서 • B2B 업무 처리 자동화 (RPA) • 대규모 리서치·데이터 분석	• 앱 개발 자동화 • 실시간 고객 상담 • 코드 생성·테스트 • 데이터 분석	• 고객지원 자동화 • IR/법률 문서 분석 • 의료 데이터 처리 • 리서치 보고서 작성

료로 평가받고 있다.

에이전트가 직장의 실무를 바꾼다

이미 에이전트의 수준은 도구에서 자율적 협업 파트너로 격상 중이다. 기획, 분석, 실행을 자체적으로 진행하며 인간이 목표를 입력하기만 해도 에이전트가 알아서 실행까지 담당하는 시대로 진입했다. 기업에서는 '에이전트 오케스트레이션'을 통해 여러 AI 에이전트들이 각각의 역할과 데이터 흐름을 관리할 수 있게 되었다. 또한 '멀티에이전트 협동'으로 업무 분배부터 협력까지 이뤄내면서 전문화된 결과물을 만들 수 있게 되었다. 물론 여전히 신뢰의 문제와 개인정보 보호, 현장 맞춤화 등의 실사용 이슈가 과제로 남아있지만 2025년에 대규모 프로젝트에서 실무 도입이 본격화되었고, 2026년에는 메이저 트렌드가 될 것으로 전망된다.

국내에서도 대규모 프로젝트에 멀티에이전트 구조를 실제 업무에 적용하는 사례가 나타나고 있다. 공장, 물류센터, 금융 등 분야가 다양하다. 삼성전자는 반도체 품질 관리 공정에서 불량 감지 AI, 생산 일정 최적화 AI, 재고 관리 AI를 연계해 운영하고 있으며 한 라인의 AI들이 상호 데이터 교환을 통해 불량률을 예측하면 그 결과를 바탕으로 설비를 조정해 자재 발주까지 자동으로 이어지는 전 과정을 운영하고 있다. CJ 대한통운은 물류센터에서 입고 스케줄링 AI, 로봇 제어 AI, 배송 경로 최적화 AI를 통합적으로 운영하면서 물류의 입고와 적재, 배송에 이르는 전 단계가 자동으로 조율되도록 하고 있다.

금융권에서도 변화가 감지된다. 신한은행은 대출 심사 AI, 고객 상담 AI, 리스크 분석 AI를 연계하여 신규 대출 프로세스를 절반 이하로 단축했다. Planner AI가 고객의 프로필을 분석하면 Worker AI가 심사 문서를 처리하고 그 후 Critic AI가 최종 리스크를 검토하는 구조로, 멀티에이전트 협동이 비즈니스의 속도와 효율성을 높여주는 단적인 예시가 되고 있다.

플랫폼 경쟁의 본격화

2025년까지 AI 산업의 주도권 경쟁은 주로 앱과 서비스 레이어를 중심으로 전개되었다. 각 기업은 특정 기능이나 목적에 특화된 개별 애플리케이션을 내놓으며 시장을 확장했고 사용자는 필요할 때마다 여러 앱을 번갈아 사용했다. 그러나 2026년부터는 상황이 달라질 것이다. 경쟁의 무대가 '앱'에서 '에이전트 플랫폼'으로 옮겨가고 있기 때문이다.

하나의 기능과 수동적 반응에 머물렀던 기존의 앱 플랫폼과 달리 에이전트 플랫폼은 여러 가지 기능을 하나의 에이전트 플랫폼 안에서 유기적으로 연결해 동작시킬 수 있고, 사용자의 의도와 맥락을 실시간으로 이해한다. 또한 자율적이고 지속적인 업무 수행이 가능하다. 사용자가 제시하는 목표에 따라 여러 AI 에이전트가 협업해 기획부터 실행하고 검토까지 전 과정을 자동화할 수 있다는 점에서, 생산성과 의사결정 속도를 발전시키며 기업과 기관의 디지털 전환을 가속하는 인프라가 되고 있다.

에이전트 플랫폼을 구현하기 위해 도전하는 주요 기업들은 다음의 네 가지 전략 포인트를 내세워 연구 중이다. 첫 번째로 자연어 처리NLP 기술은 사용자가 입력하는 말을 기계가 정확히 이해하고, 상황에 맞는 답이나 행동을 할 수 있는 능력이다. 단순한 단어 해석을 넘어서, 문맥과 의도를 파악해 자연스럽게 대화하고 업무를 진행할 수 있게 되는 것이 핵심이다. 두 번째는 멀티모달 이해로, 텍스트뿐 아니라 이미지, 영상, 음성, 코드 등의 다양한 형태의 정보를 동시에 해석하고 활용하는 기술이다. 세 번째는 행동 주도형 AI다. 단순히 정보를 제공하는 데 그치지 않고 스스로 판단해 다음 행동을 계획하고 실행하는 기술이다. 네 번째는 외부 API와 시스템의 통합 능력이다. 에이전트가 다른 서비스나 업무 시스템과 끊김 없이 연결되어 데이터를 주고받으며 외부 기능을 실행할 수 있도록 하기 위함으로, ERP나 CRM, 메일, 캘린더, 프로젝트 관리 툴 등을 하나의 흐름 안에서 연결해 작업할 수 있도록 하는 것이다.

이와 같은 기술을 기반으로 주요 기업들은 방대한 실사용 데이터를 활용해 에이전트의 맞춤화와 적응성을 극대화하고 있으며, 개발자, 파트너, 사용자의 참여를 유도해 시장을 확장시키고 있다. 또한 보안과 프라이버시 모듈을 내재화해 기업과 정부 고객의 신뢰를 확보하고 있으며, 단순한 질의응답을 넘어 고객 상담, 리서치, 일정 관리 등 복잡한 사업 프로세스에 자동화 인력으로 투입할 수 있는 도메인 특화형 에이전트를 강화하고 있다.

AI 에이전트 생태계의 승부처

이제 승부는 개별 앱의 기능 경쟁이 아니라 얼마나 많은 AI 에이전트를 유기적으로 연결해 자율적으로 움직이게 하느냐에 달려있다. 에이전트 플랫폼은 디지털 전환의 핵심 인프라로 자리잡으며 산업의 구조와 경쟁 구도를 근본적으로 재편할 것이다. 기업의 플랫폼 전략도 폐쇄적인 일방향에서 생태계, 유연성, 참여 중심으로 이동하고 있다. 파트너와 개발자 참여를 통한 스킬, 마켓플레이스 확장이 '플랫폼 경쟁력'을 좌우할 것으로 예상된다. 2026년은 이러한 변화가 가시화되는 첫해가 될 것이다.

이런 분위기 속에서 2026년 에이전트 플랫폼으로의 성장이 기대되는 기업은 마이크로소프트, 세일즈포스, 구글, 오픈 AI, AWS 등의 대형 테크 기업들이다.

마이크로소프트는 코파일럿과 애저 기반 에이전트 아키텍처로 압도적 지배력을 발휘하고 있는데, 2025년 기준 포천 500대 기업의 70% 이상에 도입되었으며 Windows, Office 등의 기존 소프트웨어와 긴밀하게 연결돼 네트워크 효과가 가장 크다. 약 15만의 개발자와 대형 에코시스템의 영향력으로 2026년에도 선두를 유지할 가능성이 높다.

구글은 안드로이드, 검색, 워크스페이스(지메일, 문서) 등에서 제미나이 기반의 에이전트를 대중화시키면서 강력한 플랫폼 네트워크 효과를 만들고 있다. 2025년을 기준으로 AI 에이전트 시장 점유율 1위로 등극했다는 보도도 있다. 구글의 인프라(클라우드, Vertex AI) 투자 또한 매우 커서 데이터 집합과 규모에서 압도적 위세를 보이고 있다. 세일즈포스는 에이전트포스Agentforce를 통해 CRM, 고객 상담 등 엔터프라이즈용 에이전트 분야에서 빠르게 시장을 확대하고 있다. 2025년 한 해에만 3000건 이상의 유료 고객을 확보했고, 매출이 연 900백만 달러로 전년 대비 120% 급성장하면서 지배적인 B2B 경쟁력을 인정받고 있다. 슬랙, 데이터 클라우드 등과 결합해 고도화된 자동화를 실현함으로써 산업별로 특화될 수 있는 강점이 있다.

이외에도 오픈 AI의 챗GPT와 아마존의 노바 프리미어가 개방적 API와 빠른 혁신으로 엔터프라이즈 시장에서 각광을 받고 있다.

전체적으로 살펴보면 마이크로소프트와 구글이 시장 전체에서 경쟁하는 한편, 세일즈포스가 기업용, 고신뢰 시장에서 독보적 강자로 입지를 굳혀가는 구도임을 알 수 있다. 여기서 마이크로소프트는 확장성과 엔터프라이즈 기반을, 구글은 대중적 생태계 파급력을, 세일즈포스는 산업별 자동화 집중을 각각의 성장 동력으로 삼고 있다. 한편 아마존과 오픈 AI는 혁신적인 속도와 비용의 우위를 내세우며 틈새시장과 하위 시장을 공략하고 있다.

데이터 주권 싸움과 소버린 AI

엔비디아가 유럽에 '주권형 AI'의 필요성을 설파한 이후 각국의 언어와 문화, 지식을 반영한 독자적 AI 시스템에 대한 관심이 다시 한번 높아지고 있다. 소버린 AI(Sovereign AI)라고도 불리는 이 개념은 특정 국가나 조직에서 독립적으로 운영하는 인공지능 시스템을 뜻하는데, 자국의 언어, 문화, 산업 특성을 반영하면서 외부 기술과 인프라의 의존도를 줄이려는 AI 생태계 구축으로 볼 수 있다. 미국과 중국이 주도하는 세계 기술의 질서 속에서 유럽과 한국은 모두 AI 주권 확보에 적극적으로 나서는 모습이다. 특히 유럽은 트럼프 대통령에 반대하는 의견을 냈던 인사들의 이메일 서비스(마이크로소프트)가 중단되면서 큰 충격을 받았고, 이로 인해 플랫폼 독립과 소버린 AI에 대한 관심이 더욱 높아진 상황이다.

유럽의 주권형 AI 전략

프랑스, 독일, 이탈리아 등은 자체 AI 인프라를 확대하면서 미스트랄 AI, 알레프 알파 등의 자국 LLM 개발을 본격화하고 있다. 동시에 엔비디아와 협력해 각국의 통신사와 산업 분야에서 사용할 수 있는 산업용 AI 클라우드를 구축하면서 최대 3000엑사플롭스에 달하는 거대한 연산 인프라를 유럽 내에 확보하고 있다. 또한 유럽연합에서는 집행위원회의 지도로 'AI 기가팩토리'와 'AI 팩토리' 프로젝트를 추진하고 있으며 대형 AI 모델 훈련과 테스트용 슈퍼컴퓨팅 센터 건립을 추진하고 있다. 이로써 미국과 중국의 기술 의존에서 벗어나 데이터와 모델, 인프라의 '유럽 내 자립'을 목표로 천명한 셈이다.

유럽연합은 최대 규모의 연구, 혁신 지원 프로그램 'Horizon Europe'을 통해 2021년부터 2027년까지 연 200억 유로 이상의 대규모 AI 투자를 진행 중이다. 기후 변화 대응, 디지털 전환, 보건 등의 사회적 과제를 해결하는 프로젝트를 지원하고 있다. 이 프로그램에서 AI, 로보틱스, 빅데이터, 차세대 인터넷, 양자 기술 등이 모두 주요 투자 분야에 포함된다. GDPR 등의 데이터 보호

법과 'AI Act(2023)' 같은 규제를 통해 안전성과 투명성을 확보하고 유럽만의 윤리와 사회적 맥락을 반영한 AI 모델 개발을 강조하고 있는 점이 눈에 띄는 한편, 민간 투자 유인을 끌어내고 글로벌 파트너십으로 확대해야 하는 과제도 남아있다.

한국의 주권형 AI 전략

한국 정부는 2025년 새 정부 취임 후 'AI 3대 강국'을 목표로 100조 원대 대규모 투자를 발표한 바 있다. 계획의 핵심 내용에는 독자적 AI 파운데이션 모델 개발, GPU 5만 장 이상 확보, AI 데이터 클러스터 및 AI 고속도로(인프라망) 구축 등이 담겨 있다. 정부는 이번 계획에서 폐쇄적 AI가 아닌 '협력형 하이브리드' 전략(수출 시 현지 최적화, 주권 보장 등)으로 미국, 중국과 차별화하는 방식을 택했는데, 이는 글로벌 AI 생태계에서 지속적으로 파트너십을 맺고 연결망을 유지하려는 전략으로 볼 수 있다. 정부가 AI 산업에 집중적으로 지원하며 인프라 구축과 초기 생태계의 육성을 주도하는 한편, 민간에선 혁신과 서비스 개발에 집중하고 있는 구조다. 정부로서는 예산 확보와 민간 투자 유치라는 현실적인 과제가 뒤따르고 있어 이에 대한 지속 가능한 해결책이 필요하다.

어떻게 인공지능 밥그릇 싸움을 해야 하는가

주권형 AI 마련을 위해서는 기술 개발을 넘어 데이터, 인프라, 인재, 기술 규제, 산업적 적용까지 복합적인 접근이 필요하다. 이를 위해 유럽은 디지털 식민지라는 우려 속에 자국 내에 AI 주권을 보호하려는 투자와 규범, 초대형 인프라 전략을 강화하고 있다. 또한 미국, 중국과 차별되는 경쟁력과 '유럽 가치' 기반의 AI를 육성 중이다. 한국은 정부 주도의 대규모 프로젝트와 민간 협력 기반의 하이브리드 모델을 통해 AI 기술과 역량을 키우고 데이터, 알고리즘, AI 운영 체계에 대한 자국 통제권을 유지하려고 한다.

현재 주권형 AI는 매우 중요한 문제다. 데이터 플랫폼 주권을 확보하지 못하는 국가는 초지능 AI가 학습할 때 자기만의 정보를 주도적으로 제공할 수 없다. 즉 역사, 문화, 세계관 등에서 주권을 침해당할 가능성이 있다는 것이다. 쉽게 말해 미국과 중국의 AI가 편향된 정보만을 학습한다면 '고구려는 중국의 역사'라거나 '독도는 일본 땅'이라는 잘못된 정보를 제공할 가능성이 커지게 된다. 그래서 국가 고유의 데이터 플랫폼과 주권형 AI 개발은 디지털 AI 시대에 가장 중요한 전략 자산이다.

물론 소버린 AI에 대한 비판적 시각도 여전히 존재한다. 자본과 인재에서 미국, 중국과 비교할 수 없을 만큼 취약한 환경에서 과연 우리가 만드는 AI가 경쟁력이 있을지에 대한 의구심도 당연한 시각이다.

그러나 독자적 연구 없이 미국, 중국이 개발하는 오픈소스를 막연히 활용하기만 하면 독립적인 서비스 구축이나 상용화에 문제가 발생할 수 있다. 그들의 기술을 팔로우하며 우리도 내공을 쌓아 세계의 트렌드에 부합하는 AI 모델을 지속적으로 개발해야 한다. 그럼 향후 한국 데이터를 기반으로 하는 버티컬 AI 개발과 상용화에 매우 중요한 기반이 될 것이다.

그런 관점에서 거대한 GPU 데이터센터의 구축과 공공분야 적용을 위한 지원, LLM 분야 기술 확보를 위한 인재 양성 등 정부의 적극적인 투자가 필요하다. 혼자 연구해 독립적인 모델을 개발하는 것이 아니라 여러 솔루션을 잘 보고 배워가며 독자적 노선을 개척하는 유연한 R&D 체계를 갖추는 것이 가장 바람직할 것으로 판단된다.

반도체 시장과 반전의 기회

2025년은 여전히 엔비디아의 GPU가 지배한 한 해였다. GPU 칩에 들어가는 HBM을 엔비디아에 납품한 SK하이닉스와 미국 마이크론은 좋은 실적을 냈지만 삼성전자는 어려운 시기였다. 다행스러운 것은 테슬라가 자율주행에 필요한 AI6 칩을 삼성전자에 대규모로 발주하면서 삼성전자의 미래 가능성을 열어준 점이다.

또한 시장으로서는 전 세계 파운드리(반도체 위탁 생산) 1위 업체인 대만 TSMC의 독점이 반가울 수 없다. 가격 경쟁이 없는 독점은 발주처 입장에서 매우 위험한 일이기 때문이다. 인텔이 몰락한 지금 상황에서 파운드리의 대안은 삼성전자인 셈인데, 삼성전자라는 대안을 유지하기 위한 반도체 회사들의 수요가 내년에도 이어질 것이라 예상할 수 있다. 또한 엔비디아의 질주가 마음에 들지 않는 테슬라, 구글, 메타 등의 기업에서 독자적인 AI 칩 개발을 계획하고 있어, 삼성전자는 현재의 부진 요인까지 딛고 나면 또 다른 기회가 열리지 않을까 낙관한다.

AI 반도체 시장의 미래와 경쟁 구도

반도체 시장은 2026년에도 생성형 AI와 대규모 데이터센터 수요에 힘입어 고성장세가 지속될 전망이다. 2025년 전체 반도체 시장은 약 7000억 달러 규모를 돌파할 것으로 관측되며, AI 관련 반도체는 이미 2024년 1250억 달러에서 2025년 1500억 달러를 넘길 것으로 점쳐지고 있다. 2026년까지 AI와 고성능 컴퓨팅HPC, 데이터센터의 수요가 반도체 시장 성장의 핵심으로 지속될 것으로 예상된다.

특히 HBM 시장은 폭발적인 성장을 이어갈 전망이다. 2024년 180억 달러에서 2025년 350억 달러, 2030년에는 약 489억 달러 수준까지 성장할 것으로 예상된다. 연평균 성장률은 42%에 달하며, 2033년 HBM이 전체 DRAM 시장의 50% 이상을 차지하게 될 것이라는 분석도 제기되고 있다. 마이크론 테크놀로지, SK하이닉스, 삼성전자 등의 주요 기업들은 이미 2025년 HBM 공급을 사실상 완료한 상태이며, 2026년 이후 더욱 빠른 성장세가 지속될 것으로 보인다.

엔비디아가 AI 반도체 시장에서 지위를 공고히 하고 있으나 2026년에는 빅테크(아마존, 구글, 마이크로소프트, 메타 등)가 자체 설계 AI 칩 ASICs과 가속기를 늘리면서 경쟁이 다변화될 것으로 예상된다. 이들은 직접 반도체 설계에 참여하고 전략적 제휴나 생산 능력 확장, 전용 반도체 개발을 통해 엔비디아와의 차별화를 모색하고 있다. 또한 파운드리 산업으로의 진입, 소재와 패키지 혁신, 탄소 절감과 공급망 다각화 요구 등으로 플레이어가 더 다양해질 전망이다.

차세대 HBM 기술 혁신과 패키징의 부상

차세대 HBM은 메모리 대역폭과 적층 수, 에너지 효율에서 획기적 발전을 거듭 중이다. 삼성, SK하이닉스, 마이크론 테크놀로지는 HBM3(819GB/s), HBM3E(1TB/s), HBM4(2TB/s)까지 제품군을 확대했다. 신소재 활용으로 전력 소모를 감소시켜 열 전달 구조를 최적화하여 메모리칩의 용량과 속도를 향상시키고 있다. 이렇게 다양한 혁신과 발전 속에서 2026년에도 HBM 쟁탈전이 치열할 것으로 예상되고 있다.

한편 고집적 패키징 분야에서는 이기종 칩(로직, 메모리, 센서 등)을 단일 패키지에 집적하는 2.5D, 3D 시스템과 HBM 인터포저 방식이 빠르게 확산 중이다. 고성능 데이터 전송(고속, 저전력), 소형화, 집적도 증가는 물론 열, 신호 간섭 등의 기술적 한계를 극복하기 위한 열전도재, 세라믹 신기술 개발도 활발하다. 고도화된 패키징 시장은 2025년 416억 달러에서 2032년 722억 달러 규모로까지 성장할 것으로 보인다. 특히 패키징 혁신은 AI 반도체 성능 향상과 저전력화, 비용 절감의 핵심 분야로 부상 중이다. TSMC를 추격하는 삼성전자의 도전 또한 주목거리다.

2026년은 AI 인프라의 급팽창과 더불어 빅테크와 글로벌 반도체 기업들의 기술 주도권 경쟁, 공급망 다각화, 패키징 혁신, 신규 진입자 증가 등으로 AI 반도체 산업이 구조적 변혁기를 맞이할 것으로 예상된다. HBM, 고집적 패키징 등 '차세대 메모리와 집적화'가 AI 반도체 성능을 좌우하는 요소로 평가되고 있으며, 차별화된 기술과 생산 능력 확보가 기업의 생존과 성장을 결정하게 될 것으로 보인다.

 ## 친환경 에너지 투자의 가속화

국제에너지기구에 따르면 2024년 전 세계 청정에너지 기술과 인프라 투자액은 2조 달러로, 화석 연료 투자액의 두 배에 달하는 수준이다. 지구 온난화의 심화로 인해 이러한 추세는 2025년을 넘어 2026년 이후에도 이어질 것으로 예상된다.

청정에너지 분야에서 눈여겨보아야 할 것은 빠른 속도로 비용을 낮추며 에너지 전환을 견인하고 있는 태양광과 배터리 기술이다. AI와 전기차, 산업 부문에서 기존의 화석 연료 에너지가 전기 에너지로 전환되며 전력 수요가 폭증하고 있어, 저렴하고 신뢰성 높은 전기 공급이 더욱 중요해지고 있기 때문이다.

게다가 2025년 트럼프 대통령이 재취임한 후 에너지 안보, 광물 접근성, 공급망 독립이 전략적으로 강조되면서 미국, 중국, 유럽은 각기 다른 청정에너지 전략을 추진하며 기술과 자원 확보 경쟁을 심화시키고 있다. 이런 흐름 속에서 차세대 원전, 분산형 전원, 스마트 그리드, 전기화 표준화, 기후 재난 대응 등 다양한 분야가 차세대 에너지 전환의 중심축으로 자리 잡고 있다. 소형 모듈 원자로는 미국에서 인허가 절차가 진행 중이며, 태양광과 풍력의 간헐성을 보완하는 24시간 청정 베이스 로드 전원으로 주목받고 있다. 특히 데이터 센터 전력 수요 증가와 맞물려 향후 빠르게 발전할 분야로 꼽힌다.

분산형 전원과 마이크로 그리드는 지역 맞춤형 에너지 독립과 전력망 유연성을 실현하는 핵심 기술로, 에너지 저장 시스템과 함께 전 세계적으로 투자가 확대되고 있다. 또한 AI와 빅데이터 기반의 스마트 그리드와 전력 수요 예측 기술은 에너지 시스템의 효율화와 안정적인 전력 관리에 필수적이며, AI의 확산과 함께 급속히 발전하고 있다. 저비용 청정 전력의 보급 확대는 전기차, 열펌프, 전기화 공장 등 산업 전반에서 전기화 표준화를 가속시키고 있다.

기후 재난 대응 기술도 진화하고 있다. 이상 기후의 빈도와 강도가 높아지면서 AI, 드론, IoT, AR/VR 등을 활용한 실시간 현장 평가와 지휘 시스템이 도입되었다. 이런 기술은 재난 예측의 정확도와 응급 상황에 대응하는 속도를 높일 수 있어 주목받고 있다.

결국 청정에너지 투자는 환경적 대응을 넘어 새로운 산업 경쟁력과 미래 성장의 원천으로 자리 잡고 있음을 알 수 있다. 앞으로의 자본 흐름이 어떻게 쏠릴지 주목해야 한다.

———— 필진: 최재붕

나오며

변화의 파도 위에서
나만의 지도를 그리는 법

《머니 트렌드》 시리즈가 어느덧 네 번째 항해를 마주했습니다. 매년 경제의 흐름을 짚어내며 여러분의 자산 관리에 작은 등대가 되고자 노력해왔지만, 악천후 속 풍랑이 거센 바다에서 그 등대가 잘 보이셨는지 걱정이 되기도 합니다. 돌이켜보면 시장은 언제나 예측을 뛰어넘는 방향으로 흘러갔는데 그 속에서 우리는 환호하기도, 가슴을 졸이기도 하며 변화의 파도를 건너왔습니다.

2026년을 앞둔 지금, 우리는 그 어느 때보다 거대한 전환의 한복판에 서 있습니다. 이번 책을 통해 저자들이 공통적으로 느낀 것은 '과거의 공식이 더 이상 통하지 않는다'라는 현실이었습니다. 팬데믹이 쏘아 올린 막대한 유동성은 이제 긴축과 완화의 줄다리기를 하며 안갯속 항해를 하고 있고, 미국과 중국이 벌이는 관세 전쟁과 곳곳에서 벌어지는 지정학적 리스크, 나아가 지경학적 분절화는 세계 경제의 지도를 새롭게 그리고 있습니다. '세계화'라는 익숙한 단어 대신 '지경학'이라는 낯선 개념이 우리 앞에 놓인 이유입니다.

이런 흐름에서 여러분은 어떤 투자의 닻을 내리고 계신가요? 혹시 아직도 '국장은 지옥, 미장은 천국'이라는 이분법에 갇혀 있지는 않으신가요? 2025년 한국 증시는 모두의 예상을 뒤엎고 화려한 컴백을 알렸습니다. 정치적 불확실성이 걷히고 코리아 디스카운트 해소를 위한 제도적 변화가 맞물리면서 시장은 스스로의 가치를 찾아가기 시작했습니다.

저는 투자를 하면서 '숲과 나무를 함께 보라'는 말을 항상 되새깁니다. AI라는 거대한 숲이 만들어지는 지금, 많은 분들이 엔비디아 같은 화려한 나무에만 시선을 고정하는 경향이 있습니다. 물론 그 나무들은 매우 크고 튼튼합니다. 하지만 AI 혁명의 진짜 의미는 반도체 칩의 성능이나 판매량을 넘어 세상을 근본적으로 변화시킨다는 데에 있습니다. '자율 에이전트'가 인간의 판단을 대신하고, '피지컬 AI'가 일상으로 들어오는 것처럼요. 게다가 의료 현장에서는 이미 AI가 신약 개발 기간을 혁명적으로 단축하고 있으며 우리들의 집에는 스스로 빨래를 개고 커피를 내리는 로봇이 들어올 날이 머지않았습니다.

변화의 시대에 꼭 드리고 싶은 말씀이 있습니다. 투자의 중심을 '나'에게서 찾으라는 것입니다. 책 속에 많은 트렌드가 있지만, 그 모든 것을 따라갈 필요는 없습니다. 오히려 나의 일, 생활 그리고 내가 가진 강점과 약점을 먼저 돌아보는 것이 현명한 투자의 시작입니다. 투자의 세계에서 가장 경계해야 할 것은 '남들이 하니까'라는 막연한 조급함과 불안감이니까요.

저 역시 마찬가지입니다. 저는 콘텐츠를 만들기 때문에 '팬덤 소비'나 '경험 사치' 같은 트렌드를 피부로 느낍니다. 하지만 제가 양자컴퓨터의 복잡한 기술을 완벽히 이해하기는 어렵습니다. 솔직히 말해 사실 무슨 말인지 하나도 모르겠습니다. 그래서 잘 아는 분야는 '종목'이라는 직접적인 기회를 찾되, 잘 모르는 미래 기술에 대해서는 섹터 ETF 같은 간접적인 방식으로 제 수입의 일부를 보내 저 대신 일하게 만듭니다. 이전에도 말했듯 노동으로 버는 돈의 안정성을 믿기에, 투자는 약간의 위험을 감수하며 미래에 씨앗을 뿌려보는 '바벨 전략'을 취하는 셈입니다.

저는 작년 《머니 트렌드 2025》 에필로그에 이렇게 썼습니다. "저 같은 경우 자산의 일부를 활용해 테슬라 주식을 사고 비트코인에 투자했습니다. 위험 자산에 투자하는 저를 보며 엄청난 수익을 바라는 투자자라고 생각하실 수도 있는데 그것보단 제가 하는 일이 자율주행 및 코인과 관련이 없기 때문이었습니다. 시대의 흐름은 자율주행과 코인으로 가고 있지만 제 전문성은 다른 분야이기에 내가 노동으로 번 돈 중에 일부는 그쪽으로 보내서 돈이 저 대신 일하게 만들어야겠다고 생각했습니다. 그게 투자의 진정한 의미일 테니까요."

그때와 지금을 비교해보면, 트럼프 대통령 당선이라는 변수가 생기면서 테슬라 주가와 비트코인 같은 자산들이 크게 요동쳤습니다. 어떤 것은 두 배 이상 올랐다가 조정을 거쳤고, 어떤 것은 몇 배가 뛰기도 했습니다. 중요한 사실은 이것이 저의 성과가 아니라 1년 사이에 시장이 보여준 변화라는 것입니다. 제가 주가를 올리기 위해 노력한 일은 아무것도 없습니다. 더 정확히 말하면 아무것도 할 수 없는 거겠지요. 그저 열심히 일해서 번 돈의 일부를 보내 그 친구가 일하게 했을 뿐이고 늘 그래왔듯 제 일을 묵묵히 했습니다. 결국 투자는 '내가 할 수 있는 일에 집중하면서 내 돈이 대신 일하게 만드는 것'임을 재확인하게 되었습니다.

마지막으로 워런 버핏의 조언을 다시 한번 빌려오고 싶습니다. 그가 남긴 최고의 투자처는 특정 종목이 아니라 '자기 자신'이었습니다. 앞으로는 AI가 더욱 확대되어 우리의 많은 업무를 대신하며 세상의 룰이 바뀌는 시기가 될 것입니다. 이런 때일수록 대체 불가능한 '나'를 만드는 것이야말로 인플레이션을 이기는 가장 확실한 방법이 아닐까요? 내가 가진 능력은 누구도 세금을 매길 수 없고 시장의 변동성에 흔들리지 않는 가장 안전한 자산이니까요.

부디 이번 《머니 트렌드 2026》이 각자의 항해에 든든한 나침반이 되기를 바랍니다. 거대한 변화의 파도 앞에서 두려워하기보다 그 파도 위에서 서핑을 즐기며 기회를 발견하는 한 해가 되시기를 진심으로 응원합니다. 돈은 결국, 변화를 읽고 용기 있게 행동하는 사람들에게 미소를 지어주는 법이니까요.

2025년 9월, 김도윤

머니 트렌드 2026
위기 속 돈의 흐름을 지배하는 50가지 생존 공식

ⓒ 김도윤, 정태익, 김광석, 김승주, 김용섭, 김학렬, 김현준, 최재붕, 2025

초판 1쇄 발행 2025년 9월 23일
초판 6쇄 발행 2025년 12월 22일

지은이 김도윤, 정태익, 김광석, 김승주, 김용섭, 김학렬, 김현준, 최재붕
기획편집 정다움, 이가람
콘텐츠 그룹 정다움, 이가람, 전연교, 김신우, 정다솔, 문혜진, 기소미
디자인 디박스

펴낸이 전승환
펴낸곳 책읽어주는남자
신고번호 제2024-000099호
이메일 book_romance@thebookman.co.kr

ISBN 979-11-93937-68-6 03320

* 북모먼트는 '책읽어주는남자'의 출판브랜드입니다.
* 이 책의 저작권은 저자에게 있습니다.
* 저작권법에 의해 보호를 받는 저작물이므로 저자와 출판사의 허락 없이 무단 전재와 복제를 금합니다.
* 이 책의 일부 또는 전부를 재사용하려면 반드시 저작권자와 출판사 양측의 동의를 받아야 합니다.
* 책값은 뒤표지에 있습니다.